MINERVA
社会学叢書
52

日本の子育て共同参画社会

少子社会と児童虐待

金子 勇著

ミネルヴァ書房

はじめに

本書は、二一世紀日本社会の根幹を揺るがす少子化・少子社会の解明とその対策、そしてそのなかで次第に増加してきた児童虐待問題の原因の追求と解決の方向性を主要なテーマとして、社会システム論的な思考により論じたものである。副題に示す「少子社会と児童虐待」が直接の論点になるが、少子化という社会変動に取り組む理念としては、主題に掲げた社会全体での「子育て共同参画社会」づくりを強調した。これは老若男女の国民が可能な限り自由なライフスタイルを実践しながらも、誕生した幼い命をできるだけ全員で育てる社会的機会を増やすために、「男女共同参画社会」にヒントを得て一九九八年に私が考案した概念である。

「子育て共同参画社会」は、持続可能な子育て支援を前提にした「安定の中の変動」を軸とする。「安定」条件の筆頭は、若い世代の業績達成能力を得意な分野で開花させる社会的条件とりわけ労働条件・雇用条件の提供にある。そのためには幅広い分野での正規雇用の増大が根本的要件となり、その目標達成こそが未婚率の増大や出生数減少や出生率の低下を止めるとみる。

二〇世紀末からの年少人口の連続的減少は、幼くなるほど少なくなるという危機的段階を引き起こしており、「少子化危機突破」の掛け声だけではその動向に対しては無力なままである。社会全体での「子育て共同参画社会」づくりは、少子化対策ではなく新しい「増子化」への途までも視野に置くことになる。そして、それはまた子育て家庭を社会全体で正当に評価するという社会規範の復活につながる。

前半の四章では、二〇世紀後半から二一世紀の今日まで、日本を含む高度産業社会で普遍化した少子化・少子社会到来の歴史的背景と現状を分析して、社会全体でどうすればいいかの考え方および政策を提言した。後半三章では、少子社会にもかかわらず増加傾向にある「児童虐待」について、少子化と同じくその背景、現状、対策などを具体的に考察し展開した。

若い頃に高田保馬の「人口史観」に触れて以来、ライフワークとなった「少子化する高齢社会」研究では、都市コミュニティを基盤としての人口変動論の具体的な応用を心がけてきた。北海道大学での定年退職時点では、それまでの高齢化研究を体系化した『日本のアクティブエイジング』（北海道大学出版会、二〇一四年）を関係者のご援助を得て上梓できた。そこでは、身体的には全盛期を過ぎた高齢者の日常がいかに社会システムにとっても重要な役割を持つかを論証した。しかも役割の維持が個人にとっては「余生」でなく「本生《ほんせい》」を仕上げるというパラダイムも合わせて提示した。本書はその対となる少子化関連の体系的なまとめである。

本書の直接的主題である少子化を取り上げるに当たり、札幌市をフィールドにしたこの二〇年来の成果を要約しながら社会学的な理論化を試みた。とりわけ本書後半に関連するが、二〇〇九年と一三年に札幌で行った児童虐待の追跡調査結果の経験を活かして、児童虐待死が発生した事例の検証報告書の読み込みという方法に依拠し、他方では政令指定都市のうち人口が多い横浜市、大阪市、名古屋市、札幌市、神戸市、福岡市の六大都市でのマクロデータを収集して、それらの比較研究を行った。

高齢社会は成熟社会でもあり、この持続可能性は次世代がいかに自らの専門分野での業績達成能力を身につけ、現世代と共存し共生するかにかかっている。しかし、いくつかの少子化対策や雇用政策によるミスマッチが原因となり、日本社会では年少人口の減少がすでに始まり、不可逆的に日本社会への次世代によるコミットメントも低下しつつある。

この大筋と内容構成をもつ本書では従来の専門用語だけによる表現が難しいところがあり、結果的にタイトルにも転用した「子育て共同参画社会」「粉末社会」「子育てフリーライダー」などの独自の造語に頼ることになった。後半各章のテーマである「児童虐待」でも、失業、貧困、病気、無知、家庭内ＤＶ、虐待経験のトラウマなどすでに判明している児童虐待死の原因に、本書で新しく造語した「早母」（immature mother）を追加した。これは二〇歳未満の無計画な出産による児童虐待比率が高いという現状を踏まえて、若い母親予定者の周産期段階からの児童虐待予防を主張したかったからである。

国立社会保障・人口問題研究所の度重なる人口予測によれば、二〇一五年で一億二六〇〇万人の日本人口が二〇五〇年には九三〇〇万人前後になる。これはもはや避けられない。しかし、平成になって以降の二五年間の少子化対策の歴史が教えるように、少子化対策を社会全体で実践するとは何かを合意しないままに、三兆円もの膨大な予算を注ぎ込み、少子化対策と銘打った単年度事業のみが花盛りという現状では、少子化動向は止まらない。このままで二一〇〇年を迎えれば、そこには「五〇年ごとの人口半減の法則」が確実に作動して、国民総数は五〇〇〇万人を割り込むであろう。

そのような少子社会で、毎年一〇〇人の幼児・児童が実の親に虐待死させられている。虐待死事例を追跡した検証報告書を読むたびに、悲しみとやり切れなさが強まる。社会学でこの問題にどこまで立ち向かえるか。貢献できるところはどの領域なのかを考えて数年が経過した。二〇年を越えた少子化研究において児童虐待の研究はせいぜいその入口に立ったに過ぎないが、議論の糸口としての意味をこめて、本書にその成果を収めた。

文献研究はもとより、社会調査を主体とする実証研究ではたくさんの方々の支援を受け、協力をいただく。今回もまた、長期にわたり共同研究を続けてきた北海道大学大学院の歴代の院生・学部生をはじめ、少子化資料や児童虐待関連のデータの提供など、そしてインタビューでの応答などでお世話になった札幌市子ども未来局の関係者の方々にお礼を申し上げたい。また、長年お付き合いをいただいているミネルヴァ書房社長杉田啓三氏のご配慮と編集部田引勝二氏のご尽力に心から感謝したい。

本書が、近未来日本社会の在り方を考える素材になることを心から願っている。

二〇一五年一二月四日

金子　勇

日本の子育て共同参画社会——少子社会と児童虐待

目次

第1章　粉末社会と少子化

「おそらく、これから先のページにのべてある意見は、まだ十分に普及していないので、一般から歓迎されないだろう。現在存在しているものを、まちがっているかどうかと考えようとしない長い間の習慣のため、それが、表面上は、正しいものであるかのような様子を示す」（ペイン、小松春雄訳『コモン・センス』岩波書店、一七七六＝一九五三：一一）。

1　粉末社会の個人と家族

成員の業績達成能力の回復

本書全体を貫く観点は、「社会にとってもっとも重要な資源は、成員の業績達成能力とコミットメントである」（パーソンズ、一九六四＝一九八五：三二〇）にあり、これを手掛かりにライフワークとしてきた「少子化する高齢社会」研究のうち、「少子化」の社会学を展開する。日本における過去二五年の「少子化対策」は、日本人とくに若い世代の「業績達成能力とコミットメント」を剝奪する政策の連続であったと考え、本書ではそれらの回復を志向する。

業績達成には個人のもつ相対性に富む生得的な能力に加えて、社会システム全体がそれを応援する社会的条件の構築が必要である。それによって個人それぞれの将来像がきちんと描ければ、社会的コミットメントは自然に強くなる。日本の高度成長期はその良質の歴史的素材を提供する（金子、二〇〇九）。

しかし、これまで数年おきに政府が打ち出してきた「少子化対策」とその事業は、若い世代が描ける積極的な将来像設計には無縁な内容が多かった。高卒者の半数以上が大学・専門学校に進学する時代では、業績達成には個人の生得的な能力を活かした教育成果と職業に待つところが大きいが、現実には非正規雇用率が急増して、結婚を考え始める二〇歳代の非正規雇用率は四〇％にまで上昇した。学業を終え、社会人への入り口がこれでは、せっかくの個人の生得的能力と高等教育成果が活かせず、職業を通した本人の業績達成能力も磨かれない。

この打開策として何を想定するか。パーソンズ的にいえば、「蓄積され、組織された知識、技術的力能や洗練された技能、計画を立案し、責任を持続的に果たす能力、バランスのとれた判断力」（パーソンズ、前掲書：三三四）となる。これらのすべてないしはそのいくつかで構成される業績達成能力に合わせて若い世代が選択できる職業機会は乏しく、雇用先の仕事への不安定さと所得への不安がとりわけ二一世紀になってから慢性化している。そのために結婚への動機づけは低下して、自らの将来像が描けないから未婚率は上昇する。雇用先が半年から数年で変わるのであれば、現職への知識は蓄積されず、体系化されることもない。また「技術的力能」水準を高めたり、「洗練された技能」を学ぼうという個人的な内発性にも欠けるようになる。半年や一年で雇用先が変われば、「責任を持続的に果たす能力」など身につけようがない。結局のところ、若い世代の社会的コミットメントは低下するばかりである。

少子化とは

このような社会学的な分析を繰り返して、私は少子化とは何かについて社会的合意を作り、社会全体での取り組

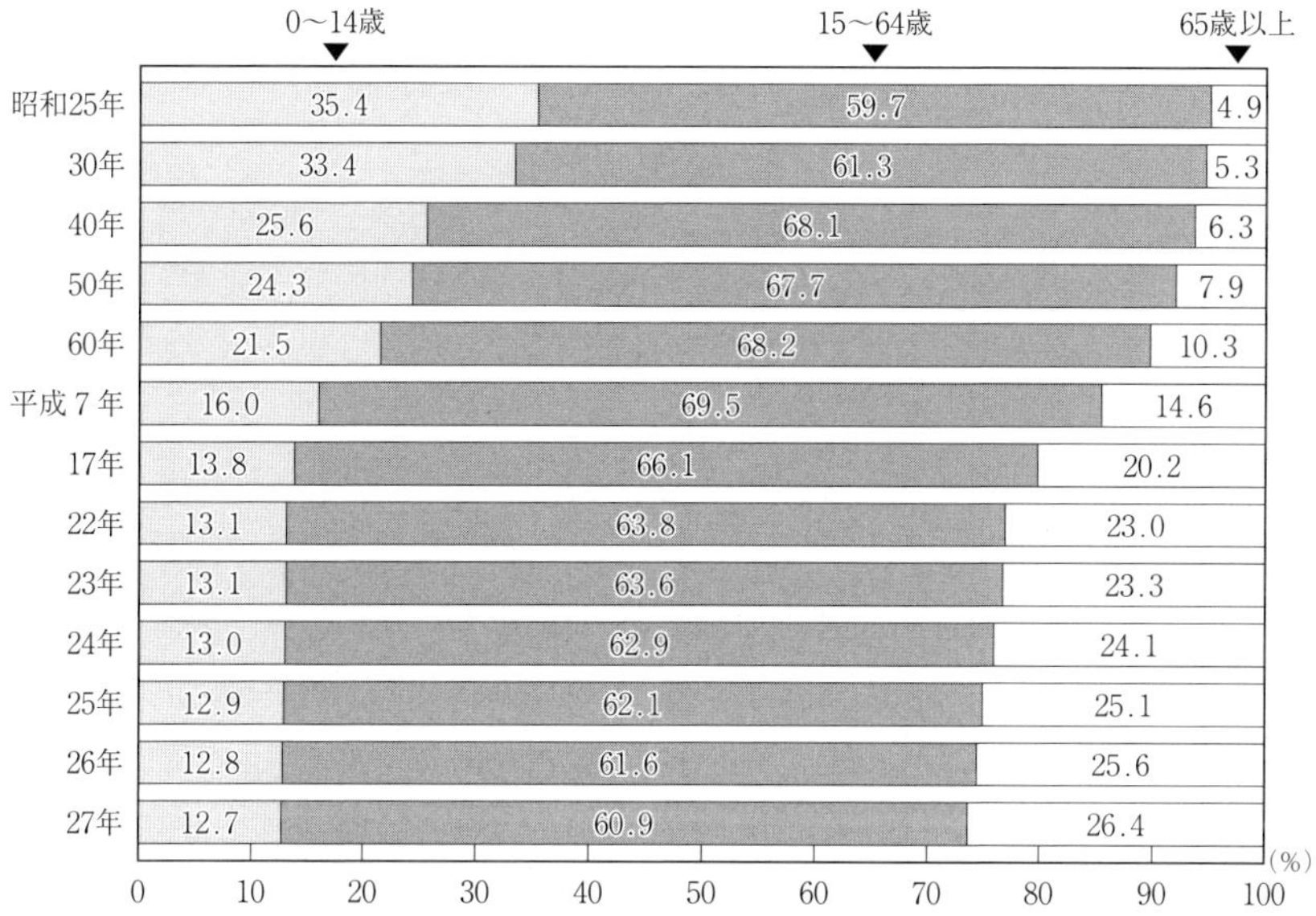

図1-1　年齢3区分別人口の割合の推移

（注）　平成26年および27年は4月1日現在，その他は10月1日現在。
（資料）「国勢調査」による人口および「人口推計」による人口。
（出典）　総務省統計局ホームページ。

みについて有効な対策を集約して、その危機的側面に立ち向かうことを長年主張してきた（金子、二〇〇〇／二〇〇三／二〇〇七／二〇一三／二〇一四a）。厚生労働省は一方では、非正規雇用の増大を正当化するような法案を出し、他方では「待機児童ゼロ」や「ワーク・ライフ・バランス」政策を二〇年も続けてきた。この不自然さに気がつかないふりをする政党、行政官庁、マスコミ、学界関係者も多い。

以上のように日本社会の少子化を見ると、合計特殊出生率が一・三〇〜一・四〇台の低位安定が一五年以上も続いていることに加えて、一九八二年以降三四年間連続する年少人口数の減少、そして同じく四一年間連続する年少人口率の低下の三指標で少子化が鮮明に確定できることが分かる。それはまさに昭和後半からの「粉末化」(powdering)現象が生み出した危機的な社会変動であり、その延長線上にある平成の時代では、図1-1と図1-2に見るように、一

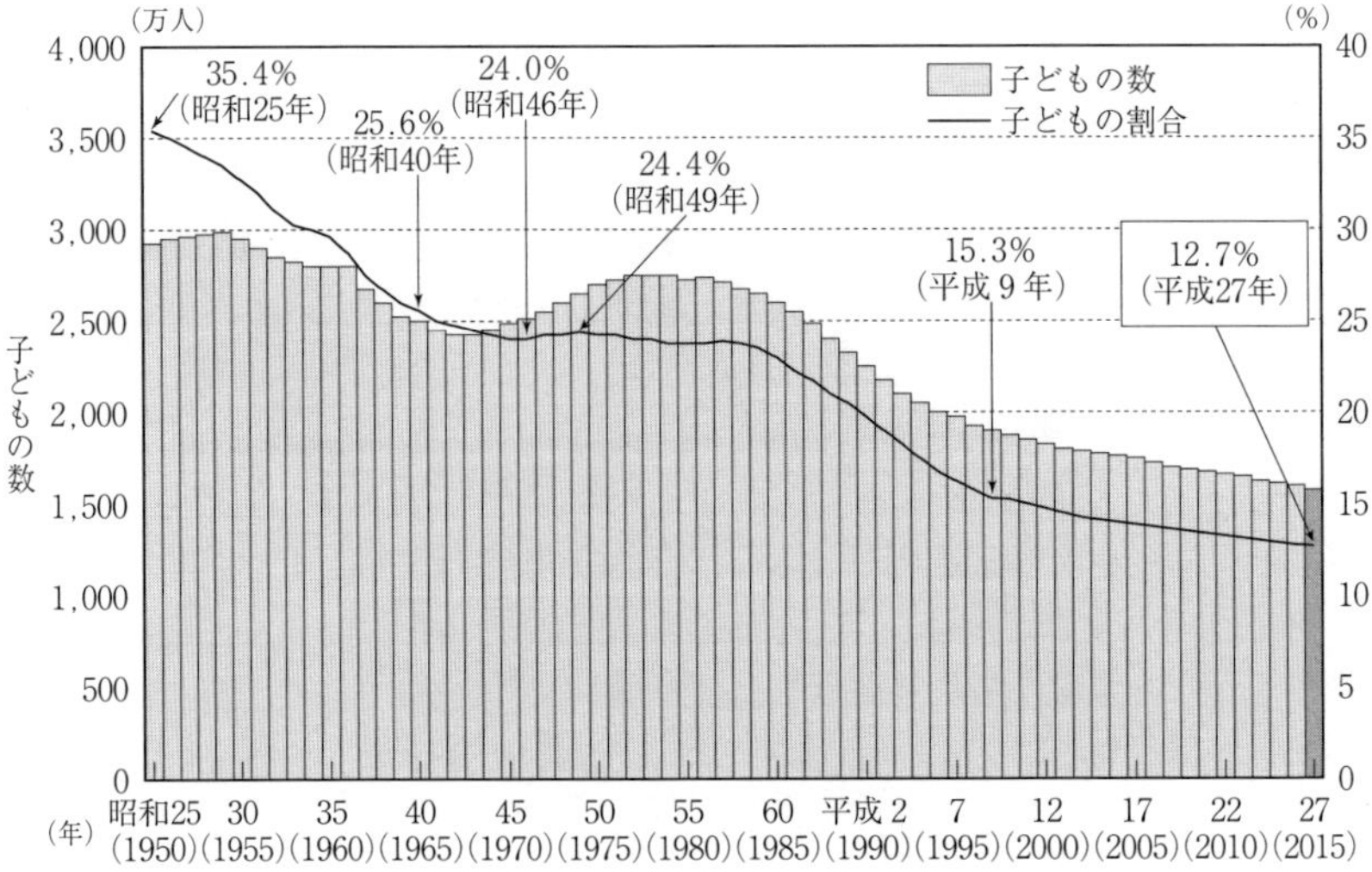

図１－２　子どもの数および総人口に占める割合の推移

(注)　平成26年および27年は４月１日現在，その他は10月１日現在。
(資料)　「国勢調査」による人口および「人口推計」による人口。
(出典)　総務省統計局ホームページ。

表１－１　第一子出生時点の母親の平均年齢とその時点の TFR

年　度	出生年齢	TFR
1960	25.4歳	2.00
1970	25.6歳	2.13
1980	26.4歳	1.75
1990	27.0歳	1.54
2000	28.0歳	1.36
2010	29.7歳	1.39
2014	30.6歳	1.42

(注)　TFR は合計特殊出生率のことである。
(出典)　『人口の動向　日本と世界』各年度版。

貫した総人口の減少とともに年少人口の劇的な縮小を伴ってきた(1)。

それは第一子出生時点の母親年齢の上昇、合計特殊出生率の低位安定性などで鮮明になっている。たとえば表1-1から、この五四年間で母親の第一子の出生平均年齢が五・〇歳上昇していることが分かる。これを本書では従来の「晩婚」(late marriage)と「晩産」(overdue birth)という表現に変えて、「晩母」と命名する。合計特殊出生率定義に使われる女性の年齢は一五歳から四九歳だから、第一子を産み母親になる年齢が五歳上がった傾向を「晩母」現象と呼び、これもまた少子化の大きな要因の一つとみなすのである。

もちろん、五歳刻みの年齢別の統計からもこの「晩母」現象は確認できる。人口動態統計により二時点を比較してみよう。たとえば一九八五年の出生総数は一四三万人であり、母親の第一子出生年齢の平均は二六・七歳であった。最も多かった母親の年齢層は二五～二九歳で、合計六八万人(四七%)となったが、二〇一四年の出生総数一〇〇万人のうち最も多かったのは三〇～三五歳の三六万人(三六%)であった。くわえて、母親三五～三九歳での出生数は八五年が九万人程度であったのに対して、一四年では二二・六万人にまで増加したことで、第一子出生時の母親の平均年齢は三〇・六歳にまで上昇した。これを従来は晩産化と呼んだが、本書では児童虐待の原因の一つと考えられる「早母」に対照させて「晩母」と命名している(2)。

晩産化とも深い関連をもつ男女ともに増大する未婚率の高さは、図1-3に示す通りである。二〇一〇年には男性の生涯未婚率が二〇%を超出して、女性もまた一〇%を超えた。高学歴社会の中で、男女ともに「短大・高専」と「大学・大学院」の卒業者の未婚率が着実に高まっている。婚外子率が過半数のフランスやスウェーデン、それに四〇%程度のアメリカなどとは異なり、日本の婚外子率は二%程度なので、未婚率が上がれば日本では確実に出生率が減り、少子化が進展する。

国立社会保障・人口問題研究所によるいくつかの予測によれば、二〇五〇年には人口が九〇〇〇万人を割り込み、

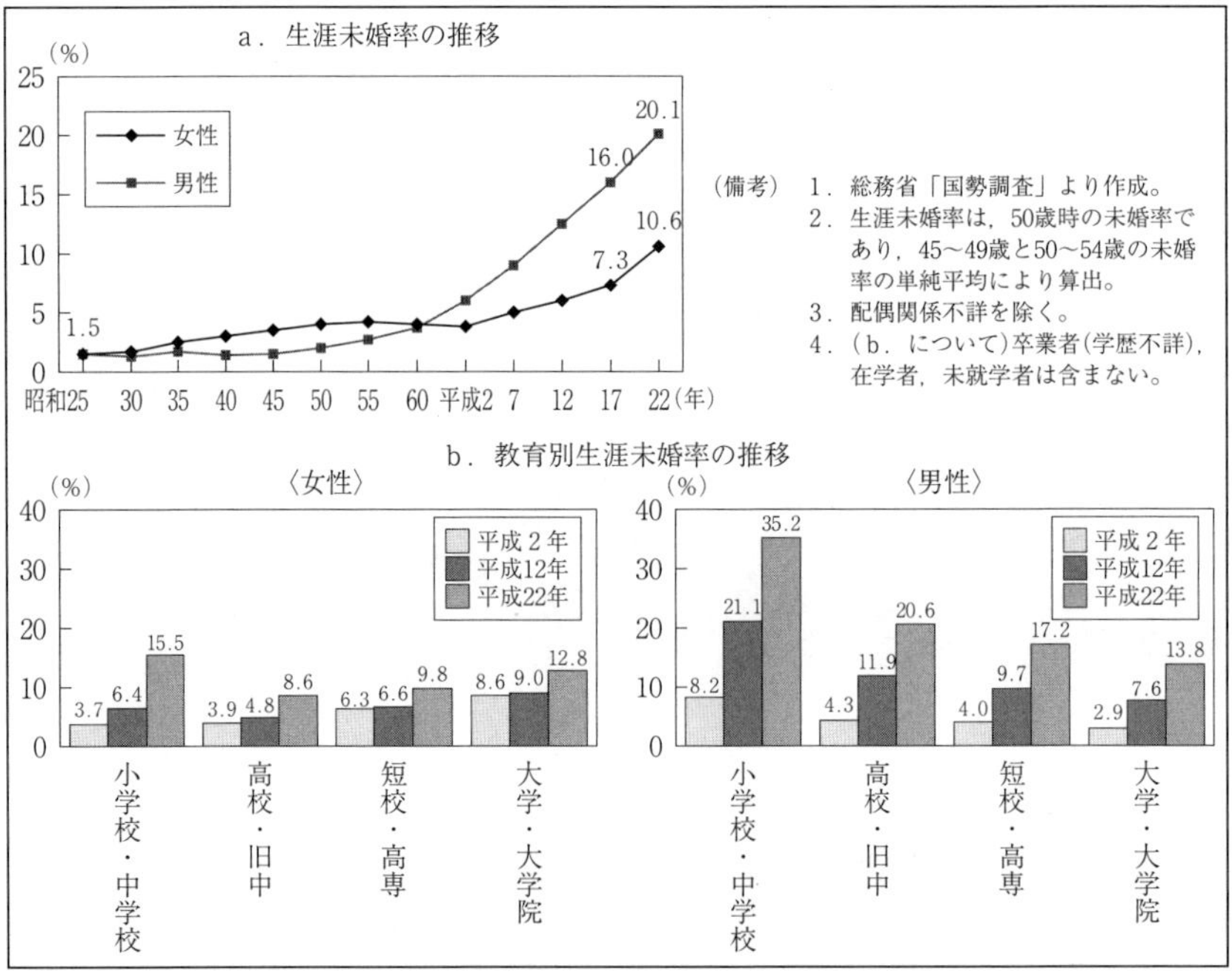

図1-3　生涯未婚率の推移

（出典）　内閣府男女共同参画局ホームページ。

それ以降の二〇〇〇年間は五〇年ごとに人口半減の法則が作動する。すなわち、二一〇〇年には四七〇〇万人、二一五〇年には二三〇〇万人、二二〇〇年には一二〇〇万人になると見込まれている。しかし、その深刻な予測値に政界をはじめとした現代日本の各界が、敏感に反応してきたとは思われない。[3]

パスカルの慧眼

パスカルの『パンセ』断章（一九四）に、「同じ心のなかに、同時に、最も小さなことに対するこの感受性と、最も大きなことに対するこの無感覚とを見る」（パスカル、一六七〇＝一九七三：一四七）がある。『パンセ』断章（一九八）でも、「小さなことに対する人間の感じやすさと、大きなことに対する人間の無感覚とは、奇怪な転倒のしるしである」（同右：一五五）が同じ趣旨でのべられている。過去二五年間にわたる日本の人口減少と少子化認識は、「最も大きなことに対するこの無感覚」を示した点で、まさしくこのパスカルの慧眼で見抜かれる歴史であったと思われる。

私は一九八〇年代の後半から高齢化の研究（金子、一九九五）を開始して、その延長上に二〇〇〇年前後から少子化論も展開して、最終的には「少子化する高齢社会」論として総合化してきた（金子、一九九八／二〇〇〇／二〇〇三／二〇〇六a／二〇〇七／二〇一四b）。いずれも人口動態についての現状認識を正確に行うことを優先しながら、その政策的対応についても必ず触れてきたのは「時代診断の社会学」（金子、二〇一三）を心がけていたからである。

とりわけ少子化研究において、原因の一つとして「粉末化」（powdering）を自覚的に使用したのは二〇〇九年からである（金子、二〇〇九）。それまでの日本社会学界には「個人主義」はもとより、「原子化された個人」や「me-ism」それに「私化」や「私生活主義」などの類似概念があったが、これらを総称するものとして私は「粉末化」を用いた。その理由としてまずその概念によって、現代人の「没社会性」（asocial）を指摘したいと考えたからである。比喩的にいえば「粉末化した人間」は硬い殻を帯び、社会システムなどの境界と遮断を行っていると見た方が二一世紀の人間像の類型にふさわしいと判断したのである。

次に、「粉末化」という用語で、サラサラパラパラの人間関係状態に陥った個人を表現しようとした。なぜなら二〇年来の研究対象である「少子化する高齢社会」では、全般的に個人レベルの関係の総体であるソーシャル・キャピタルが弱く、この関係性の細分化と縮小が家族、近隣、地域、組織、集団、公共空間などで認められるからであった。

第三に、社会的ネットワークやボランタリーアソシエーションなどを忌避する高齢化する都会人の意識や態度を表わす手段としても、「粉末化」概念を活用できるように意味づけた。

粉末化に伴う社会現象

このような内容を含む粉末化が普遍化すると、「少子化する高齢社会」では次のような社会現象が広く認められるようになる。

(1) 粉末化すると、人間は自分の福利にしか関心を示さない。
(2) 粉末化すると、人間は他者を考慮しない。
(3) 粉末化すると、人間は自宅を取り巻く近隣や地域での共同生活を軽視する。

しかし、「少子化する高齢社会」でも福利や社会的支援は共同生活からしか得られない。奇特な個人による個別的援助は時折あるが、それは必ずしも長期化しないし、部分的にとどまるから、社会全体を包括する福利や支援を永続化させるには個別を超えた共同性に依拠するしかない。「少子化する高齢社会」の基幹である年金制度や医療保険制度それに介護制度もまた、社会の共同性の産物であることはいうまでもない。その意味で、個人の粉末化は社会の共同性と衝突するのである[4]。

共同生活への意志

総論的には、「文明はなによりもまず、共同生活への意志である」(オルテガ・イ・ガセット、一九三〇＝一九六七：八二) は正しい。哲学者オルテガの基本的認識を軸として今日の粉末化現象を考慮しても、社会全体における共同性がますます弱まっていると判断できる。その現状認識を受けて、社会学では「少子化する高齢社会」の基軸である共同性を再建するために、現段階の粉末化の克服に向けての第一歩として「共同生活への意志」を国民レベルで正確に位置づけたい。そのためには組織化、コミュニティ、社会規範、礼節、公共性、正義、理性、公平性などのシンボルを教育や地域生活分析に動員することになる[5]。

とりわけ就学前の幼児、義務教育を受けている生徒、地域社会を基盤として暮らしている主婦、そして高齢者に「共同生活への意志」を再確認してもらう。ただ企業活動は競争原理が働くので、雇用者と被雇用者は男女ともにこの限りではない。(6) ここにこれまでの政府系の少子化対策のズレがあったと考えられる。

なぜなら、「少子化する高齢社会」は何よりも社会全体の課題であるのに、政府・自治体による少子化対策が主な対象としてきたのは、「待機児童ゼロ作戦」と「ワーク・ライフ・バランス」に象徴される雇用者と被雇用者の子どもの保育のみだったからである。たとえば、二〇〇五年には、日本史上最低の合計特殊出生率一・二六を記録したが、これを受けて二〇〇八年に出された「総合的な少子化対策の推進について」（内閣府政策統括官、総務省大臣官房総括審議官、厚生労働省雇用均等・児童家庭局長）でも、相変わらず「重点戦略」として「仕事と生活の調和の実現」と「就業と子育ての両立支援」が「車の両輪」とされたままであった（：一七）。

全国の自治体で、保育予算の九五％以上が就学前の全児童の二五％しか該当しない保育所だけに使われてきた歴史は現在も継続中であるが、その反省に乏しく、地域社会の専業主婦が育てる約半数の在宅の子どもへの支援が後回しにされてきたことも、この文書から理解できる。そのような不公平性を超えて、本書では「共同生活への意志」の具体化として、在宅・在保育所を問わず子どもの保育支援は就学前児童全員を含めていきたい。

小集団の複合連結

「少子化する高齢社会」の「共同生活への意志」を強化する戦略的政策は、地域社会で暮らす老若男女間のソーシャル・キャピタルによる橋渡し機能（bridging）と結合機能（bonding）が発揮できるように、企業、労働組合、職能団体、組織など地域社会における無数の集合体を複合連結することが基本になる。

そこでは、少子化を社会的危機と理解して、その克服に向けての「共同生活への意志」を強調するが、この背景には「社会が建設的理論を必要としている時期に、批判的理論が幅をきかせ続けている」（コント）という歴史的な指摘に配慮したからである。本書で展開する私なりの建設的理論は、社会の粉末化を「拡散」として捉えたうえで、その克服を目指して、パーソンズの社会システム風にいえばＩ機能やＬ機能が直結する共同性を「収斂」とする視点から得られている。

「子育て共同参画社会」

平成の世になって、高齢社会の研究の延長で開始したコモン・センスとしての「子育て共同参画社会」についての省察は二〇年を超えた[7]。大きくは「少子化からの脱出の道を探る」こと、および「増子化への新しい世界を示す」ことを、私は社会学の立場から同時に研究してきた。コモン・センスとは「常識」のことであるというペイン以来の合意に基づき、現世代すべてが次世代を養育し教育することも常識と見て、それが社会システムの連続性を確保するとした。個人的には子育てをする環境になくても、社会全体の子育てには全面的に協力する。これも常識とみなして、自分の親が亡くなっていても介護保険の保険料を払い込む精神と同質であると考えた。

しかし、実際には介護保険料の不払い、国民健康保険料の未納、それに「おひとりさま」宣言などで、社会システムの共有財を維持するための「共同性」の意志は、徐々に歪んできたような印象を抱くようになった。

たとえば、シェークスピアの『ハムレット』の第一幕第五場一八九行に有名な台詞 “The time is out of joint.”（時代の調子が狂っている、世の中の関節が脱臼している。）がある。和訳だけでも訳者の個性あふれる名訳が何種類もあるが、その台詞を二一世紀の日本社会に置き換えてみると、要は社会システムや日本国民の動きに予測できない揺れが大きくなったと解読できそうである。すなわち、蓄積されてきた調査データが示す意味合いの幅が大きくなってきたのである。

日本人の社会意識

たとえば、内閣府が毎年行う「社会意識に関する世論調査」結果である図1－4から分かるように、平成の世になってからの日本人は意識の面では個人志向よりも二倍の社会志向を示すようになった。にもかかわらず、実際には子育てへの態度をはじめとして、究極の個人志向である粉末化が各方面で強くなってきた。それは児童虐待増加にも影響を及ぼしていると考えられる。

図1－4を見て、現代社会（都市社会、少子社会、高齢社会）の粉末化現象を考えるたびに、私は長い間この台詞（out of joint）が気になってきた。一つは日本人の社会意識に関しては、個人志向ではなくかなり強い社会志向という回答が二〇年以上も続いているからである。その半面で、個人主義や me-ism さらに "full of myself" などの利己志向が一貫して強化されてきたという実感も強い。

弱くなった社会志向

たとえば、一部には生活保護に関連した「もらわないと損する」という非社会的で個人志向的な言説さえもが登場して、生活保護率は実際に急増した。それに象徴されるような強い格差を伴う「貧困化」がある一方で、都道府県の「一人当たり県民所得」の格差は東京都と沖縄県の間にあるせいぜい二・一三倍である。また、所得上位五県と下位五県との格差を計算すると、一九六一年の二・一八倍から二〇〇九年の一・五二倍までに下がったように、都道府県間の所得格差は縮小してきたというデータもある（図1－5）。これは平均値だけの議論による限界を教えるデータである。

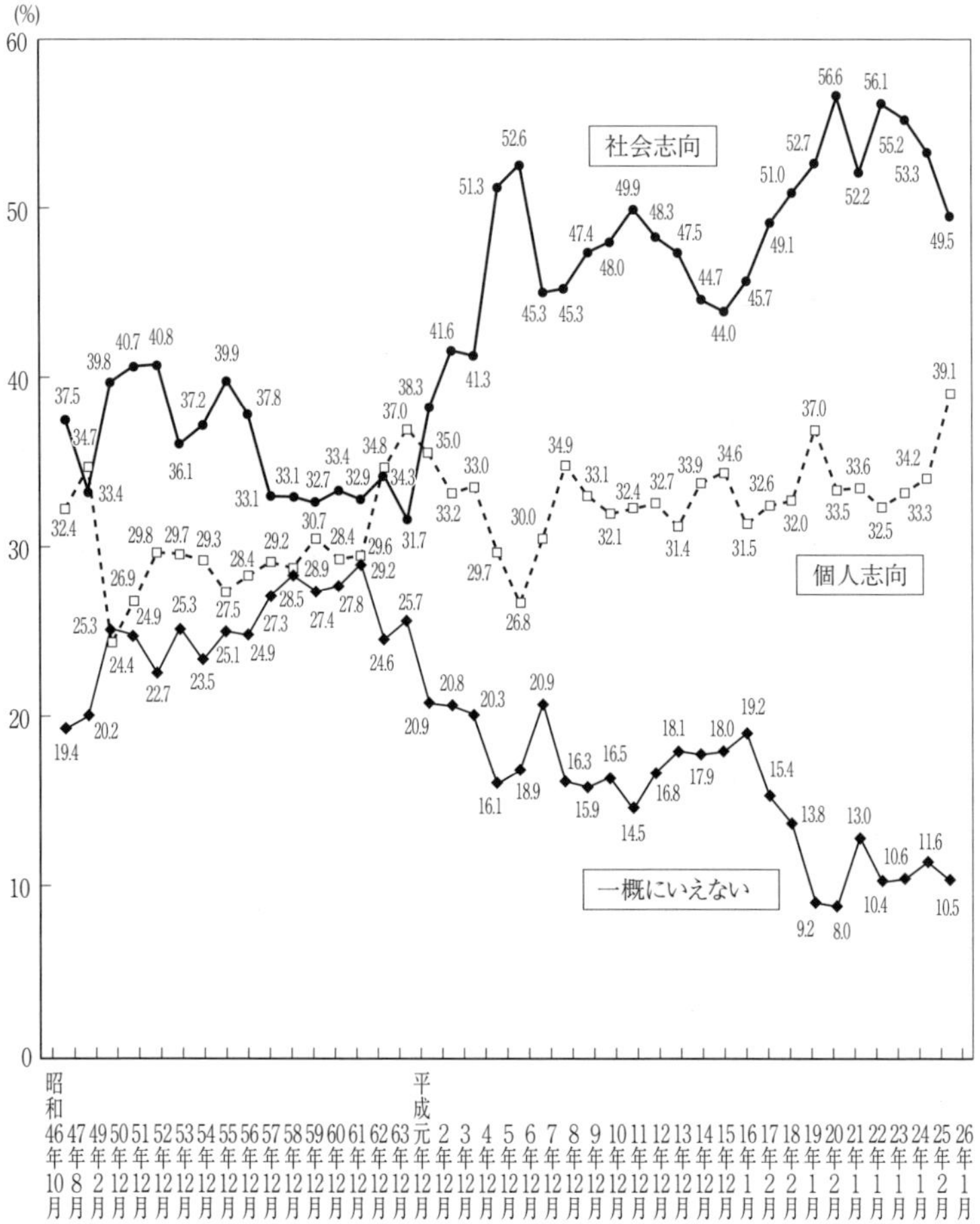

図1-4　社会志向か個人志向か

（注）　昭和59年12月調査までは，『「これからは，国民は国や社会のことにもっと目を向けるべきだ」という意見と，「まだまだ個人の生活の充実に専心すべきだ」という意見がありますが，あなたの考えはどちらの意見に近いですか。』と聞いている。

（出典）　内閣府大臣官房政府広報室「日本人の社会意識」。

1人当たり県民所得ランキング（2010年度）

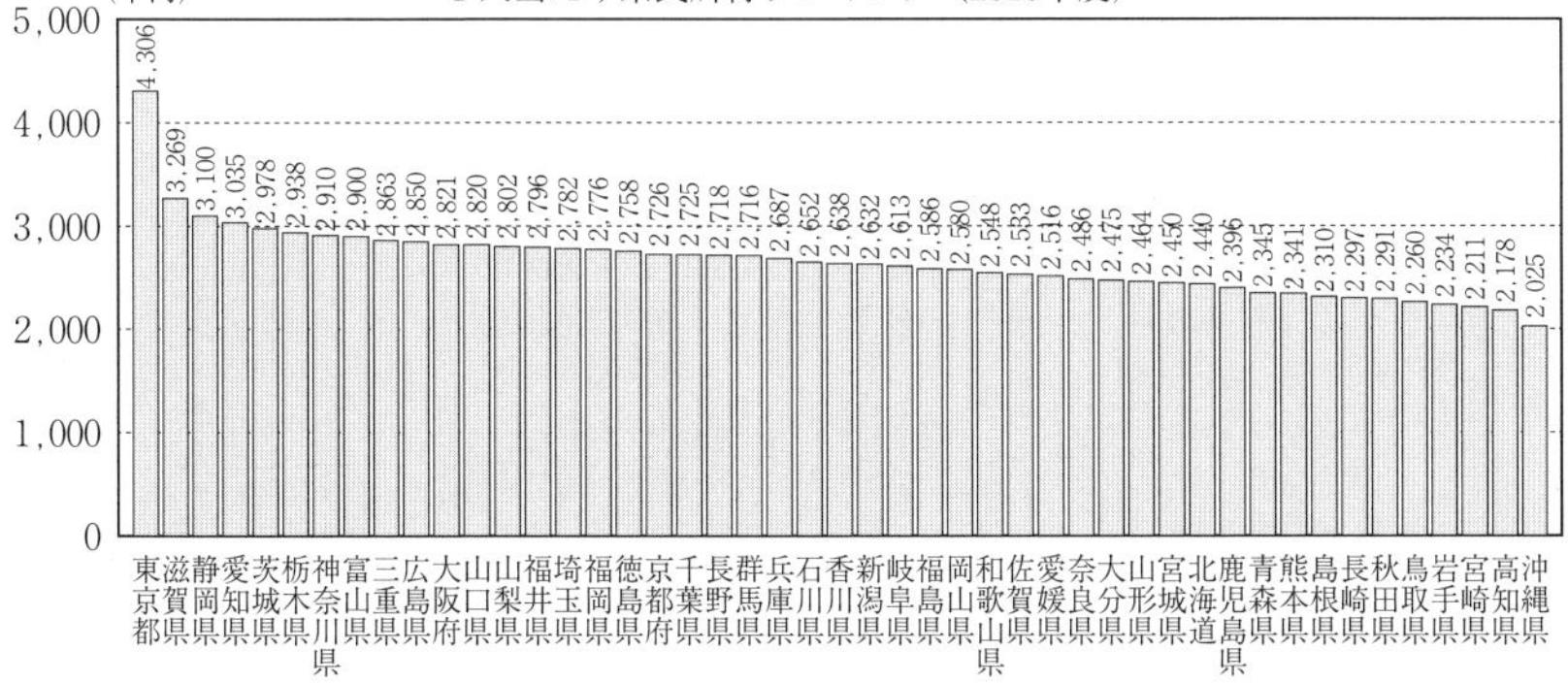

（資料）　内閣府「平成22年度県民経済計算」。

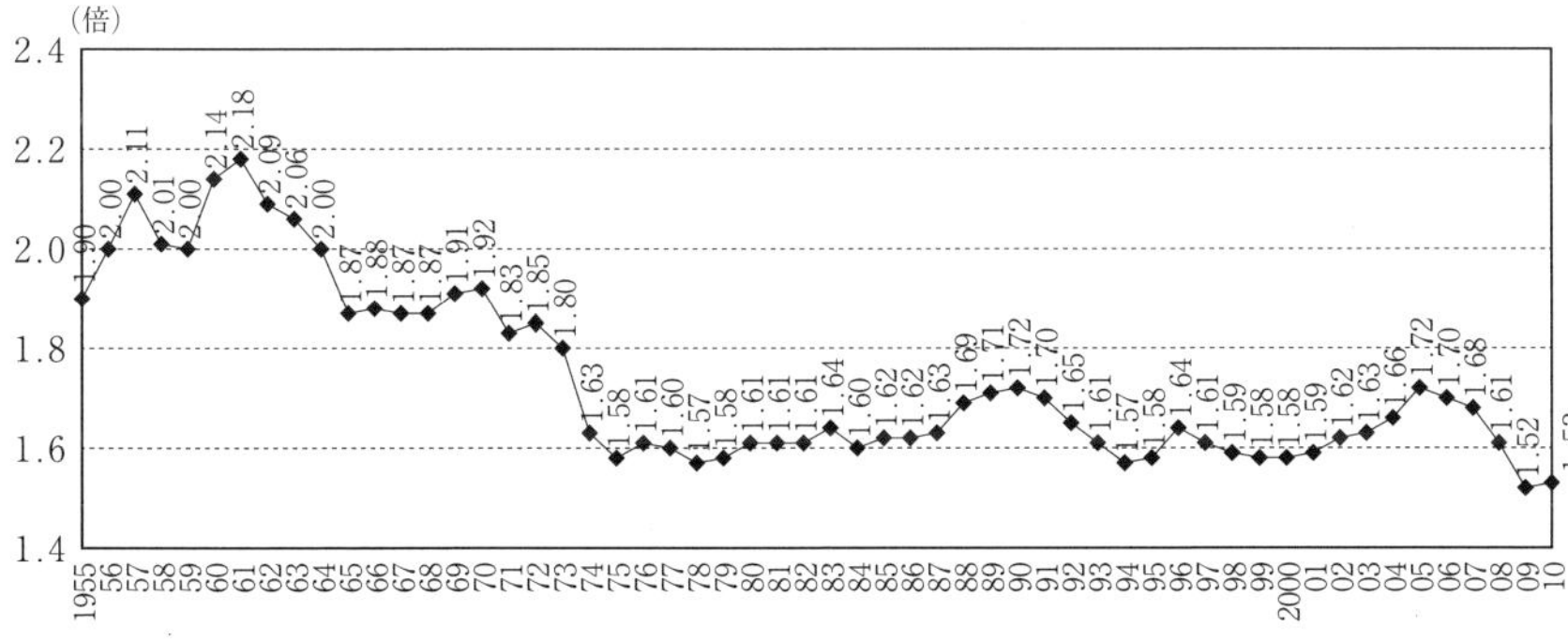

図1－5　1人当たり県民所得と所得格差の推移

（注）　1人当たり県民所得の上位5県と下位5県平均の格差。年度ベース。

（資料）　内閣府ホームページ「県民経済計算旧基準計数」，2001年以降「平成22年度県民経済計算」。

表1－2　2013年の自治体別平均所得額

（千円）

ベスト10	金額	ワースト10	金額
① 東京都港区	12,667	① 熊本県球磨村	1,939
② 東京都千代田区	8,988	② 熊本県山江村	1,990
③ 東京都渋谷区	7,566	③ 北海道上砂川町	2,000
④ 兵庫県芦屋市	6,317	④ 秋田県東成瀬村	2,012
⑤ 北海道猿払村	6,265	⑤ 岩手県九戸村	2,029
⑥ 東京都目黒区	6,159	⑥ 沖縄県大宜味村	2,046
⑦ 東京都中央区	5,931	⑦ 高知県大豊町	2,062
⑧ 東京都文京区	5,808	⑧ 沖縄県国頭村	2,066
⑨ 東京都世田谷区	5,364	⑨ 秋田県藤里町	2,074
⑩ 長野県軽井沢町	5,138	⑩ 沖縄県今帰仁村	2,084

（出典）『毎日新聞』（2015年4月17日）による。

所得格差

その理由は、『毎日新聞』（二〇一五年四月一七日）によれば、自治体ごとの平均所得額は、表1－2のように格差が大きくなる場合もあるからである。これは総務省が毎年公表する「市町村税課税状況等の調」で市区町村の課税対象所得の総額を納税者数で割った額を「平均所得」と算定したものであり、いわゆる「一人当たり県民所得」とは異なる。なぜなら、生活保護世帯をはじめ非課税世帯が含まれていないからであるが、一定の所得格差を自治体別で見るには有用な資料にもなる。

その結果、「平均所得」が高い自治体は東京都に集中しており、人口だけではなく「平均所得」もまた東京一極集中であることが歴然としている。港区は一人平均で一二〇〇万円を超え、七年連続で第一位となった。第二位の千代田区が九〇〇万円、第三位の渋谷区は七五〇万円であったが、第四位には高級住宅街のある兵庫県芦屋市の六三一万円、第五位にはホタテ養殖が好調な北海道猿払村の六二六万円、第一〇位にはリゾートで有名な長野県軽井沢町の五一三万円などが入った。

自治体間所得格差の進行

他方、最低の一人当たり「平均所得」の自治体は熊本県球磨村（人口四二〇七人）の一九三万円であった。港区との格差は実に六・五倍になった

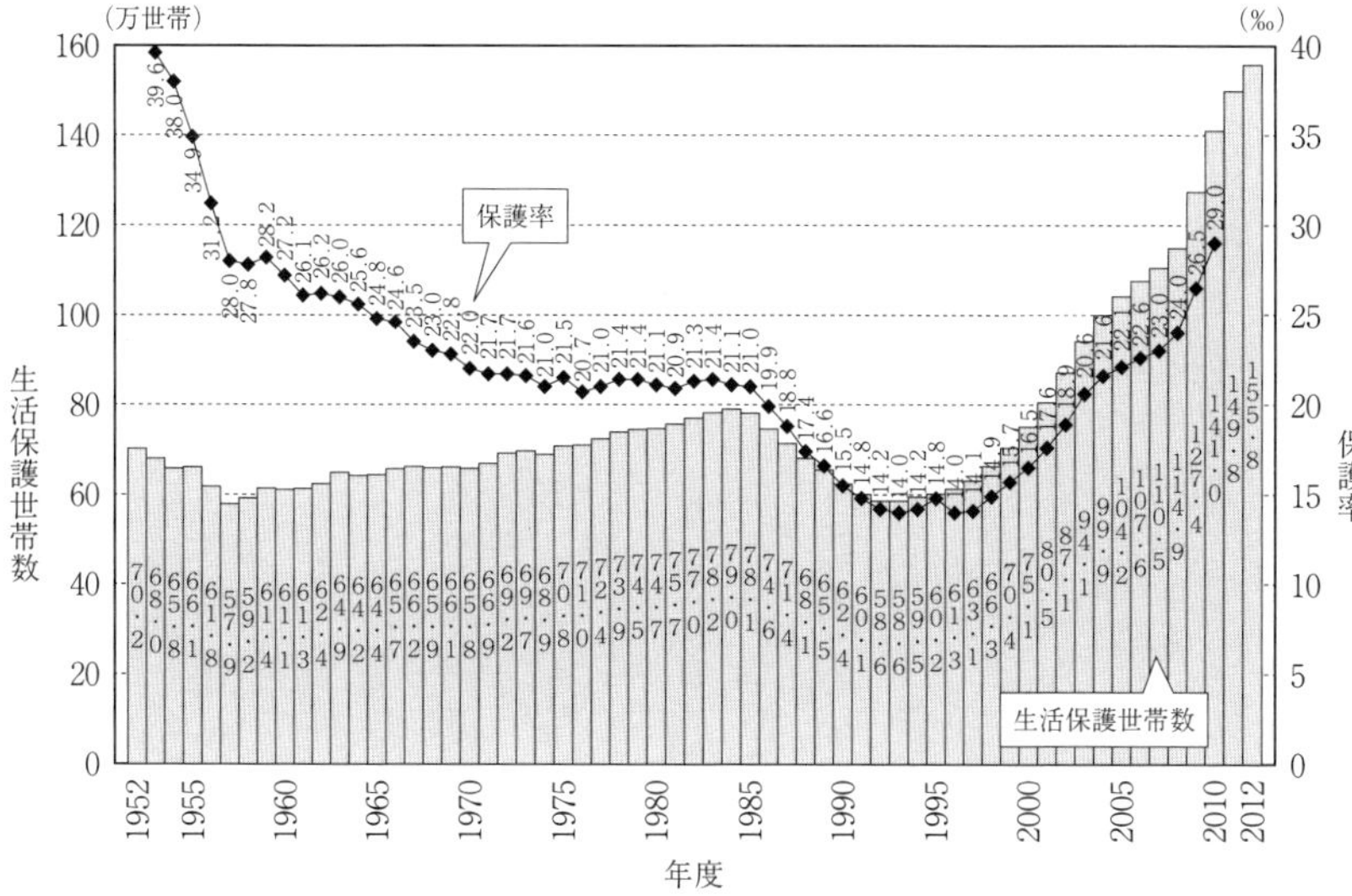

図1-6　生活保護世帯数と生活保護率

（注）　年度の1カ月平均。保護率は社会保障・人口問題研究所「「生活保護」公的統計データ一覧」。2012年度は概数。

（資料）　厚生労働省「被生活保護者調査」（前「社会福祉行政業務報告（福祉行政報告例）」）。

が、これは二〇一二年でも同じ組み合わせで、港区と球磨村の四・七倍よりも格差が拡大したことを意味する。「平均所得」が二〇〇万円前後の自治体は、熊本県が二村、沖縄県が三町村、秋田県が二町村、北海道と高知県がそれぞれ一町、岩手県が一村といずれも過疎地域であり、限界集落を抱えている自治体であった。このうち、北海道では猿払村とは対照的に旧産炭地域の上砂川町が低い方に入り、ベスト一〇にもワースト一〇にも北海道の自治体が登場したことになる。

格差議論と並行して、実際の生活保護世帯数と保護率は急増してきた（図1-6）。太平洋戦争の敗戦から一二年目の一九五七年は保護率が二八・〇‰であったが、二〇一〇年はそれを超えた二九・〇‰を記録している。一九九〇年から二〇〇〇年までは一五・〇‰前後であった時代とは雲泥の相違である。

働き方における格差と貧困

一方では社会的共通資本の充足、医療制度や介護保険制度の確実な機能があるのに、他方では所得水準の横這い、年金への不安、階層の固定化、個人レベルの生活保護が急増するという時代をどのように理解するか。生活保護は世帯レベルでは一五五万世帯に達しており、これは細分化された単身世帯の増加と整合する。生活保護に関する国民意識レベルでは、社会への配慮というよりもむしろ鮮明な個人志向しか見られない。

さらに家族や近隣や労働組合など日本近代を支えてきた「伝統的価値」が著しく弱くなった。たとえば、第2章で詳しく論じる小家族化やコミュニティ性の希薄化とともに、二〇一五年当初での労働組合組織率は一七・七%まで下がった。働き方もまた大きな変動期にある。

就業構造の変化

内閣府の調査によれば、農業を除き家族従業者を含めた自営業者は一九九〇年には一三九五万人であり、それは全就業者六二一一万人のなかでは二二・三%を占めた。しかし二〇一〇年には一二・三%と半減して、二〇一一年二月時点で一一・四%（七一一万人）となった。

また農林水産省によれば、一九六〇年の日本における農業就業人口率は全世帯の約三〇%であったが、二〇一二年ではわずか二・四%にまで低下した。同じように、時代とともに「農家人口」（農家の世帯員）も二〇〇九年の六九八万人が二〇一四年には五三九万人まで減少した。

一方、二〇一五年一月から三月期の労働力調査では、役員を除く雇用者総数は五二四五万人であり、内訳として正規雇用が三二六五万人（六二・二%）、非正規雇用が一九七九万人（三七・七%）となった。それら以外に属する失業者は二二八万人、非労働力人口は四五一八万人であり、このうち就業希望者が四〇九万人、希望しないものは三九九一万人になっている。

労働組合加入率の低下

したがって、日本におけるこの就業構造において、労働組合の大半は正規雇用を軸とする全体の職業活動に従事する人々のうち約五〇％の組織化が可能である半面、自営業、農業、非正規雇用、失業者、非労働力人口等の範疇に含まれる人々にとってはそもそも労働組合成立の可能性に乏しいということになる。

毎年行われている厚生労働省の「労働組合基礎調査」によれば、労働組合の加入率は二〇一三年で雇用者のうちの一七・七％であり、組合員の実数は約九八〇万人になる。しかし、自営業や農業には労働組合がないのだから、これらを含むすべての職業活動従事者六五〇〇万人を母集団とすると、労働組合員の比率は一五％程度になってしまう。

ピーク時は四〇％に近かった労働組合組織率は、社会全体の豊かさ達成とともに低下を開始したのである。そこには労働者の個人志向は強まっても、社会志向は感じられない。その一方で、国際化対応を錦の御旗にした企業ぐるみの新しい「連帯」が模索されている一方で、ＪＰ労組のように社会貢献の一つとして地域における福祉活動への参入が始まっている。これは新しい社会志向と呼べるであろう。

児童虐待

他方では、合計特殊出生率は一・四〇前後を低迷しており、年少人口数もその比率も一貫して低下するという少子化なのに、手におえない社会問題としての「児童虐待」がますます増大してきたことも危惧される。

図１‐７は児童相談所が受けた「児童虐待件数」の推移であるが、二〇〇〇年以降はその急増が読み取れる。少子化の時代にせっかく生を享けてきた子どもが実の親に虐待され、精神にも肉体にも傷害を受け、挙句の果てに命まで失う。全国二〇七カ所の児童相談所が二〇一四年度に把握した児童虐待の相談件数は増加の一途をたどってい

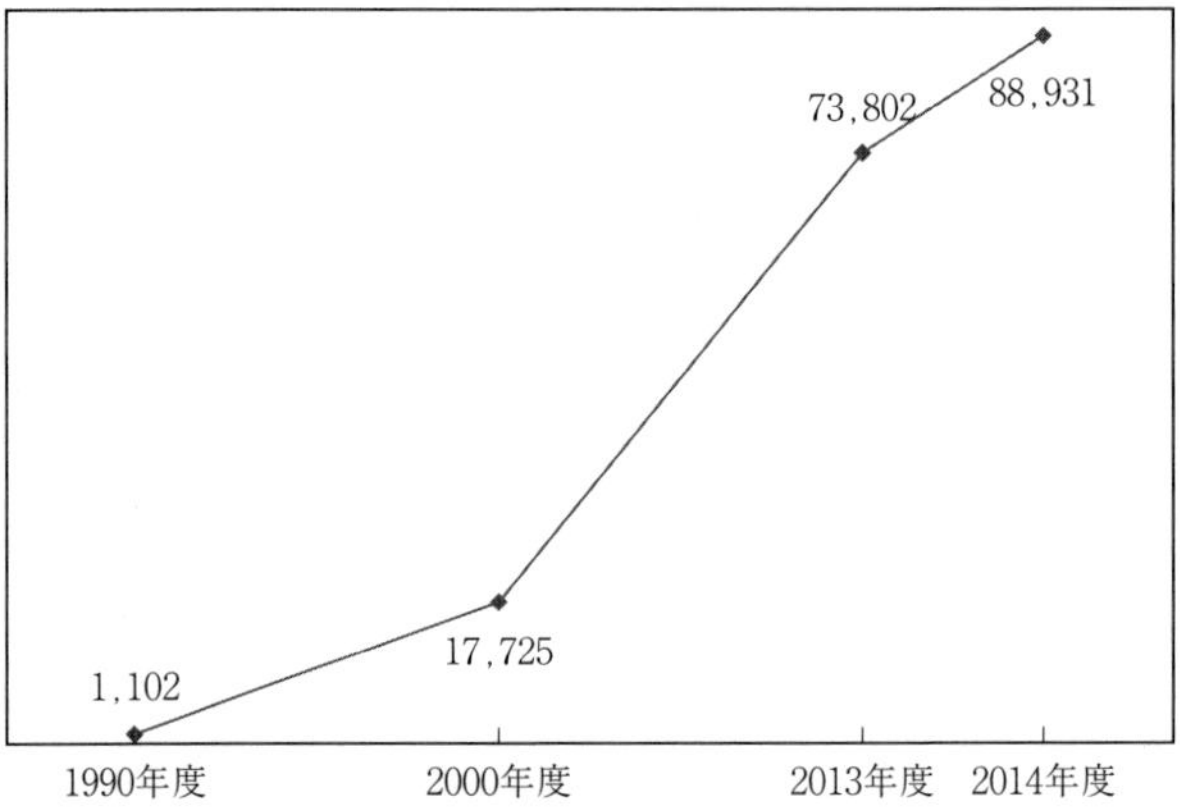

図1－7　日本の児童虐待の推移

（注）　数字は全国207の児相での相談件数。
（出典）　厚生労働省ホームページ。

る。

全国の児童相談所（以下、児相と略記）が二〇一四年度に対応した児童虐待相談の件数は、前年度比では二〇・五％増の八万八九三一件になり、一九九〇年度の調査開始以来、二四年連続で過去最多を更新した。これは一九九〇年度の約八〇・七倍、二〇〇〇年度の約五・〇倍の増加率を示した。件数は児相が一八歳未満の子どもに関する被害連絡を受け「虐待」として対応したものである。社会的な関心の高まりに加え、警察庁が二〇一三年度から、虐待を目撃したきょうだいも「心理的虐待」を受けたとして対応するよう通知したことも背景にあるが、虐待そのものも増えていると考えられる。配偶者間暴力（ＤＶ）が子どもの前で行われる「面前ＤＶ」による心理的虐待について、警察からの相談や通告が増えたことが増加原因の一つになった。

ただし、家庭内ＤＶでは子どもがそれを目撃したかどうかの判断は難しいために、統計上は子どものいる家庭でのＤＶはすべて「心理的虐待」に合算されがちであるという限界もある。したがって、二〇一二年度までの統計手法と異なるので注意が必要である。

また、厚生労働省が二〇一三年八月に児童相談所向けの手引を改正し、虐待の被害児童にきょうだいがいる場合、そのきょうだいも虐待を受けているとして対応するよう求めたことも、増加につながった。都道府県別にみると、大阪府が全国最多（一万七一六件）であり、神奈川県（九八三八件）、東京都（五四一四件）、千葉県（五三七四件）、埼玉県（五一三三件）と続いている。

非同時的なものの同時共存

このように、本来は二つの整合しえない社会的傾向がなぜ同時的に発生するのか。またそれはなぜ共存してきたのか。長年望んで手に入れた豊かさと進歩が、同時に倦怠と諦めを国民にもたらしてしまったのはどうしてか。

インフラ水準整備を示す社会的共通資本は充足しており、個人が持つ社会関係の総体として社会関係資本にも一定の豊かさがある。しかしその一方では、限りなくゼロの金利が続き、時代をリードする新商品は見当たらず、人口減少が始まり、高齢者のみ増加するという時代が到来している。これらを国家は制御できないために、国民の無力感がそれらと合体して個人的アノミーを引き起こし、社会全体の先行き不安として社会的アノミーを強めている。

「元気いっぱいの人生」が見えてこない

時代のなかに存在する「貧困化」は、顕在的には世代内格差と世代間格差の増大として可視的になり、潜在的には目に見えない代価として、CO^2地球温暖化に象徴される環境問題に対する「誤作為」による費用便益システムの破壊がある。いずれも個人レベルの収入を下げ、生活不安を助長する方向に作用する。

それらを総合的に判断して、人口面における「少子化する高齢社会」の代価は社会レベルでは連帯性や凝集性を弱めて、個人レベルでは粉末化を強めてきたと総括できる。

時代の調子が狂っている

ハムレットの台詞"The time is out of joint."を体現した歴史的事実に、オルテガが指摘した「大衆の反逆」のエピソードを引用しておこう。すなわち、乱心した一般大衆は、自己閉塞性が強く、頑迷さや専門的知識への不従順さ、思考の凡庸さが目立ってくる。「食料が不足して起こる暴動のさいに、一般大衆はパンを求めるのだが、なんと、そのやり方はパン屋を破壊するのがつねである」(オルテガ、前掲書寺田訳：四二八)。生きようとして、かえってその根源をなくすのが大衆の特性であると、歴史的事実に基づきオルテガは喝破した。

「社会生活はたんに政治的であるばかりか、同時に、いやそれ以前に、知的、道徳的、経済的、宗教的なものであり、われわれ全体の習慣を包括し、着物や娯楽の様式をも含む」(同右寺田訳：三八七)。少子化も社会全体の習慣に制約される。東アジアの日本、中国、台湾、韓国などでは結婚という制度が出産の動機づけになるが、結婚後にのみ出産するという習慣がない欧米諸国では、婚外子率が四〇％から五〇％前後になる。そのために、文化的背景を無視した日本における単純な欧米模倣は無意味となる。

2　コモン・センスとしてのリスク意識

少子化社会対策白書

二〇〇三年に成立した「少子化社会対策基本法」第九条に基づき、翌年に刊行が始まった『少子化社会白書』が『子ども・子育て白書』という名称に変更されたのは民主党に政権が交代した二〇一〇年版からであった。その後再度の政権交代により、二〇一三年版からは『少子化社会対策白書』へと三度目の名称変更がなされた。

「一・五七ショック」を契機に、一九九四年「エンゼルプラン」以来二〇一〇年「子ども・子育てビジョン」まで膨大な国費が投入された。ちなみに白書によれば、二〇一三年度の「少子化社会関連対策予算」は三兆三二五八億円にまで膨れ上がっている。この二〇年間、様々な事業の取り組みがなされてきたが、結局は二〇一三年に政府は「少子化危機突破」を宣言して、その緊急対策を行わざるをえなくなってしまった。

なぜこのような事態になってしまったのか。平成の時代になってからの政府による少子化対策の二〇年間を点検すると、政策立案と実施に関する次のようなコモン・センスが欠如していたと考えられる。

まず、(1)少子化関連の論議の中で特定の目標を達成するという発想が希薄であった。すなわち、政府により少子化対策として掲げられる目標とは何かが、国民に伝わるようなかたちで具体的に示されることがなかった[8]。換言すれば、(2)「少子化対策」とは何を目標にした資源投入なのかが明言されたことは皆無であった。たしかに「国・地方公共団体・事業主・個人の負担の組み合わせ」が「重点戦略」として位置づけられている（内閣府政策統括官、総務省大臣官房総括審議官、厚生労働省雇用均等・児童家庭局長、前掲文書：一四）が、そこでも(3)いつまでに、どこが最終責任をもって、何を目指して実施する政策事業なのかは示されなかった。

長期目標と短期目標の組み合わせ

この反省に立てば、「少子化危機突破」を実行するには、二〇年程度の長期目標と二〜三年程度の短期目標を組み合わせて、両方の目標を達成するために、鮮明な優先順位を決めて、有限の資源を投入する過程こそが「対策」にふさわしい認識枠組みとなる。

しかし、この政策常識が二〇年間の少子化関連事業では活かされてこなかった。政権が交代しても、その認識枠組みの根幹はまったく変わらなかった。歴代の首相も厚生労働大臣も少子化担当大臣も、理念を示しながら「少子化対策とは何か」を語ったことはない。その代わりとして、内容的には首をかしげるようないくつもの「少子化対策」関連事業が、全省庁や都道府県そして市町村によって行われてきた。

疑問が多い「少子化対策」関連事業

政府関連に絞って事業の事例を挙げれば、「めざせスペシャリスト」（文部科学省）、「『緑の雇用』現場技能者育成対策事業」（農林水産省）、「森林総合利用推進事業」（農林水産省）、「官庁施設のバリアフリー化」（国土交通省）、「職場意識改善助成金」（厚生労働省）、「地域材利用拡大支援」（農林水産省）、「理科教育のための総合的な支援」（文部科学省）、「学習指導要領等の編集改訂等」（文部科学省）、「カエル！　ジャパン」キャンペーン（内閣府）、「強い水産業づくり交付金」（農林水産省）、「メディアリテラシー向上のための取組の推進」（総務省）などがすぐに浮かんでくる（『平成二五年版　少子化社会対策白書』内閣府より）。

これらは「風が吹けばおけ屋がもうかる」レベルの少子化関連事業なのであろうが、このような実態が強まりこそすれこの二〇年間まったく無くならなかったのは、ひとえに「少子化対策とは何か」の理念が対策の最高責任者から語られなかったからである。

「制御」可能性

「今日の先進諸国の人口のように制御された減衰過程に入るか、制御不能な破局的減少に見舞われるかのいずれか」（稲葉、二〇〇二：v）は、日本の少子化動向でも等しく当てはまる。少子化する社会システムの「制御」可能性を政策介入にしか求められないのならば、やや遅きに失したとはいえ、今からでも以下の三点を柱に最高責任者に継続的に語ってもらうしかない(9)。

(1)現在の合計特殊出生率（一・四〇程度）を五年後、一〇年後、二〇年後にどうしたいのか。
(2)三四年間連続して減少してきた年少人口数を五年後、一〇年後、二〇年後にどうしたいのか。
(3)四一年間一貫して低下してきた年少人口率を五年後、一〇年後、二〇年後にどうしたいのか。

日本社会において子どもが産まれにくい原因は、三〇年前からはっきりしている。まずは未婚率の上昇があり、これには結婚できない雇用環境や所得水準にある若者が増加して、結果的に結婚を避けるライフスタイルを選択したからである。若者に加えて今日では、この傾向は中年男女にも及んでいる(10)。

二つ目には既婚者の出生意欲の減退が指摘できる。既婚者の大半は産まれた子どものためにいずれ発生する経済的負担を斟酌して、子どもの数を制限してきた。たとえば、複数回答ではあるが、札幌市における「子ども・子育て支援ニーズ調査」（二〇一三年）では「今後充実してほしい子育て支援策」の筆頭には「認可保育所や幼稚園にかかる費用の軽減」が七一・四％を占め、「医療機関にかかる費用負担を軽減する制度」（三七・七％）も希望する市民が多い（札幌市、二〇一五：三四）。

このような既婚者の判断には根拠があり、加えて大都市部を中心に出生数の増加を阻む住宅の広さの制約などが絡み合っている。これらを従来は晩婚化・晩産化と称してきたが、本書では「晩母」の増大とすることは既述した通りである。

したがって旧来のパラダイムから見ると、日本の少子化は「未婚率の増大」と「既婚者の産み控え」に原因が集約できるが、この二〇年間の政府による少子化対策は一貫して前者を無視して、後者にのみ特化してきた歴史をもつという総括が可能になる。

「既婚者の産み控え」対策のみ

たとえば政府が二〇年間本気で取り組んできた「両立ライフ」ないしは「ワーク・ライフ・バランス」と「待機児童ゼロ作戦」は、すべて「既婚者の産み控え」に対応する。しかも二〇一三年の「少子化危機突破」宣言のあとでも、いわゆる三本の矢は「既婚者の産み控え」対策に向けられている。

具体的にそれらは、すでに産まれている子どもの「子育て支援」、「待機児童解消加速化」、「多子世帯支援」、「地域・職場の子育てネットワーク」、子育てと仕事の「両立支援」、中小企業の「両立支援促進」、「企業による女性登用の促進」、女性のための「ロールモデル普及」、「男性の働き方の見直し」、「結婚・妊娠・出産支援の全国展開」、この「普及啓発」、「地域の相談・支援拠点づくり」、「産後ケア」、「産科・小児科の整備」、「不妊治療支援」などから構成されており、最後はそのための消費税アップによる財源にも期待が寄せられ、その確保が謳ってある。

社会全体の定義

『平成二五年版　少子化社会対策白書』でも第二部冒頭に「子育てを社会全体で支える」と明記されてはいるが、「社会全体とは何か」の議論は相変わらず皆無である。その意味で、この二〇年間の少子化対策との同質性は続いている。

少子化対策とは本来社会全体に直結するのだから、まずは社会全体を正確に定義することから子育てのための「共同性」を模索したい。従来のように、国、自治体、企業、子どもを産んだ親、産んだ親が暮らす地域社会、子どもが通う学校のみの六者が社会全体ではない[11]。そこには未婚率の上昇に結びついたシングルの増加への配慮がまったくない。くわえて、次世代に全面的に依拠する「おひとりさま」、そして自覚的なライフスタイルとしてのディンクスを選択した人々も含まれていない。

理論的には、生涯単身者や既婚者でも育児をしない選択をした人々も含めたあらゆる世代が、社会全体を構成する。これは、社会全体で介護を支えるために、二〇〇〇年四月から制度化された介護保険における「四〇歳以上のすべての国民」と同質である。[12]

3　リスクとしての少子化

介護保険がお手本

介護保険で証明されたように、六五歳以上の親の有無にかかわらず、すべての国民は要介護高齢者を支えるために一定の負担を義務とする。それこそが「社会全体で支え合う仕組み」である。二〇一三年度でいえば、六五歳以上の介護保険料（二一％）で一・八兆円、四〇～六四歳までの介護保険料（二九％）で二・五兆円、国の居宅（二〇％）と施設等（一五％）で一・六兆円、調整交付金（五％）が〇・四兆円、都道府県居宅（一二・五％）と施設（一七・五％）で一・三兆円、市町村（一二・五％）で一・一兆円となり、介護保険料合計が九兆円に近づいている。この制度はシングルもディンクスも例外とはしておらず、文字通りすべての国民が社会全体を構成して介護を支えてきた。

少子化対策ではなぜこの歴史に学ばなかったのか。[13]「子育てを社会全体で支える」先例として、同じ厚生労働省の管轄する介護保険制度があるのに、どうして「社会全体」を適切に位置づけてこなかったのか。これは大きな疑問である。

予想されたイデオロギー的な反発や批判

おそらく社会全体で行う少子化対策に未婚者を包摂すると、その該当者からのイデオロギー的な反発や批判が予想され、結婚しないシングルという自由な生き方を否定すると逆批判を受けるから放置してきたのであろう。しかし、シングルでもディンクスでも加齢とともに、年金でも医療保険でも介護保険でも次世代からの支援を受けることは明瞭である。

ただし、誕生してから成人まで育てるには平均して一人当たり三〇〇〇万円が親によって直接負担されるという現実があり、その負担の有無は老後の財産形成やライフスタイルに直結する問題となってきた。そのため国民の一部ではあるが、子どもの「育て損」という負の評価すら成立している。

もちろん産んだ親の育児責任は当然ある。しかし、産まない選択をした場合と比べて、この子ども一人当たり三〇〇〇万円の養育関連の自己負担は重たすぎるのではないか。それを考慮すれば、介護保険並みに「社会全体で支える」ためには、子どもの有無にかかわらず、育児のために税金以外にも国民が等しく負担して次世代を育成するしかない。「おひとりさまの老後」への視点は「少子化する高齢社会」ではますます重要になってくるが、同じ「おひとりさま」でも次世代への負担の有無により、大きな格差と不公平が発生していることを忘れてはならないであろう。

少子化の原因が二つあるのに、その一つにしか過大な反応をしない。その対策に「社会全体」で取り組まない。これらの特徴をもつ少子化対策の繰り返しがこの二〇年間で人口減少社会でのリスクを強めてきた。

少子化危機突破タスクフォースの限界

さらに、たとえば二〇一四年五月二六日「少子化危機突破タスクフォース（第2期）」に象徴的なように、少子化の危機を指摘して、その対策を強力に主張する半面、必ず「もちろん、結婚や妊娠、出産などについては個人の考え方や価値観に関わる問題であり、個人の自由な選択が最優先されることは言うまでもない」（：三）という逃げ道を用意するという姿勢も変わらない。短い文章のなかにこの逃げ道がいくつも含められている。「生涯にわたって自分の健康を主体的に確保、自己決定することを尊重することが基本である」（：九）。「個人や個々の家族に目標を設定するかのようにとられかねない」（：一四）。「それぞれの生き方に負担感を与えかねない」といった問題もあり得る」（：一四）。「女性に対して出産を押し付けるかの様なメッセージに捉えられかねない」（：一五）など、「個人に特定のライフスタイルを押し付けているかのような印象を与えたり、プレッシャーにつながりかねないという懸念や、政策プロセスが見えない状況では絵に描いた餅になりかねないという問題」が常に指摘される。「出生率や出生数等については、特に慎重に議論すべきである」（：一五）。「人権に十分配慮し、あくまで国の目標であることを明確にし、個人にプレッシャーを感じさせることのないよう国民に十分に説明をする」（：一八）。

これらは要するに、少子化に無関心であっても構わないし、何もしない人がいても大丈夫だという政府からのメッセージであり、「少子化危機突破」の本気度が疑われる。なぜならこの宣言は、ここまで周到な配慮をしながら、その反面で、過去二〇年間、本来は個人の自由な生き方の一部にすぎない働き方を「両立ライフ」や「ワーク・ライフ・バランス」として国民に押し付けてきた歴史を忘却した宣言であり、ダブルスタンダードの典型でもあるからである。

この宣言に集う人々は「専業主婦」という自由な生き方を認めてこなかったし、厚生労働省もまた専業主婦や「両立志向」しない「個人にプレッシャーを感じさせ」てきたのではないか。このような姿勢からは、人口減少社会に向けた持続可能な建設的な対案は出てこないであろう。

少子化リスク

一般に人間が作り上げた社会システムには、日常的に発生する窃盗や交通事故などの小さなリスクから、マグニチュード九クラスの地震やときおり話題にもなる富士山噴火まで、様々な巨大リスクとその可能性が共存する。同時に本書で主張する人口論に立脚した巨大リスクへの目配りも欠かせない。

リスク本来は「その到来があるかも知れないしないかも知れないとして知られている未来の災厄」（盛山、二〇一三：一二）といえようが、すでに発生した「未来の災厄」の一部に手をこまねいたままの無策もまた、リスクを増幅させる。

これらを総合化する手がかりとしての「リスクの公式」には、

「リスク」＝「望ましくない事象の重大さ」×「その事象が起きる確率」（Risk＝Magnitude of Hazard×Probability）

がすでにある（瀬尾、二〇〇五：二）。ただし、「望ましくない事象」としてのリスクは無数にあるから、実際に取り上げる際には優先順位をつけて対象化するしかない。そのために、対象化した事象の発生確率を勘案して、高リスクか低リスクかの決定が必然化する。本書全体では、今後確実に予想される「少子化する高齢社会」が抱える人口動態に関わる社会的リスクを念頭においている。

予想される社会的リスクが現実化すれば、システムの機能不全、損傷、損失をもたらし、最終的には社会システム解体まで進むこともある。私は、「少子化する高齢社会」の進行が、最終的には社会システム解体に向かうことを恐れるので、そこに人為的な介入を行う必然性が生じると考える。それは逃げ道を用意せずに、介護保険の理念と制度に象徴されるように、社会全体に関わる政策として立案され、実行される性質のものである。

しかし解体には至らず機能不全に止まるようなリスクには、システムに備わる自己組織性（self-organizing system）による適切な資源配分と人員配分で対処できる。とりわけ小さな範囲で、被害者が少数の人々であり、短期間で適応できるリスクならば、自己組織性機能の強化策でも、十分な克服が期待できる。

逆にいわゆる「日本沈没」のような社会システムの自己組織性で対処できない巨大リスクでは、広大な地域（large areas）が巻き込まれ、その大部分の人々（most people）が長年（many years）にわたり、その深刻な影響下で暮らすことになるし、現住地で暮せなくなり、集落移転や国外移転のような場合も出てくる。

社会的リスクの分類

このように、社会的リスクは表1－3に示した範囲、人数、期間の組み合せから判断される。すなわちAは「狭小―少数―短期」、Bは「拡大―多数―長期」、Cは「全体―全員―永久」となり、リスク次第でABCが決まり、それに沿った社会的対応が具体化する。二〇世紀末から日本で顕在化した「少子化する高齢社会」は、もちろんBに該当するリスクである。今後の日本で少子化が制御されずにますます進行すれば、社会全体のリスクが高まるから、原因を解明して、制御可能な政策介入を目指すことを主張したい。

ただし少子化一色の現代日本でも、減少傾向とはいえまだ一〇〇万人程度の出生がある。日本全体での一〇歳までの合計は一一〇〇万人、一五歳未満でも一六〇〇万人位の総数になる。しかしそこでの虐待や親子心中が増えることは大きな社会的リスクであり、次世代に対してより良い育成環境を創り続けることは、子育て支援をする現世代の責務の一つであると考えている。

表1－3　リスクの3分類

	A	B	C
範囲	狭小	拡大	全体
人数	少数	多数	全員
期間	短期	長期	永久

（出典）金子（2013：221）。

東アジアのなかの日本

少子化する日本は、その対応の仕方についても東アジアのなかでヨーロッパ諸国とは異なる独自な方式を展開したい。その手掛かりは、育児の社会化を本格的に進めるところから始まる。第一に、子育て関連の経費を親だけに求めるのではなく、社会全体でも負担する財政的なシステムづくりが挙げられる。

一般に日本、中国、台湾、韓国などの東アジア諸国では、共通して未婚率が少子化の主要因になっている。なぜなら、ヨーロッパ諸国の婚外子率四〇〜五〇%とは異なり、それが日本で二%、韓国では一・五%というように低いからである。そのうえ都市化や小家族化、高齢化を軸として人口構造や世帯の変化が大きくなっている。今後は日本だけではなく、中国や韓国でも家族親族を中心とした自助や互助に頼る子育て支援には限界が生じる可能性が強いために、「社会全体」による子育て支援が求められるのは同じである。

第二に、現代日本でも普遍化した小家族化は孤立育児をもたらしやすいから、それに伴う母親の精神的・身体的・時間的負担が重たくなる。これらを社会全体で軽減したい。それにはいわゆる「五助」の複合による地域子育て支援の役割が大きくなる（金子、二〇〇六a）。

自助、共助、公助、互助、商助

常識化した自助・共助・公助に加えて、互助と商助をも活用する基盤整備を進めることが「少子化危機突破」の重要な柱になる。とりわけ民間活力を前提にした商助は費用負担や「質」への不安もあるが、横浜市での瞬間的「待機児童ゼロ達成」に象徴されるように、その力量を活かすことで多様な支援ニーズに対応するサービスの供給・効率性の利点が得られる(14)。

具体的な子育て環境改善に向けては、社会全体レベルの施策としての「基金」の可能性と、地域の特性・課題に即した「五助」の混合活用による子育て支援システムの検討・構築が求められる（金子、二〇〇三／二〇〇六a／二〇〇七／二〇一四b）。

このようなパラダイムにより、若い世代の「業績達成能力とコミットメント」の回復を目指しながら、日本の少子化とその根源的対策にこれまで以上に掘り下げた議論が可能になるのではないか。

第2章　少子社会の論理と倫理

「これからさき、わたしは、簡単な事実、わかりきった議論、ならびに常識だけをのべるにすぎない」（ペイン、小松春雄訳『コモン・センス』岩波書店、一七七六＝一九五三：三九）。

1　古典的思考の重要性

マルサスの教え

ロジカルシンキングは少子社会研究でも威力を発揮する。それは、政治的配慮でも財政的な理由でもなく、ましてやイデオロギー的主張でもない。バーズアイビューによる大局を見通す科学的論理の体現こそが、リスクの多い社会問題の解決方向を示してくれる。その科学的論理はマクロレベルの統計処理や調査による観察された事実の分析からはもちろん、いくつかの古典の精読からも得られ、現代日本が直面するリスクの一つである日本の少子化への対応にももちろん有益となる(1)。

たとえばマルサスの人口論はその代表的な古典であり、初版から第六版まで書き継がれた人口論が、何よりも「人口が『社会の将来の改善』にたいして有する関係を考察」（水田、一九八〇：二八）したのであるから、現在の

「少子化する高齢社会」にとっても参考になるところは多く、社会の理解の仕方も含めて「将来の改善」への手掛かりをつかめる。

ブレンターノの「福利説」

しかも、マルサス人口論そのものだけではなく、水田洋による解説でたまたま簡単に触れられたブレンターノの「福利説」にも啓発されるところが大きかった。ブレンターノは一九三一年に死去しているから、水田のこの要約は実に八五年以上も前の作品からの引用となる。

ブレンターノは生活水準の上昇が出生率の低下（すなわち少子化）を伴う理由を、

(i)職業のための準備と教育がたかまるため、男子の結婚がおそくなる
(ii)文化が高まるにつれて収入の源泉であった女子と子どもが支出の源泉となる
(iii)女子の経済的独立性がたかまり、結婚への誘因が弱まる
(iv)社会的活動の増大のため、結婚が生活にあたえるよろこびは相対的に減少する
(v)高い教養と文化をもった男女は、自分に適切な配偶者をえにくくなる
(vi)優生学的配慮あるいはよりよく育てたいという配慮から、子どもの数がすくなくなる

という六点に求めた（同右：四一）。

晩母と晩父

これらのうち(i)からは現代日本の晩婚化が説明できる。たしかに一九五五年前後の日本では約半数が中学卒であり、今よりもかなり早婚であった。たとえば、一九六〇年の「人口動態統計」からは、夫の平均初婚年齢が二七・二歳、妻は二四・四歳であったことが分かる。第一子出生時の母の平均年齢は二五・四歳であり、合計特殊出生率は二・〇〇を超えていた(2)。

それが二〇一三年の平均初婚年齢では夫が三〇・九歳、妻が二九・三歳にまで伸長して、第一子出生時の母の平均年齢もまた三〇・三歳に上がって、合計特殊出生率は一・四三になった。今日のように大学進学率が全国平均で五五％程度にまで上がれば、長期にわたる「職業のための準備と教育」は不可避となり、晩婚化は男女両方ともに顕著になる。第1章では、一九六〇年の第一子出生時平均年齢二五歳から五〇年経過した二〇一〇年に、平均して三〇歳で初めて母になる現象を晩産化とともに「晩母」と呼んだが、ここでもそれを踏襲しつつ、平均年齢で四歳近く上がった初めての父親を「晩母」と合わせて「晩父」と命名することにしたい。

非正規雇用の急増

しかしまさしく長期にわたる「職業のための準備と教育」が高学歴化として社会的に完成した二一世紀初頭時点で、政治的決定により「準備と教育」を台無しにするような就業面での非正規雇用が大幅に取り入れられた(3)。男女ともに二〇〇〇年を境に上昇傾向に転じたが、これは二〇〇一年に誕生した小泉内閣の施政方針によるところが大きい。なぜなら小泉内閣は、二〇〇四年には「労働者派遣法」を製造業務にまで広げる法案を解禁して、政権末期の二〇〇六年にはそれまで三年までとされていた派遣受け入れ期間の無期限延長に踏み切ったからである。

そのため二〇〇五年あたりから派遣労働を含めた非正規雇用慣行が大企業で定着した。同時に国際化への対処と

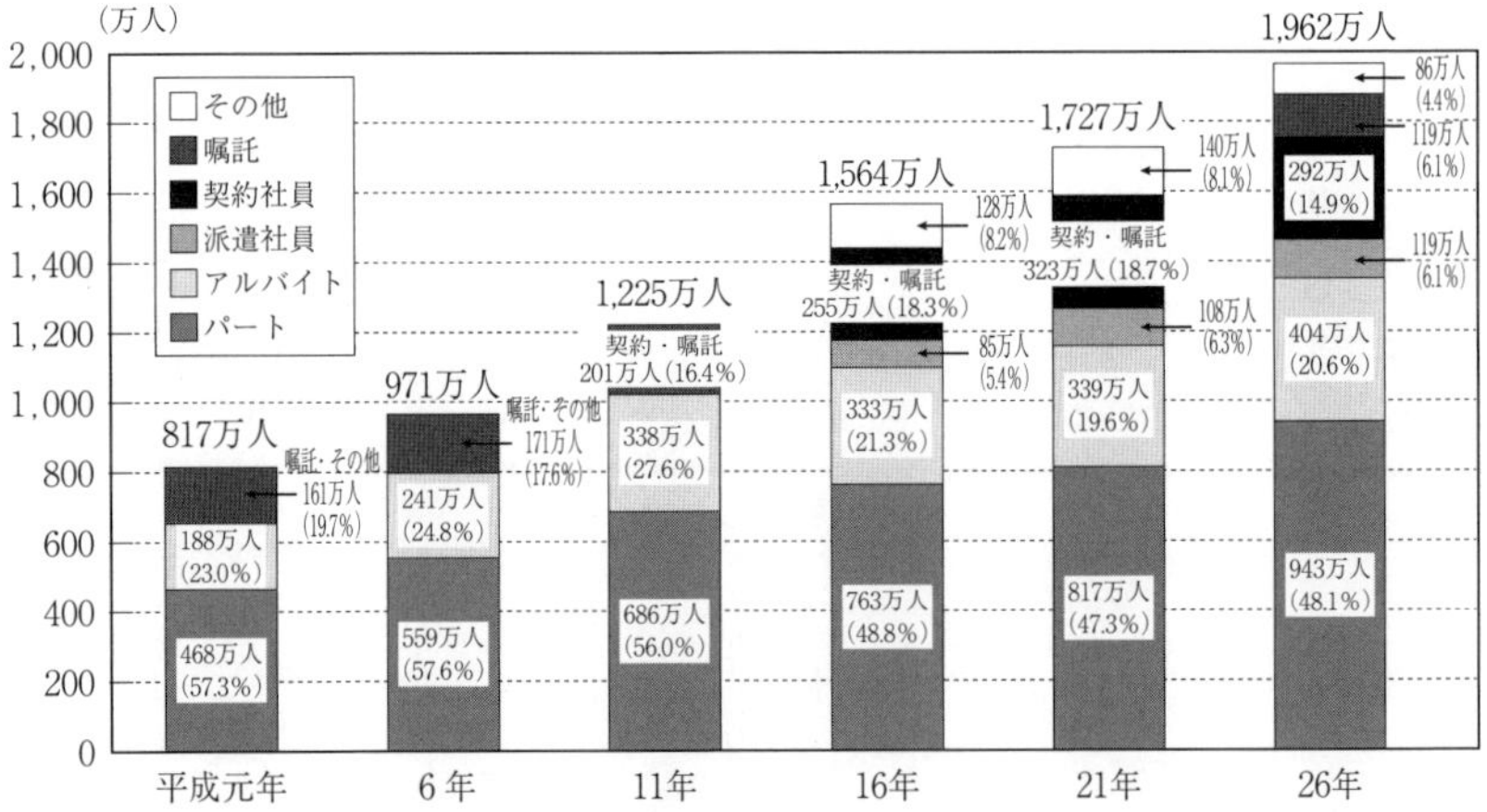

図２－１　非正規雇用労働者の推移（雇用形態別）

（出典）　厚生労働省ホームページ。

いう大義名分が企業内蓄積を優先する理由として中小企業でも活用され、そこで働く人々への還元は後回しになった。

これでは若い世代の将来設計が困難になり、結果としてますます未婚率が高まり、社会全体の少子化を進めるであろう。図２－１は非正規雇用労働者の総数と内訳であるが、二〇一三年での総数は実に一九六二万人に達している。これに対して役員を除く正規労働者は三三七八万人であるから、非正規労働者の比率は雇用者全体の三七・四％にまで増大したことになる。

非正規労働者の内訳

二〇一三年の非正規労働者の内訳は、パート四八・一％、アルバイト二〇・六％、派遣社員六・一％、契約社員一四・九％、嘱託六・一％、その他四・四％になった。ここに分類される労働者の大半は正規雇用を避けて非正規労働を求めたのではない。いわば不本意ながらの就業である。厚労省ホームページにさえ、「非正規雇用には、雇用が不安定、賃金が低い、能力開発機会が乏しい、セーフティネットが不十分等の課題があります」と記載している。

同じホームページに掲載してある厚生労働省「就業形態の多様化に関する総合実態調査」（二〇一〇年）によれば、雇用保険、健

表2－1　各種制度の適用状況

（％）

	雇用保険	健康保険	厚生年金	退職金制度	賞与支給制度
正社員	99.5	99.5	99.5	78.2	83.2
正社員以外	65.2	52.8	51.0	10.6	32.4

（出典）厚生労働省ホームページ。

康保険、厚生年金、退職金制度、賞与支給制度に関しても正社員（正規雇用の社員）と正社員以外（非正規雇用の社員）とを比較するとその格差は歴然としている（表2－1）。この格差を前提とする限り、どのような子育て支援策も有効にはなりえないであろう。増加する「非正規雇用の社員」にとっては、将来像が描きにくいため、結婚への動機づけが得られない。未婚率がますます上昇すると、子どもは産まれにくくなり、少子化も進むという動向は避けがたい。

しかし、ホームページでは「適用されている各種制度割合は、正社員に比べて正社員以外は大きく下回っています」とまるで他人事であり、「大きく下回っている」状態を温存して、「少子化危機突破タスクフォース」をいくら主張してもその効果はないと思われる。

一般的にいえば非正規雇用は資本主義体制に内在し、経営側は当然としても労働側にも不本意ながらの合理性をもちうるが、その一方で機会の平等にも抵触するので、健全な雇用制度とはいえないと私は判断する。たとえ一部の政治家や経営側では「目的合理性」として非正規雇用を位置づけても、労働側の大半では「価値合理性」の観点からも全面的に反対するであろう。

マクロ社会システムの観点からもまた、非正規雇用は働く人々の窮乏化を進めて、未婚率を高め、最終的には少子化を促進するから、このような雇用制度を推進しようとする政策は、少子化を緩和して人口減少社会への速度を落とそうとする「目的合理性」とはかけ離れているといってよい[4]。

ダブルスタンダードの弊害

一方で若い世代の結婚への経済的条件を悪化させながら、厚生労働省が同じく少子化対策の責任官庁でもあることにより、子どもや家庭をめぐって偏った政策が続けられてきた。結婚への動機づけが強いはずの若い世代に「不本意非正規」が三〇％を超えているにもかかわらず、行政だけではなく政治家もまたこの問題に取り組まないどころか、その動きを助長する政党も多い。

過去二〇年の少子化対策では「待機児童ゼロ作戦」だけが目立ってきた。最終的決定権をもつ政治家の大半は日本社会への「責任倫理」を果そうとせずに、少子化への根本的な対策を社会全体で行うという発想すらなく、空しい二五年が経過して少子化対策の名目で費消された割には効果に乏しい膨大な事業が残っただけである。

そして気がついたら、二〇一四年夏から少子化による人口減少を引き金とした「地方消滅」論が流行していた（金子、二〇一六）。その言説の広がりにより、日本人の人口減少社会へのリスク感覚は全国的になった。しかし、若い世代の現状と将来像の不安定さは変わらないので、結婚しても子育てできないとする「責任倫理」が強く、結局のところ未婚率が高まりつづけている。

人間が作った雇用制度は本来人間による政策的な変更が可能なのにそれを行わず、むしろ俗にいう残業代ゼロという「労働時間規制適用免除制度」までも厚生労働省は打ち出した。これでは婚外子の伝統を持たない日本では出生率の上昇が期待できないし、合計特殊出生率のジリ貧が改善されることもない。いくら保育所を増設して、待機児童ゼロを目指しても出生率が高まらないのは当然である。(5)

資本主義体制での非正規雇用は経営側にとっては合理化の典型だが、初職段階の若い人々にとっては不都合となる。なぜならそれを受け入れた若い高学歴世代でも職業継続への展望を失い、専門化志向を持てなくなるからである。くわえて機会の平等はもちろん、結果の平等も保障されないから、職業を通して社会性を涵養するよりも私生活に埋没して、私化を強めて、個人の粉末化を進めるようになる。(6) ここにいう粉末化とは、「人間関係がパラパラになり、タテにもヨコにも粘着しえない状態を意味する」（金子、二〇一三：七六）。

社会的格差の拡大

非正規雇用者と正規雇用者間には所得の違いを中心とした社会的格差が拡大している。一九八〇年代までの資本主義論における国民総中流階層論では、社会システムの平準化作用を拡大解釈してきた歴史があるが、二一世紀の非正規雇用が蔓延した時代では、親からの財産だけではなく、雇用形態自体による個人間格差も大きくなった。結婚できる階層とできない階層、子育て可能な階層とそうでない階層など、人的資本に恵まれた個人と恵まれない個人が並立ないしは対立しており、少子化対策の観点から見てもゆゆしき問題を生み出している。階層区別としての鮮明な排除と包摂の同時進行が、大きな社会変動を引き起こす。格差研究のうち、格差拡大の理由の追究は盛んに行われているが、その緩和の方法や縮小についての戦略に触れる研究は少ない。

かつてシュンペーター理論に依拠した大野忠男は、経済システムに内在する変化の要因を、(1)消費者嗜好の変化、(2)成長（生産要素の量または質）、(3)革新（商品供給方法の変化）に分けて、これら三つ以外には存在しないとのべた（大野、一九七一：四六）。四五年後の非正規雇用が蔓延する日本では、これらに加えて、(4)企業内の蓄積の優先、(5)雇用制度の変化、(6)労働者格差の拡大などが、二一世紀の国際化を前提にした経済変動に触発された社会変動項目に追加できるであろう。国際化への対応を理由に、(4)では労働側への利益還元が後回しにされ、(5)では非正規雇用を当然とする労働慣行が普遍化して、(6)格差は自己責任であるとみなす論調が台頭している。その結果としての不可逆的な少子社会の誕生である。このような全体社会の社会変動へ配慮した政策理念がなければ、いかなる少子化対策事業の効果も期待できないと思われる。

なぜなら、シュンペーターから引き出された(1)(2)(3)などの経済的変化の要因はマクロ社会の範疇に属すからであり、追加した(4)(5)(6)もまたマクロ社会的な変動であるからである。現在まで継続されてきた自治体単位のミクロな対策事業の蓄積効果が出ないのは、マクロ社会変動を取り込んでいないからである。

国家先導資本主義の時代

消費者嗜好の変化では個別情報機器端末の普及、テレビ離れ、健康への関心増大などが目立ってきたが、成長と革新に関しての新機軸には鈍いところがある。しかし、国家独占資本主義という認識が壊れ、首相自らが諸外国に有力企業社長を引き連れて、様々な名目での資金援助とセールス活動を当然とする「国家先導資本主義」(金子、二〇一三：五五〜五九)への移行に伴い、(4)企業内蓄積の優先ははっきりと顕在化した。

これとは対照的に非正規雇用の蔓延により、働く人々への還元分は次第に減少している。若い世代の現状と将来像が(5)(6)により不安定なまま、社内蓄積は国際化への対応という理由だけが企業サイドから高唱されている。少子化対策と雇用政策の両方を主管する厚生労働省はこれを同時共存させてきたが、むしろこれは典型的なミスマッチではないか。

くわえて、文部科学省による大学教育の成果が、厚生労働省主管の職業体系に反映されないという省間におけるミスマッチも発生した。「職業体系が高等教育とつながるようになってきた度合いは、その社会における一つの大きな変動を表示している」(パーソンズ、一九七七＝一九九二：三五四)。二一世紀の日本では、せっかくの高等教育が増大する非正規雇用のために、正規の職業体系とむしろ断絶するようになってきた。

子育てに伴う教育費が家計を圧迫する

ブレンターノ(ii)からは、子育てに伴う費用の増加が指摘される。少子化の遠因に高額な教育費があることはもはや周知の事実になっている。特に高等教育のうち大学教育費用がかかり過ぎている。社会全体としても教育費の割合は収入が低い世帯ほど上昇し、家計を圧迫する。少子化対策や子育て支援関心をもっていても、この問題について軽視する人が後を絶たない。

たとえば『地方消滅の罠』を書いた山下祐介もそうであり、「経済水準と人口増加はむしろ背反するのではないかという疑問さえ湧く」（山下、二〇一四：三八）とする。この一部の理由は「失業率の高い沖縄県では出生率が高い」に求めたのであろうが、年度によって一人当たり県民所得が四七位か四六位になる沖縄県では合計特殊出生率が一・九〇近くあり、所得が最高位の東京都のそれが一・一〇程度しかないという二つの事実のみがこれを支える根拠になる。しかし、残りの四五都道府県を含む日本全体の大局的な傾向では、経済力と出生率とは正の相関に近く、その意味でも経済的支援の正当性が強調されてよい（金子、二〇〇九／二〇一四ａ）。

日本政策金融公庫による教育費調査

それはたとえば、日本政策金融公庫による二〇一三年度教育費調査でも理解できる。毎年同じ規模で、公庫の教育ローンを利用する世帯を対象にした調査が積み上げられてきているが、一三年度でも二万一八九二世帯を対象にして、四九四二世帯（有効回収率二二・六％）からの回答が集約されている。そこでは、教育費の捻出方法として「奨学金を受けている」が五九・九％であり、次いで家庭で「教育費以外の支出を削っている」（五六・三％）という回答になった。三つまでの複数回答にみる節約のトップは「旅行・レジャー費」が五六・九％、「衣類の購入費」と「外食以外の食費」が同じ五一・五％、「外食費」が四九・三％、「保護者のこづかい」が三九・〇％であった。

回答に表れた子ども一人当たりの年間教育費の平均は、大学が一五三・九万円、専門学校・高専が一四九・九万円、短大が一四三・四万円、高校が九七・六万円であった。また、高校入学から大学卒業までの必要な費用の累計では、高校三年間で三四四・六万円、大学四年間で七一一・二万円が加算され、合計では子ども一人当たりで一〇五五万円になる。二〇〇九年度から一三年度までの五年間の累計では、毎年一〇〇〇万円を超えている。これは黙殺できるような金額ではなく、子育て者と子育てしない人々の格差の主因になってきた。ただし「社会階層と社会移動」(ＳＳＭ)調査をはじめ格差問題の研究でも、ここに注目する視点は非常に少ない(7)。

所得に占める教育費率増大

しかし急激な年少人口消失を放置すれば、事実としての格差と不安としての格差がともに人口減少社会全体でますます強くなる。その意味で少子化対策格差に事実として直結するのは、所得に占める教育費率増大である。公庫の教育ローンを利用する二〇一三年度の世帯年収の平均は五五二・六万円であり、小学生以上の子どもがいる全世帯の在学教育費用は年収の四〇・一％に達した。教育費高騰は変わらず、子どもを産み育てると家計が苦しくなる。育てなければ、その費用はゼロである。

育てる側には「子どもの貧困」の問題も登場する。とりわけ年収二〇〇万円から四〇〇万円未満の階層では、在学費用は年収の五八・二％にまで達した。年収四〇〇万円から六〇〇万円未満でも三七・四％になり、前年を超えた。

これらの事実を無視した「おひとりさまの老後」の主張はまったく無意味である。一人産み育てたら一定期間の年収の半分も教育費につぎ込むことになる層では、それ以外の生活関連のニーズ充足が不十分になる。しかし産まなければ教育費がゼロになるので、たくさんの生活関連ニーズが満たされ、「おひとりさまの老後」も安泰であろう。このように、子育ての有無で大きな格差が生じるだけではなく、子育てフリーライダーに象徴される不公平性もまた強くなる(8)。

しかし社会全体で次世代育成ができないような社会は確実に破綻するので、日本を良くするための具体的提案は、社会全体に蔓延した「フリーライダーお得感」の払拭を政治によって開始し、各方面での「粉末化現象」を解消する社会規範の優先的回復になる。ここでは劣化した社会学的想像力の学界レベルでの再生が不可欠である。

実際の子ども数と理想の子ども数

既婚者が理想とする子ども数と実際の子ども数の間には絶えず一人前後のギャップがあるのは、不安としての格差が将来的に強まると判断されるからである。たとえば国立社会保障・人口問題研究所による「出生動向基本調査」では、実際の子ども数と理想の子ども数との間には毎回一人弱のギャップが生じている（内閣府『平成二六年版少子化社会対策白書』、二〇一四：二四）。複数回答による理由の筆頭は「子育てや教育にお金がかかりすぎる」が六〇・四％、「高年齢で産むのはいやだから」が三五・一％になっている（同右：二四）。

札幌市での単一回答式の二〇一三年調査でも、理想よりも子どもが少ない理由として「経済的な負担が増えるから」が第一位の四六・六％となり、他をはるかに引き離した。同じ調査で第二位には「高齢出産になるから」が一三・七％、第三位には「仕事と子育ての両立が大変だから」が六・九％となった（札幌市子ども未来局、二〇一五）。このように、各種調査でも子どもが産みにくい理由としては、経済的側面が筆頭にくるのだから、国民それぞれの子育て費用の一部を社会全体で支援するという考え方には無理がないと思われる。ただしこれは税金だけの支援ではなく、むしろ介護保険のような全員が等しく応分の協力が可能な方式もまた組み合わせに入った方がいい(9)。私の「子育て基金」はそのような趣旨で一五年くらい前から提言してきた。

ブレンターノ(iii)に関しては、女性の高学歴化により、多方面の選択が可能になり、そこからは結婚への動機づけが弱くなることが分かる。

高学歴化のジレンマ

ブレンターノ(iv)に関しては、男女ともに高学歴化によって、社会的活動の選択肢が拡大して、その結果としてどちらも結婚願望が薄れてくるとみられる。(v)高学歴により配偶者として期待する適合性水準が高まり、選択するのが困難になる。周知のように、高収入の男性と低収入の女性には結婚願望が強いが、低収入の男性は配偶者選択に消極的となり、高収入の女性もそれを支える職業活動の魅力が続いているうちは結婚への動機づけが弱いままで推移する。

表2－2　日本の乳児死亡率の推移

（‰）

1900年	155.0
1950年	60.1
1970年	13.1
1980年	7.5
2000年	3.2
2010年	2.3
2014年	2.1

（出典）各年度「人口動態統計」。

これらが相互に作用して、現代日本の未婚率は急増した。二〇一〇年の国勢調査では男性未婚率の全国平均が三一・九％、女性が二三・三％にまで増加している。政令指定都市で合計特殊出生率が最低の札幌市での男性未婚率は三四・一％、女性も二八・六％と全国平均を大幅に上回った。[10]

乳児死亡率の激減

ブレンターノ(vi)については、優生学的配慮というよりもこの数十年の日本で象徴的なように、二‰まで低下した乳児死亡率の激減によって、家系の存続にも多産である必然性がなくなった。表2－2は各年の「人口動態統計」からの結果をまとめたものである。かつての乳児死亡率一五〇‰時代では、五人程度が産まれなければ家系の存続は困難であった。結核や赤痢などの感染症が猛威を振るい、戦争によって兵士としても銃後の国民としても絶えず死に直面していた時代では、国民はイエ制度を守る保険の意味でも多産を余儀なくさせられたのである。[11]

同時にそのような時代の国家は福祉国家ではなく軍事国家であったから、世帯主が高齢化しても、高齢者にだけ様々な福祉的支援が国から受けられなかったという事情も多産の陰に読み取れる。

福祉国家「無料デパート」論

一九六一年の国民皆保険と皆年金制度創設が日本の福祉国家への出発点であるが，それは清水幾太郎が適切に造語した福祉国家「無料デパート」論に象徴される（清水，一九九三：三五六）。市町村レベルでいえば，地方都市や町村などの自治体よりも比較的に財政力に恵まれている政令指定都市が，国家による「無料デパート」の一部を分担する。

しかし，完全な「無料デパート」ではない証拠として政治の恣意性が指摘できる。たとえば，日本政府は，二〇一四年四月の消費税増税に伴う経済対策の一環として支給を開始した子育て世帯に対する一万円の臨時給付金について，一五年度は支給しなかった。消費税率一〇％への再引き上げ延期に伴う措置である。一方，低所得者向けの臨時給付金は継続し，代わりに一人当たり六〇〇〇円を支給して，所得が少ない家計の税負担を緩和することを重視する。(12)子育て世帯に対する臨時給付金は，消費税増税による景気下振れリスクを回避するため，一三年一二月に閣議決定された経済対策の特例措置であり，一四年度は児童手当の対象者一人当たり一万円を支給しており，給付総額は約一三〇〇億円に上る。

政府は子育て世帯の消費を下支えするため，一五年度以降も支給を継続する方向だったが，消費税率一〇％が延期になり，財源探しが難航していた。

一方，消費税率八％への引き上げに伴う低所得者向けの臨時給付金は一五年度も継続した。所得が少ない家計の税負担を緩和するのが狙いで，政府は増税分の低所得者の支出増加は一年間で六〇〇〇円になると計算する。この対象者は約二四〇〇万人に上る見込みで，関連経費約一八〇〇億円を二〇一五年度予算案に盛り込んだ。

表2-3　政令指定都市の合計特殊出生率（2012年）

1	北九州市	1.53
2	熊本市	1.49
3	広島市	1.48
4	浜松市	1.47
5	岡山市	1.44
6	堺市	1.42
7	川崎市	1.36
8	名古屋市	1.36
9	静岡市	1.35
10	千葉市	1.32
11	横浜市	1.31
12	新潟市	1.30
13	神戸市	1.29
14	大阪市	1.28
15	仙台市	1.27
16	さいたま市	1.27
17	福岡市	1.25
18	相模原市	1.23
19	京都市	1.21
20	札幌市	1.11

（注）2012年の日本全体の合計特殊出生率は1.41であった。
（出典）『大都市比較統計年表2014年版』大都市統計協議会，2014年。

恣意的な少子化対策予算

このように、税金からだけの子育て給付は政治の恣意的な都合により絶えず給付額が変化し、給付そのものを一時中止するというような決定が繰り返されてきた。これでは恒常的な支援とはいえないので、介護保険を念頭に置いた「子育て基金」の意義と意味はここからもあるのではないか[13]。

ただし、表2-3のように軒並み少子化が顕著になってきた。若者が相対的に多い政令指定都市で合計特殊出生率が低いのは、そこで働く若者に非正規雇用が多くなり、現状も将来も著しく不安定な見通ししか得られないからである。そしてこのために、札幌市に象徴されるように大都市では未婚率が高まり、晩母と晩父の傾向を強くしてきた。ただし全体としては少ない件数ではあるが、確率的には高い早母早父による児童虐待もまた大都市に多く発生する[14]。

2　少子化と社会保障制度

デュボスによる出生率低下の条件

少子化打開に有益な内容をもつもう一つの古典としては、デュボス（一九六五＝一九七〇）がある。そこからの引用文「結婚して大家族を育ててあげてきた誠実な人の方が、独身のままでいて、ただ人口について語っているだけの人よりも、国家により多くの奉仕を果たしている」（同右：二四〇）は、現代日本の少子社会にも通用する。すなわち、子育てをする母親や家族への正当な評価が社会規範として強化されることが、少子化克服の途となる。

人口爆発の時代に出生率低下の条件として、この作品においてデュボスは、(i)社会保障、(ii)一夫一婦制、(iii)晩婚、(iv)生活と住居の改良、(v)より高度の個人の安全性、を挙げた（同右：二五三）。これらすべてが出生率低下を招き、二一世紀日本の人口減少社会を促進している。世界的にみて比較的整備された社会保障制度、完成された一夫一婦制度、高学歴化により必然化した晩婚と晩産⑮、世界的にみて完成度の高い住宅水準、劣化は始めたが、まだ日常的安全性が確保されている社会システムなど、今日に通用するものばかりである。現代にも適用可能な内容を備えていることが古典の証明になる。

しかも「生活における人間的な質を維持するうえで、同じように重要なものは、静かさ、私生活の秘密、独立、進取の希求が満足させられる環境、一寸した開けた空間」（同右：二四九）への配慮を忘れていない。私生活の独立には、将来的にも確実で継続的な所得が前提となる。それがなければ、進取の希求は満たされないし、社会システムにおける「人間的な質」としての安心、安全、安定、安寧なども保てない。

ワークにケアが含まれる時代

過去二五年間の日本における少子化対策論において、このデュボスのレベルに到達した議論がどれほどあったか。一方では若い世代の「独立」や「進取の希求」を奪い取る非正規雇用を促進しておいて、ひたすら巨大都市だけに象徴される保育所の増築のみを高唱する「待機児童ゼロ作戦」がある。また同時に東京でも地方でも中小企業や零細企業では達成が無理なのに、それを承知で言い続けられた「ワーク・ライフ・バランス」政策は、全国的には介護により退職を余儀なくされる中年男女が毎年一〇万人いることを軽視してきた。さらに、地方も含めてワークとライフのはざまで介護しながら働く男性が一三〇万人、女性は一六〇万人いて、この合計が働く人の五％に達するという事実にもしっかりした対応を行わなかった（金子、二〇一四b：一〇三）。

古典の中には、このような地方と中央、階層的な相違、介護の有無や子育ての有無によって生じる格差を等閑に付したままの短絡的な政策の限界を教えるとともに、二五年も続けてきた少子化対策の成果が感じられないまま、同じ理念による政策の継続性を疑問視する根拠を与えてくれる作品がある。

『社会保障費用統計』から

とりわけデュボスがいうように、(i)社会保障についての現段階における事実の確認は重要である。二〇一三年度データをまとめた二〇一五年度版『社会保障費用統計』（国立社会保障・人口問題研究所）からそれを概観しておこう。

ＩＬＯが国際比較上定めた機能別社会保障給付費の内訳は、「高齢」「遺族」「障害」「労働災害」「保健医療」「家族」「失業」「住宅」「生活保護その他」の九分野に分けられる。また、それらを重ねあわせた「年金」「医療」「福祉その他」という三部門の分類もある。二〇一三年度でいえば、総額一一〇兆六五六六億円のうち、「年金」が五四兆六〇八五億円（四九・三％）、「医療」が三五兆三五四八億円（三二・〇％）、「介護」が八兆七八七九億円（七・九％）、介護を除く「福祉その他」が一一兆九〇五四億円（一〇・八％）になった（国立社会保障・人口問題研究所編『平成二五年度　社会保障費用統計』二〇一五：一一）。

このうち「年金」には厚生年金、国民年金等の公的年金、恩給および労災保険の年金給付が含まれている。「医療」には医療保険、後期高齢者医療の医療給付、生活保護の医療扶助、労災保険の医療給付、結核精神その他の公費負担医療費が該当する。「介護」には介護保険給付と生活保護の介護扶助、原爆被爆者介護保険法一部負担金および介護休業給付がある。「福祉その他」は社会福祉サービス費用、医療扶助以外の生活保護による各種扶助、児童手当、医療保険の障害手当金、労災保険の休業補償給付、雇用保険の失業給付から構成される。
また機能別社会保障給付とは異なる計算式の社会支出は、人々の厚生水準が極端に低下した場合に、それを補うために個人や世帯に対して財政支援や給付をする公的あるいは私的給付を意味しており、制度による支出のみが該当する。具体的には社会保障給付費に、施設整備等の個人に帰着しない支出、就学前教育、自動車賠償責任保険、生活保護以外の住宅関係費などを加えたものである。したがって、人々の直接の財やサービスの購入、個人単位の契約や世帯間の助け合いなどは非該当になる。

社会支出
社会支出それぞれの分野の項目は以下の通りである。

(1)高齢：年金、早期退職年金、高齢者向けホームヘルプや在宅サービス
(2)遺族：年金、埋葬料
(3)障害・業務災害・傷病：ケアサービス、障害給付、業務災害・傷病手当
(4)保健：外来、入院ケア支出、医療用品、予防
(5)家族：子ども手当、保育、育児休業給付、ひとり親給付
(6)積極的労働市場政策：職業紹介サービス、訓練、採用奨励、障害者の統合、直接的な仕事の創出、仕事を始める奨励
(7)失業：失業給付、労働市場事由による早期退職
(8)住宅：住宅手当、家賃補助

(9)その他：低所得者向けの他分野に分類できない給付、食事支援など

これらの政策分野別社会支出の総額は二〇一三年度では一一四兆一三五六億円になり、対国内総生産比は二三・六三％になった。その支出内訳は、「高齢」（四七・九％）、「遺族」（五・九％）、「障害・業務災害・傷病」（四・四％）、「保健」（三三・〇％）、「家族」（五・三％）、「積極的労働市場政策」（〇・七％）、「失業」（一・一％）、「住宅」（〇・五％）、「その他」（一・二％）の九分野に分けられる（同右：六）。

乏しい「児童・家族関係」給付

「少子化する高齢社会」では、高齢化率も高齢者数も増加することから、年金、恩給、高齢者医療、介護保険給付、老人福祉サービスは着実に増えてくる。直近のデータから社会保障給付の対象者別にみると、高齢者向けに全体の約七〇％、非高齢者には約三〇％の配分率になる。後者には少子化対策に関連する「児童・家族関係」も含まれており、出産育児一時金、育児休業給付、保育所運営費、児童手当、児童扶養手当などが主要な構成要素になるが、日本では社会保障費全体に占めるこの比率は五％程度で推移してきた。高齢者への手厚い給付と比べると、次世代育成の掛け声が空しく響く。私はこの点を考慮して、恒常的な財源の裏づけがない「子ども手当て」ではなく、一九九八年から社会全体での「子育て基金」制度の創設を繰り返し主張してきた（金子、一九九八／二〇〇三／二〇〇六b／二〇〇七／二〇一三／二〇一四b）。

社会保障給付費のうち高齢者と子育て中の家族だけを抜き出せば、表2-4になる。一見して高齢者に厚く、子育て中の家族には薄い。また、表2-5に見るように、いくつかの先進諸国と比較すると、日本における家族支援の相対的な乏しさが鮮明になる。このような家族支援の弱さと並行して、単身世帯の増加と平均世帯人員の減少に

象徴される家族力の低下が進んでいる（表2－6）。国勢調査でも住民基本台帳からでも平均世帯人員の漸減が読み取れる。一九七〇年では三・五人を超えていた平均世帯人員が二〇一〇年では二・五人を下回った。国勢調査でも住民基本台帳調査からも、一〇年ごとに〇・三人から〇・四人の減少が読み取れる。住民基本台帳からの平均世帯人員は、すでに二・三人程度までに縮小してしまったことになる。

一番大切なものは家族

しかし、興味深いのは、このような実際の減少とは裏腹に、日本人の気持ちの上では家族重視がますます強まっ

表2－4　社会保障給付費

（億円）

社会保障給付費	2013年度	2012年度
総　計	1,106,566	1,090,010
高　齢	542,585（49.0%）	532,091（48.8%）
家　族	55,166（ 5.0%）	55,138（ 5.1%）

（出典）　国立社会保障・人口問題研究所編，2015。

表2－5　政策分野別社会支出の構成割合の国際比較（2013年度）

社会支出	高齢	家族
日　本	46.5	5.7
アメリカ	31.3	3.7
イギリス	28.6	16.8
ドイツ	32.0	8.4
スウェーデン	34.1	13.2
フランス	39.5	9.2

（出典）　国立社会保障・人口問題研究所編，2015。

表2－6　国勢調査と住民基本台帳にみる平均世帯人員

国勢調査	住民基本台帳
1970年（3.73人）	1970年（3.55人）
1980年（3.25人）	1980年（3.24人）
1990年（2.99人）	1990年（2.98人）
2000年（2.67人）	2000年（2.66人）
2005年（2.55人）	2005年（2.52人）
2010年（2.42人）	2010年（2.38人）
	2011年（2.36人）
	2012年（2.34人）
	2014年（2.32人）

（出典）　国立社会保障・人口問題研究所『人口統計資料集　2015年版』。

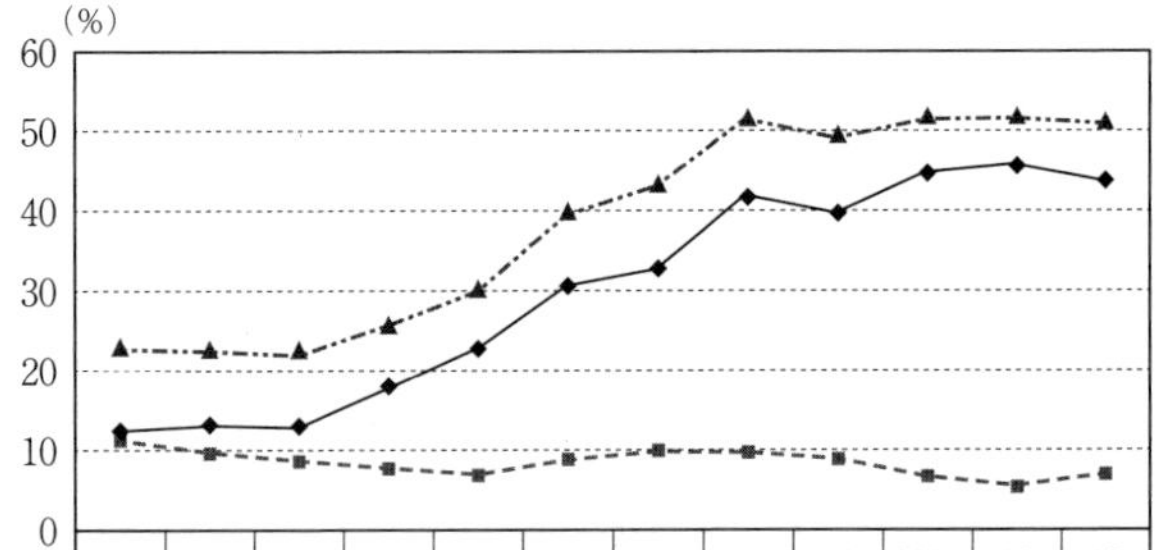

	1958	63	68	73	78	83	88	93	98	2003	08	13
─◆─ 家族を一番とする比率	12	13	13	18	23	31	33	42	40	45	46	44
--■-- 子どもが一番とする比率	11	10	9	8	7	9	10	10	9	7	6	7
···▲··· 家族＋子ども	23	23	22	26	30	40	43	52	49	52	52	51

図２－２　家族と子どもを一番大切とする比率

（出典）統計数理研究所編『国民性の研究　第13次全国調査』2014年。

ていて、二〇世紀末からの統計数理研究所（以下、統数研と略記）「日本人の国民性調査」では、「一番大切と思うもの」として家族が挙げられてきた（図２－２）。そして、一九九〇年に日本の平均世帯人員が三・〇人を割り込んだあたりから、いわば無い物ねだりといえるほどに国民の間には「家族」重視が続いている。

　無くしてから知る大切なもの（A good thing is not known till it is lost.）の見本として、統数研の調査データは重要である。最新の二〇一三年調査結果でも、「家族が一番大切」とみる姿勢は変わらず、半数の四四％になっている。二〇〇八年調査では四六％であったから、家族重視は微減ということも可能ではあるが、これに子どもを「一番大切」とする結果を加えると図２－２の折れ線グラフになる。九三年の合計が五二％、九八年は四九％、その後は二〇〇三年が五二％、二〇〇八年が五二％、そして二〇一三年が五一％になる。この動向から見ても、平成になってからの二〇年間の日本人は家族を失いつつも、少子化も進む中で、「家族＋子ども」が一番大切と表明しているのである。

　これは子どもの視線からも証明できる。たとえば、二〇一三年度実施の「子どもに関する実態・意識調査」（札幌市）では、「ホッとでき、安心していられる場所」の九つの選択肢のうち、一〇～

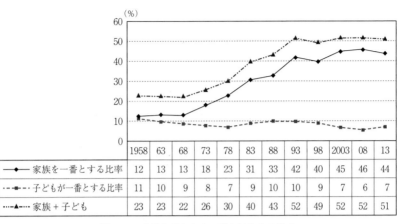

一二歳の第一位が「家で家族と過ごす部屋」（八〇・八％）、第二位が「自分の部屋」（六六・二％）であった。[16] また、一三～一八歳の第一位は「自分の部屋」（八〇・〇％）、第二位が「家で家族と過ごす部屋」（六〇・一％）となっていて、小学校高学年と中学生高校生からも家族や家や部屋の重要性が表明されている（札幌市子ども未来局、二〇一五：一二）。

これらのデータからは、フェミニズム系の論調に見られる国家目標としての「家族の個人化」議論が、家族重視を表明する国民意識とは無縁な上滑りを示していることが分かる。

家族が労働とのみのセットで論じられる

従来から与野党を問わず、選挙の際の「マニフェスト」でも、家族の問題にはなかなか踏み込めなかった。数年後の選挙ばかりを意識する割には、重要な政策分野でのイノベーション溢れる実行プログラムを喪失して、遠視力にも乏しいという傾向が続いてきた。自殺の問題も児童虐待の問題も家族抜きでは解決しない。家族が労働とのみセットで論じられるワーク・ライフ・バランス政策が二〇年以上も続く中、自殺も児童虐待も解決の見通しが得られていない。

また、ワークにはケアが必然となった時代という認識に乏しい反面、ライフにはファミリーライフだけではなくコミュニティライフもまた存在することが、政府の政策では意識的に後回しにされてきた。その結果、介護をめぐる殺人事件があるたびに、また下校途中の子どもが誘拐事件にまきこまれるたびに、介護が重要である、地域の見守りが大切だというような国家公安委員長や総務大臣談話が再生産される。これでは人口減少問題が根源的に絡む「地方創生」は不可能であり、「地方消滅」の危険性は決してなくならない。[17]

「あこがれ、待ちこがれているだけでは何もできなかったのだ、だからやりかたをかえて、われわれの仕事にとりかかり、『時代の要求』をかなえるようにしよう」(ウェーバー、一九二一＝一九六二：一六七)。本書でもこれを指針として、以下では少子化と児童虐待についての処方箋を求めて、汎用性に富む理論づくりを目指したい。

3 人口史観に基づく少子社会

高田理論の先見性

社会学史をひも解くと、約九〇年前に高田保馬が唯心史観(精神史観)と唯物史観(経済史観)に対抗して提出した人口史観があることに気が付く(高田、一九二七：九一)。これは別名社会学的史観と呼ばれている。しかし長らくこの史観は不遇であった。なぜなら、高田がそれを提出した時代は日本資本主義の勃興時期であり、それ以降の五〇年間は現代社会システム論の立場からすれば、産業化による社会変動の時代であったからである。

この期間の高田は、マルクス主義の信者との資本主義理論闘争を抱えて、他方では近代経済学の先端を走る位置にいたために、人口史観はその後の社会学の分野に後継者を得ず、一九三〇年代から一九八〇年代までは学術的威力を持ち得なかった。

皮肉なことに高田が一九七二年に亡くなる寸前の一九七〇年に日本の高齢化率は七％を突破して、この年が高齢社会元年になった。産業社会の「意図せざる効果」として高齢社会が誕生したのである。これによって初めて高齢人口変動論の基盤が日本社会にも現出し、高田の人口史観は長寿化と少子化という日本社会の内圧を解明する重要な理論装置となった。

図2-3に整理したように、これは人口構造を社会の量質的組立と見て、社会構造分析の独立変数とし、残りはこの従属変数と見なす史観である。この思考法を踏襲すれば、唯心史観では精神が、唯物史観では経済がそれぞれ

独立変数となる。どれが最も説明力を有するかについては、時代特性との兼ね合いにより変化する。資本主義の勃興期ならばウェーバーのエートス（宗教）史観かマルクスの唯物（経済）史観が高度の説明力をもつであろうが、産業化の「意図せざる効果」としての「少子化する高齢社会」では同じ説明力をもちえない。むしろそれにふさわしい史観として社会変動論が必要である。

比較社会学の立場

私の立場は、少子化は「孫の世代に理想国家を贈るため」（藤原正彦「未知しるべ」『朝日新聞』一九九八年一一月七日／藤原、二〇〇三：一五〇）とか「少子化は神が示した摂理」（猿谷要「世相ひとひねり」『日本経済新聞』一九九八年一一月一七日）というような無責任な発言を否定するところから始まった。あわせて「人口減少国家こそが二十一世紀の先進国」（古田隆彦、二〇〇〇：一〇三）といいつつも、「江戸中期の経験」もしくは人口一五〇〇万人の「オランダモデル」や八八〇〇万人の「スウェーデンモデル」を参考にという希望的観測も克服したいと考えた。

たとえば古田の論点は、江戸中期の人口構成のうち高齢化率が五％程度、年少人口率が三五％程度であったことを軽視している。同時に、社会システムの規模を比較すると、参考に挙げられている国々の人口総数は日本の七～一〇％にすぎないことを無視しているので、実のところ「参考」にすらなりえない（金子、二〇〇三／二〇一三）。

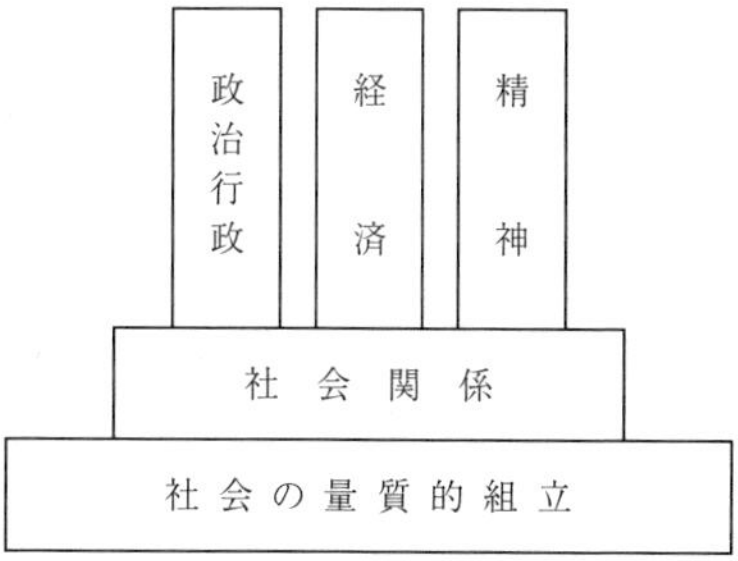

図2-3　人口史観

（注）　高田（1948）を基に金子が作図。

社会システムの規模を問う

なぜなら、社会システムがかかえる人口規模にはそれにふさわしいシステム構造があり、日本人口の五％から一〇％程度の人口数の国を日本がモデルにすることには無理があるからである。この両国も含めたデンマーク、ノルウェー、フィンランドに学ぶという「結論」は、日本の福祉学界や政財界それにマスコミ界などの常識となってきたが、システム規模を揃えて比較するという実証的な理論社会学からすると、不思議な性質をもつ主張である。これらの諸国の人口は日本のわずか五％にすぎず、したがってシステム構造も大きく異なっている(18)。

たとえば、人口五〇〇万人のフィンランドのいわゆる消費税は二二％（食料品一二％）であり、公務員比率も二二％であるが、これらの数字と日本の一億二六〇〇万人、消費税率八％、公務員比率五％とを比較しても得られるものは少ないであろう。同時に、日本社会が高度成長を達成して得た豊かさには一億人が必要であったし、その豊かさの帰結として長寿化と少子化に象徴される人口変動と社会変動が発生したのであるから、江戸時代や大正時代に単純に戻ることは不可能である。

民族主義を超えて

ただし、「少子化する高齢社会」には人口史観が適切であるといっても、その理念は変質させざるをえない。「真の問題は来るべき出生率の減少―人口増加の止むことを如何にして防止すべきかにある」（高田、一九二七：九一）とはいえ、高田理論もまた時代の制約を受けていた。

その主張の一つに、「産児の制限はまさにはじまらむとしつつある。……人口が多ければこそ、民族の活動も盛に、すべての方面に其の勢力を伸張することが出来る。実に人口は民族のあらゆる努力の源泉である。その減少又は停止は衰弱をひき起こさずには止まらないであろう」（同右：九三）があるが、これはまさしく民族主義的声明であり、今日の少子化論にこの趣旨で人口史観を応用することは困難である。

二一世紀の日本における少子化への人口史観の適用は、民族論ではなく世代論の発想が中心となる。たまたまではあるが、二〇一三年八月公表の『社会保障制度改革国民会議報告書』では、世代論が大きく取り込まれている。

世代論の応用から

少子化による持続的な人口減少は、将来世代に対して現在世代が先人から継承してきた文化全般とともに、とりわけ公共財である年金制度、医療保険制度、介護保険制度を伝達不能にするので、社会的安定性を弛緩させることは確実である。すなわち少子化によって、持続可能性に欠ける社会が誕生する危険性が濃厚になってきた。これらの危険性を放置して、いたずらに「持続可能性」を唱えるだけでは無責任であろう。その理由は、総人口減少と少子化のために、産業活動が停滞して、税収が減少するので、予算面でもＯＤＡ規模が縮小して、結果的に国際貢献力も低下するからである。

ただ民族主義的な発想ではあったが、高田の「資本家的生産は其進行中に過度なる個人主義を植えつけた、それが必然的に出生率の減少を誘致した」（同右：一四四）という指摘はさすがに卓見であり、社会的ジレンマ論の先駆けといえる内容を含んでいた。また「出生率の減少はいつも過度なる個人主義と結びついている」（高田、一九四一：一八三）への言及にも考慮しておきたい[19]。

なぜなら、昭和の終わりから平成の世にかけて顕在化した「過度なる個人主義」は社会への視点を欠き、自己中心的な視野狭窄を引き起こし、それに伴って出生率を押し下げ、結果的には市場を縮小し、失業を増大させてしまい、個々人の「生活の質」を低下させたからである（金子、一九九八／二〇〇三／二〇一三）。

人口減少法則

高田の人口減少法則は以下の「人口方程式」で簡単にまとめられる（高田、一九二七：一五九）。

> 生活標準×人口＝分配係数×生産力
> （S×B）＝（d×P）

この公式において、変化しにくいのは生活標準（S）と分配係数（d）である。（S）への影響因子には、暮らし向き分析の中心をなす社会的地位、資源、機会、獲得能力が挙げられる（カウフマン、二〇〇五＝二〇一一：一六六）。なかでも社会的地位は現状維持か上昇志向に富む。資源と機会は個人が置かれた社会的条件によって変化しやすいし、獲得能力は親の社会的地位とともに本人の学習能力（文化資本）によって左右される。

生活標準がひとたび上昇すると、低下させることが非常に困難であることは、クルマの所有やエアコンの利用、航空機や新幹線による東京日帰り出張を想定すれば自明である。これらは江戸時代にも大正時代にも一九五〇年代にもなかった。また、分配係数も国家予算の配分比率や公共投資の配分比率などのいわゆる既得権益の根深さから考えても、その改変は困難であり、国内での高度の政治判断が下されてもさほど変化しない。唯一の原動力はマッカーサー並みの強大な外圧であろう。

これらを前提にして人口減少法則を考察すると、生産力（P）が増大すると、生活標準（S）が上昇することは、一九六〇年代の日本の高度成長期で経験的に証明される。そして八〇年代からの安定成長から低成長またはマイナス成長に転じると、生産力（P）増大の速度が停滞するが、それまでに上昇した生活標準（S）は低下させにくく、そのままではこの方程式は成立しえなくなる。

したがって新しい動きとして、個人が豊かさを維持するために、パラサイトシングルを選択したり、既婚者も出産を手控えて、社会全体では人口（B）を減らすようになる。つまり、（S）を低下させる代わりの選択肢として、短期的には（B）の減少が発生する。

これが人口史観による人口減少の法則の説明であり、この動向はアメリカを除く世界の先進国では二一世紀の初頭において共通に認められる。しかし、この短期的方程式の成立は長続きしない。なぜなら長期的にみると、それでは市場が縮小し、同時に失業率が増大して（P）が低下するので、結局は（S）も落ちてしまうからである。

人口減少とODA

人口論にはいくつかの誤解が残っているが、二〇一三年の世界人口の七〇億人突破を受けて、食糧やエネルギーや環境問題を考えると、アフリカやインド等で人口が増加しているのだから、先進国の少子化で人口減少が進んで釣り合うという意見はその代表であろう。しかし、ODAを出している先進国がさらなる持続的な少子化に見舞われたら、経済活動が停滞して、資源配分をめぐる内圧が高まり、逆にODAはますます縮小せざるをえない。これで困るのはODAを出している国ではなく、受けている国である。

「資本家的社会の本質が展開せらるればせらるるほど、出生率は減少し人口はその増加を休止するに至る」（高田、一九二七：二一一）。九〇年前の高田の時代には少子化という用語はもちろんないが、この人口史観はまさしく今日の少子化を捉える理論的射程をもっており、高度資本主義の時代に少子化が普遍的現象になることは、演繹的に見ても社会法則の一例であるといってよい。この視点を産業化まで取り入れた今日的な社会学的理論構成から、少子化を改めて把握してみよう。

人口方程式の解釈

高齢化は世界的な現象であり、放置すればマクロレベルだけでも多段階でのリスクが生まれるので、国際レベル、国家レベル、地域レベル、自治体レベルのタスクを想定しておきたい。元来、「高齢化率＝一〇〇×高齢者／少子化する総人口」なのであり、高齢者が増える長寿化と子どもが産まれにくい少子化による総人口の減少がそこでは同時進行する。

高田の人口方程式「SB＝dP」で証明されたように、豊かさ志向が人間の本性であるから、人間は手に入れた豊かな生活標準（S）を落とそうとはしない。しかし生産力（P）は自然災害、戦争、インフレ、デフレなどの経済現象などの影響により、常に流動的なために上下動を必然化する。

このうち（d）は社会的な分配率なので、社会的勢力関係が変更されない限りは簡単には動かない。だから、不況により生産力が低下しても、分配率が変化しないために、人間は達成した生活標準を維持するために出生数（B）を落とすから、人口方程式も守られる。先進国で少子化が普遍化して、それが中進国まで及んできた理由はここにある。

すなわち、豊かな社会では長寿化と少子化による社会全体の高齢化の進行は予防できないのだから、社会的「予備原則」（precautionary principle）で対処するしかない。年金、医療保険、介護保険制度はもちろん、「少子化する高齢社会」全体に備えてあらゆる「予備原則」を活用する。[20]

この活用に際しては、大都市か過疎地域か、高階層向けか低階層向けか、自立高齢者志向か要介護高齢者志向か、対象は高齢の男性か女性かなどに配慮を要するが、これによってリスク緩和やタスクの方法も異なってくる。

予防原則

このように、「少子化する高齢社会」では、合計特殊出生率を急上昇させ、根源的リスクとしての社会システムレベルの少子化率と高齢化率を緩和するという「予防原則」の適用は難しい。総人口と年少人口の減少、高齢人口の増大、要介護率の上昇、小家族化、単身化、年金・医療保険・介護保険制度の危機、過疎化と限界集落発生、粉末化、社会全体の衰微などは「予防」ができないが、いずれも近未来日本を激変させる「大きなリスク」として、第1章で行ったリスク分類におけるBになる。

ただ「少子化する高齢社会」への備えは長期間「過小評価」されてきたので、即効力があるタスクは見当たらず、それぞれに対処する「予備原則」を活用するしかない。高齢化を促進する少子化を社会的リスクとみると、タスクの一つには、保育をめぐる勤労女性と在宅の専業主婦との行政支援の格差是正が挙げられる。なぜなら、保育園の入園資格に、幼児の母親が働いている、本人が病気、夫や親の介護のために自らが保育できないという判断基準が五〇年以上続いてきたために、子育て者間における不公平性というリスクが生じたからである(21)。

二つには、「ワーク」の意味が依然として公務員と大企業勤務者に偏重しているというリスクが指摘される。政府主導の「ワーク」は中小零細企業の従業者まで届いておらず、しいていえば正規雇用者に代表される「エンプロイメント」(雇用)にすぎない。くわえてもし「ワーク」に固執するのなら、「正規労働」(regular work)を強調しないと、日本の少子化対策では無力となる。

逆に、「エンプロイメント」(雇用)を超えた仕事全般を意味するならば、「家事労働」(household tasks)までを含めたい。その意味で、これまでの保育園の入園資格を撤廃した「認定こども園」には、社会保障国民会議とともに強く期待したい(22)。

4　出生力向上と養育力回復

good life

社会学におけるコミュニティ研究のすべてが人々の福祉やQOLに関係していることは事実であり、「コミュニティという言葉は、good life についての視点に結びつく非常に積極的な意味をもっている」(Bender, 1978：3) という四〇年以上の学術的伝統からも明らかなように、ある意味ではコミュニティ論自体が広義の地域福祉研究の基礎をなすといってもかまわない。しかし、単なるコミュニティづくりは希望的観測に止まりやすいので、コミュニティ内の専門アソシエーションによる機能代替を視野に収めておきたい[23]。

コミュニティの構成要素の観点から、コミュニティ・ケアに密接な要素を挙げれば、社会関係(ヒト)になるのは自明である(金子、一九八二／一九九七)。この関係は通常「社会的相互作用」と表現され、そしてかりに空間的限定を受け入れれば、それが「地域性」、また意識面での強いつながりを「共通の絆」と表す(ヒラリー、一九五五＝一九七八)。

しかし、「都市の近隣における家族の役割が衰弱する時、コミュニティ帰属感は機能的ネットワークに置き換えられる」(Bailly et al. 2000：41) から、コミュニティ問題解決力は、プロフェッショナルケアを担う専門アソシエーションと個人がもつソーシャル・キャピタルを活用した機能的なネットワークに代替されることになる。

おそらく、「経験的知識に関する理論によって初めて、思考の思弁能力は新たに『現実』に応用され、それと同時に理論と経験的知識の相互関係とのそれぞれの相互補完的役割が形づくられていく」(ベック、一九八六＝一九九八：三七四) はずであり、少子社会における子育てリスクの一環である「児童虐待」についても、経験的知識と理論との相互関連を読み解くことの意義は大きいであろう(24)。

人間関係の機能による救い

図２－４ではソーシャル・キャピタルを信頼できる人間関係として捉え、その機能を大分類として六項目に分けて整理した（金子、二〇一三：六九）。まず「救われる」機能は、人間の生命、生活、人生の全般において、他者の存在が本人の健康面での支えになり、他者から金銭面での支援を受け、生きる意欲や喜びさえも引き出すような関係に内在する。人間は、その関係性のなかで「良薬」に変身できるのである。ただし、関係者間における知識や情報面で等価性を維持するには、それぞれがそれなりの文化資本を持ち、学習や努力を前提とすることは当然であり、一方通行的な「良薬関係」は成立しない。

金銭面での融通もまた人間関係に付着する機能の代表例であるが、そこにも安心と信頼という意識媒体が不可避である。個人がもつソーシャル・キャピタルには、金銭面での支援をもたらす関係が含まれる場合もあり、仮に信頼感が強ければ、そのままそれは金銭関係に転嫁できる。さらに親密な他者の存在が金銭だけではなく、自らの仕事全般の励みになるという経験は、人生のステージでは珍しくない。ここにいう親密な他者は、家族、親族、友人、同僚、近隣、医師、看護師、ケアマネージャー、ヘルパーなど無数の関係の中で得られるが、実質的には数名もいればいいほうである。

「救われる」関係はまた「教えられる」関係でもある。生活でも人生でも必要な生活の知恵は自らの努力で手に入れるとともに、家族を含む様々な他者から教えられることが多い。それによっていくつになっても生き方や暮らし方に

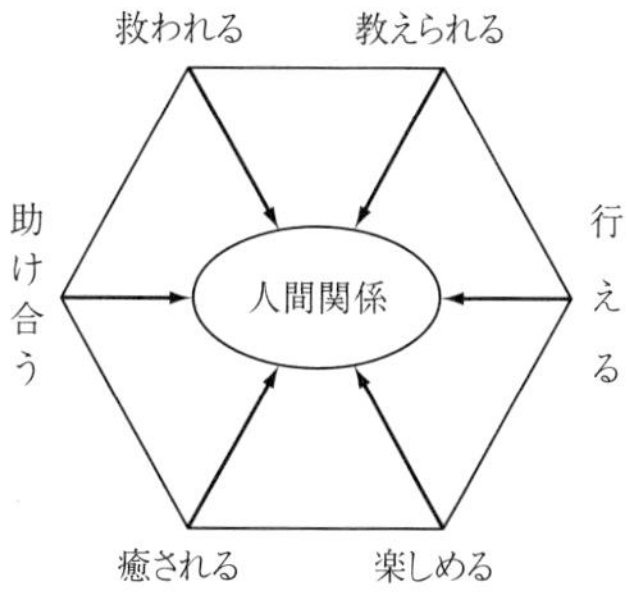

図２－４　人間関係の機能

（出典）　金子（2013：69）。

も幅ができて、人生が楽しくなる。現代社会では家族、友人、隣人、教師、マスコミなどがこの機能を果たしている。

癒される関係

日常的なストレスが人との交わりを通して「癒される」ことも多い。これはＡＧＩＬ図式の社会システム論でＬ機能が受け持つ「緊張処理」となる。家庭生活、学校生活、職業生活などでは、家族、友人、親密な他者、マスコミなどによって、心が豊かになり、気持ちに張りが出て、それらが生きるという意欲を引き出す。

「楽しめる」人生は自分だけではなく、家族、友人、同僚、学友、親密な他者、仲間、隣人とともに創りあげられる。なぜなら、人間関係の中でのみ、積極的な支援（positive help）、援助（assistance）、行動（action）、建設的な示唆（positive suggestion）、積極的美徳（virtue）などを互いに与えたり貰ったりできるからである。

積極的な支援

たとえば積極的な支援が身近にあれば、仕事、労働、活動、学業も「行いやすい」ので、支援を受けた人の生活でも人生でも、生きるうえでの楽しさが追求できる。これには家族、親族、友人、同僚、教師、親密な他者、同僚、仕事の相手、生産・流通・消費における二次的関係などがあり、ほとんどの人間関係で潜在的には行える機能と見られる。(25)

また人間関係には、一方的に「助けられる」だけではなく「助け合う」場面もあり、これは家族、近隣、コミュニティ、企業職場、学校生活、入院生活などのあらゆる人間関係に存在する。すべての老若男女の人生においても、家族、友人、親密な他者、同僚、仕事の相手、生産・流通・消費における二次的関係、乗り物で隣合わせた人、そして仕事、労働、活動のすべてで「助け合う」関係が生じるところからも明らかである。

まさしく「人間の社会関係は、絶えず結ばれては解け、解けては再び結ばれるもので、立派な組織体の地位に上ることがなくても、永遠の流動及び脈搏として多くの個人を結び合わせる」（ジンメル、一九一七＝一九七九：二一）ものである。

人は良薬

その意味で、ソーシャル・キャピタルを軸とした人間関係による子育て支援の事例分析を行い、「人は良薬」であるという命題を論証して、今後の大都市における子育て環境づくりの方向性を探究することは有効であろう。団塊世代全員が残らず七五歳を超える二〇二五年までに、政治は子育て共同参画社会を軸とする「老若男女共生社会」づくりへの優先順位を挙げられるか。結婚や出産の自由を認めあいつつ、社会全体で次世代育成を義務とする社会システムをそれまでに創造できるか（金子、二〇〇六a／二〇〇六b／二〇一四b）。

この両者に関連する現行の少子化対策について、私の事実判断は以下の通りである。

(1)子育て間接支援としての行政の保育環境の整備は必要だが、すべての子育て家庭への直接支援も欠かせない。
(2)政策によって利益を得る際には、可能な限り多くの住民が等しく受益者になることが望ましい。
(3)政策の基盤は個人や法人からの租税収入であるが、それ以外の国民負担の方式についても議論は不可欠である。
(4)国民の利益も負担も公平性が鉄則である。
(5)利益のみは獲得するが、負担は回避するという「フリーライダー」の発生をなくす方式と組み合わせて、初めて少子化対策は効果が生まれる。

(6)個人の利益は社会全体の不利益という社会的ジレンマを防止する。

出生力の向上と養育力の回復

これらの判断から、人口減少社会における都市における出生力の向上と養育力の回復に役に立つような展望を試みたい。

(1)日本では「婚外子」が二%程度という現実があるので、産む決断をするのは既婚女性のみである。少子化とは継続的に子どもが産まれにくくなる現象のことであるから、その原因を未婚者の増大と既婚者の出生力の低下と判断したうえで二つの有効な対策を創造する。

仮定法で議論しない

(2)少子化議論で頻発する仮定法議論ではなにも解決できないことを確認したい。「男女共同参画社会づくりができれば」「生産性の向上が可能ならば」「投資効率が高まるならば」「社会の改革ができるならば」などの仮定法を駆使した少子化議論は無益である。なぜならそこには二重の意味で建設的な提言が皆無であるから。

「男女共同参画社会づくり」が達成されたという判断基準がないうえに、それが少子化対策に資するという証明もない。「生産性向上」も「投資効率の高度化」も「社会の改革の推進」も同類である。これらは少子化をめぐる論調がもつ二重仮定法の代表であり、長年の惰性的慣行を止め、速やかな方針切り替えが求められる。

(3)結論が「これから考えるべき」という内容では、生産的な議論はできない。「予算配分で子どもにシフトさせるべき」「皆が考えていかなければならない」「持続可能な家族制度も考える必要がある」「男性を含め仕事のあり方をもっと変える必要がある」「人口縮小のもとでの活力を探していくべき」というような議論が果てしなく続くのでは、何も解決しない。

ダブルスタンダードを無くす

(4)多様な働き方を主張しつつも、「仕事と家庭の両立」（ワーク・ライフ・バランス）しか国民の選択肢を用意しないという政府の矛盾した固定観念から脱却したい。ダブルスタンダードほどそれを前にした国民を混乱させるものはない。「仕事と家庭の両立」支援が、個人の「自立度」を高めるというのは誤解である。「高い自立度」と国や自治体からの支援とは衝突するはずであるから。

(5)先進国では子どもや家族支援の給付水準が高いところほど少子化傾向の改善に結びついているのは事実だが、それらの多くは一般消費税が二〇～二五％であり、国民負担率が七〇％前後に達してもいるという現状に触れてこそ、その事実を評価できる。総体的には政府の怠慢、議員の無力、政党の無理解、テレビや新聞の政府への迎合、学問の硬直性などが、過去二五年間にわたり国民をミスリードし、少子化と人口減少に対する国民の無関心を増幅させたといってよい。

合計特殊出生率一・三〇台を少子化による社会システムの危機と受け止め、増子化のためには沖縄県のような出生率一・八〇を念頭に置いた対策を考究したい。従来の少子化対策不発の最大の理由は、原因の一つである未婚率の増大に考察すら加えず、個人の自由を宣言する「子育てフリーライダー」という逃げ道を用意していたことにある。これには厚生労働省の頑なまでの守旧的姿勢が筆頭理由に挙げられる。同時にかつての「負け犬」の遠吠えの扱いに象徴されるように、少子化をひたすら個人のライフスタイル問題に矮小化してきたマスコミの体質がある。

そのような議論には社会的視点が皆無なので、有効な少子化対策案が得られなかった。危機は年金だけに現れるのではなく、「二〇二五年以降問題」に象徴されるように、「少子化する高齢社会」全体にも発生する。一五年前から「二〇一五年問題」を指摘してきたが、それには間に合わなかった。しかし、学問としてもこの事実としての「二〇二五年問題」に正攻法で取り組み続けることが、人口減少社会による地方消滅や創生の議論の活性化にもつながると判断する。

第3章　子ども・子育て支援の歴史と現在

「すぐ前にある未来と遥かな未来を区別し、具体的現在が過去のみならず、未来のかくれた傾向も包んでいる」（マートン、森東吾ほか訳『社会理論と社会構造』みすず書房、一九五七＝一九六一：四五三）。

1　日本の人口構成

三位一体の人口変動

現代日本の社会変動の筆頭に位置づけられる「少子化する高齢社会」は、更新し続ける三つの日本新記録を保持する。一つは高齢者数とその比率の着実な増加であり、二〇一五年九月の総務省「人口推計」によれば、高齢者総数が三三八四万人に達して、その比率も二六・七％まで上昇し、高齢人口1（六五〜七四歳　一三・八％）と高齢人口2（七五歳以上　一二・九％）との比率逆転も近い（図3－1）。

二つには年少人口率の低下と年少者の減少である。表3－1に見るように、五歳幅の年少人口は幼くなるほど総数が少なくなる。とりわけ産む性である女性数の減少は歴然としている。このままでは少子化動向を反転させたり、積極的に増子化を念頭に置いた人口政策は困難である。なぜなら、結婚により作り出される生殖家族（family of

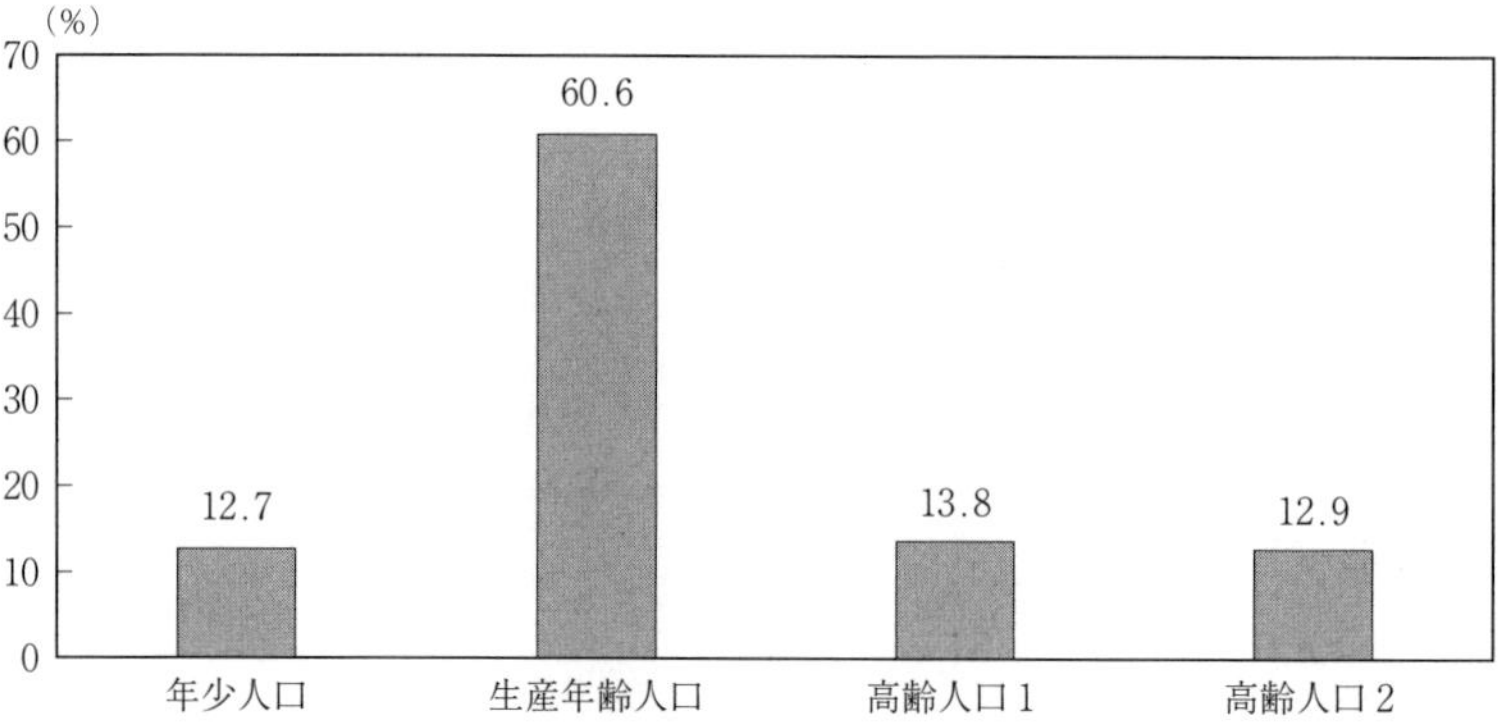

図3－1　日本の人口構成

（出典）　総務省「人口推計」（2015年9月）。

表3－1　5歳幅の年少人口

（万人）

年齢階級（歳）	総数	男	女
0～4	520	267	253
5～9	529	271	259
10～14	561	287	274
15～19	597	306	291
0～14　合計	1,610	825	786
0～19　合計	2,207	1,131	1,077

（注）　四捨五入のため，合計の数字と内訳の計が一致しない場合がある。

（出典）　総務省「人口推計」（2015年6月）。

procreation）自体が減少するからである。その意味で「少子化危機」はすでに現実化しているから、「地方消滅」論が具体的な自治体名を指摘しながら登場したのである（増田編、二〇一四）。東アジア圏に属する日本では、結婚と出産行動とが緊密であるから、未婚率が上昇するにしても、欧米のような婚外子率の増加はまったく期待できない。

表3－2から明らかなように、世界の諸国に比べると東アジアの韓国と日本では婚外子率が非常に低い。中国と台湾も低いとみられるが、この両国では婚外子はいないという建前論から、今でもデータの収集が行われていない。

婚外子率の低さにより、日本では未婚率の上昇がそのまま少子化の促進要因になるが、アメリカが三八・五％、フィンランドが四〇・七％、イギリスが四五・四％、フランスが五二・六％、ノルウェーが五五・〇％であるような高い婚外子率になれば、未婚率が出産行動を左右することはありえない。ここでも単純な外国模倣は難しい[1]。

小家族化

少子化関連の動向の三つ目には小家族化の進展がある（表2－6　五一頁参照）。小家族化の指標である平均世帯人員は時代とともに漸減してきた。家族人員が二・四人にまで低下すれば、要支援・介護状態の高齢者に同居家族や別居家族が十分な支援を与えるのはもはや不可能である。日本の小家族化は速度が速くかつ不可逆的な特性をも

表3－2　婚外子と合計特殊出生率

	婚外子率	合計特殊出生率
韓　国	1.5	1.15
日　本	2.0	1.37
ギリシャ	5.9	1.53
スイス	17.1	1.50
イタリア	17.7	1.41
ポーランド	19.9	1.40
カナダ	24.5	1.68
マルタ	25.4	1.43
リトアニア	28.5	1.47
スロバキア	30.1	1.41
ルクセンブルグ	30.2	1.59
スペイン	31.7	1.40
ドイツ	32.1	1.36
アイルランド	32.8	2.07
オーストラリア	33.4	1.90
ポルトガル	36.2	1.32
アメリカ	38.5	2.01
オーストリア	38.8	1.39
ハンガリー	39.5	1.33
フィンランド	40.7	1.86
オランダ	41.2	1.79
ベルギー	43.2	1.83
イギリス	45.4	1.94
デンマーク	46.2	1.84
ニュージーランド	46.5	2.14
ブルガリア	51.1	1.48
フランス	52.6	1.99
スウェーデン	54.7	1.94
ノルウェー	55.0	1.98
メキシコ	55.1	2.08
エストニア	59.0	1.63
アイスランド	64.1	2.22

（出典）　Euro Stat, Statistical database-data by themes-Population and social conditions-Demography-National Data-Marriage and divorce Marriage indicator. OECD Family Database. 財務省「予算決算―わが国の財政状況―財政関係基礎データ」。すべて2010年のデータ。

つために、子育て支援や介護支援に関しても、非血縁としての身辺に近い他者の存在に期待せざるを得ない。ここに新しい「近隣家族」への希求が生まれる。

小家族化のもう一つの指標である「高齢者の単身世帯率」も一九八〇年の男性が四・三％、女性が一一・二％、九〇年の男性が四・六％、女性が一四・七％、二〇〇〇年では男性が八・〇％、女性が一七・九％、二〇一〇年でも男性が一一・一％、女性が二〇・三％となり、男女ともに高齢者の一人暮らし傾向は止まらない。小家族化により家族内の支えあいの基盤が薄れたうえに全体としての独居が進み、高齢者を含む地域住民の孤独死・孤立死・独居死などの危険率が上昇した。(2)

日本の人口変動の特徴

二〇一五年日本の人口変動の特徴を箇条書きによりまとめると、以下のような日本新記録や世界新記録に遭遇する。

(1)二〇一五年九月現在で、年少人口（一五歳未満）総数は一九八二年から三四年連続の減少を記録して一六一〇万人となり、日本新記録が続いている。ちなみに一九八〇年の年少人口数は二七〇五万人であったので、三五年間で一〇九五万人の減少となる。

(2)年少人口率は四一年連続の低下を示し一二・七％となり、日本新記録を更新した。一九八〇年の比率が二三・五％だったので、三五年で一〇・八％の低下である。

(3)二〇一三年段階で人口四〇〇〇万人以上をもつ国は世界一九四国のうち三〇国を数えるが、この年の日本年少人口率一二・八％は三〇国のなかで最下位である。これは世界新記録になる。最高はタンザニア四四・四％、

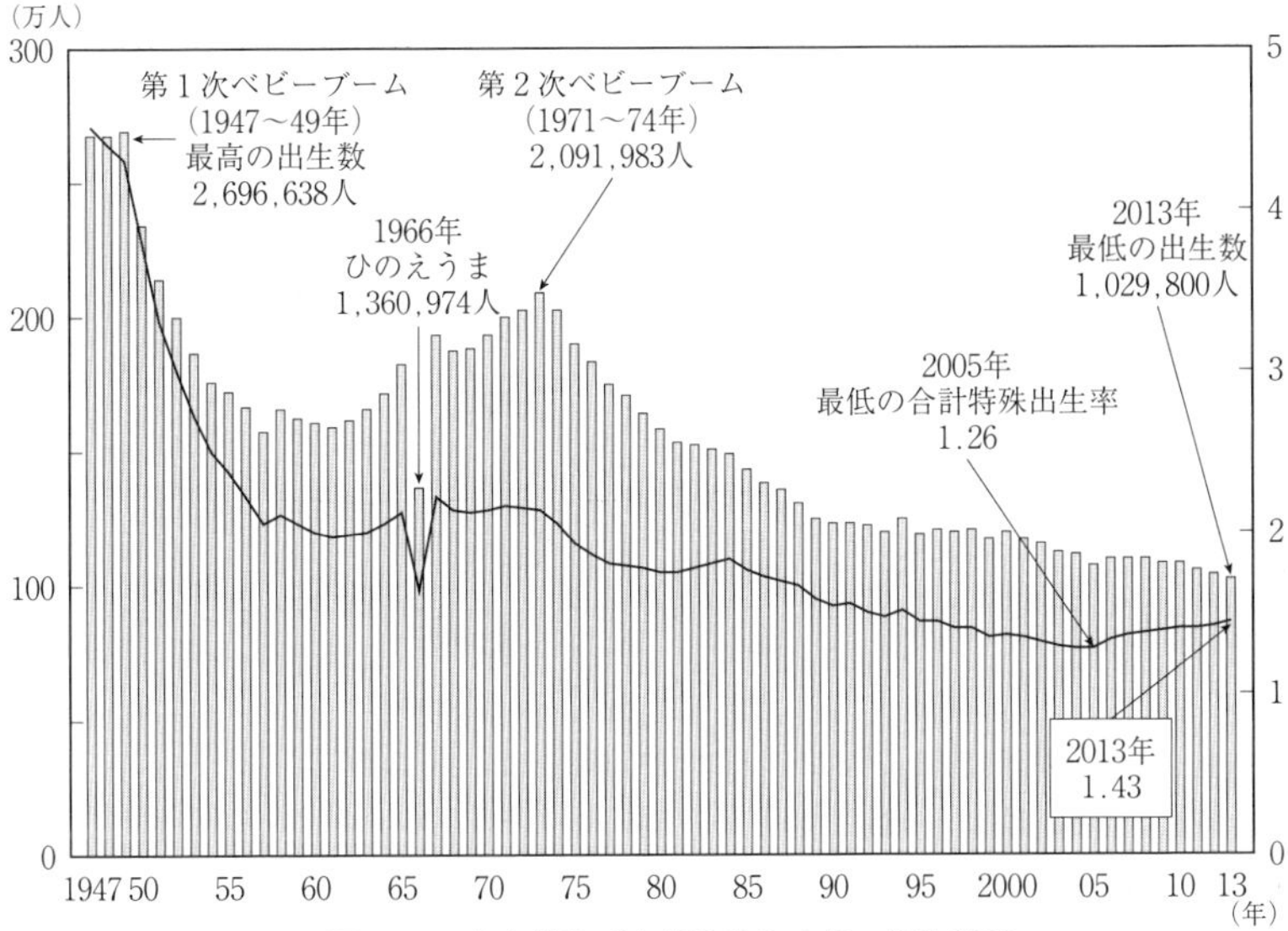

図3-2　出生数及び合計特殊出生率の年次推移

(出典)　厚生労働省「人口動態統計」(2015)。

エチオピアの四二・八％、インドは三〇・八％、中国は一六・五％、ドイツは一三・一％であった。

(4) 過去二〇年間、少子化を議論する際に用いられてきたのは合計特殊出生率である。これは一人の女性が一生かかって産むと仮定された子ども数であり、日本全国では図3-2のような傾向にある。

(5) 一九五〇年までの団塊世代が誕生したベビーブーム時代のピークの合計特殊出生率は四・三二であったが、一九六〇年代には下がり、一九七〇年代初頭の第二次ベビーブームでやや盛り返し、二・一四を記録した後はほぼ一貫した低下傾向にある。二〇〇五年には最低の一・二六になったが、それ以降は横ばい状態で、二〇〇八年では一・三七であり、それ以降は一・三九が続き、二〇一二年に一六年ぶりに一四・一になり、一三年は一・四三であった。

(6) 厚生労働省が二〇一五年六月五日に発表した「人口動態統計」によると、二〇一四年の合計特殊出生率は一・四二となり、〇五年の一・二六から微

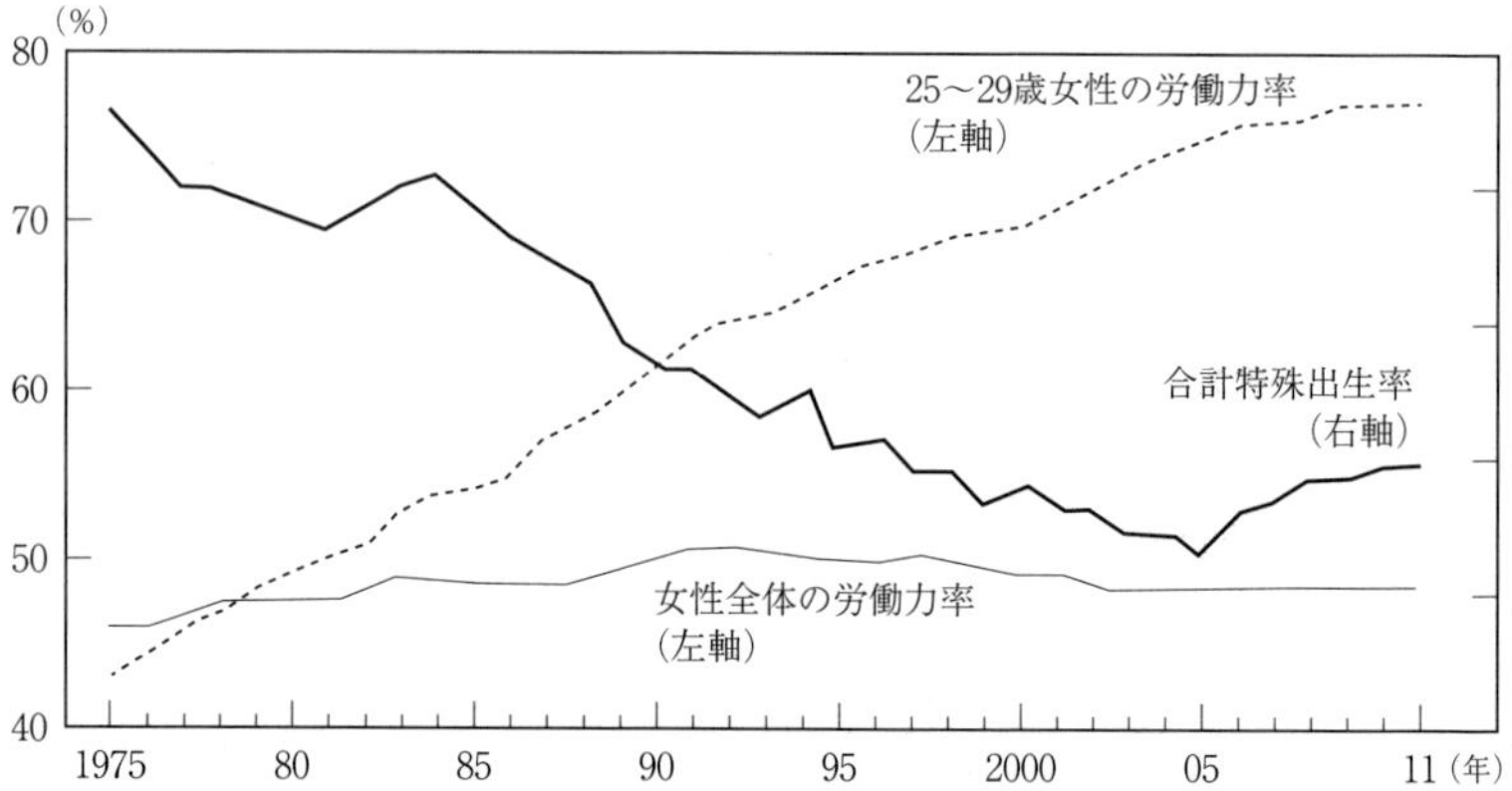

図3-3　女性の労働力率と合計特殊出生率

（出典）　総務省「労働力調査」，厚生労働省「人口動態統計」（各年度）。

増か横ばいだった歴史とは逆に減少に転じた。これには過去九年間の出産率が高かったいわゆる「団塊ジュニア」の出産が減少したことが大きい。一・四三だった一三年には約七万人の出産数だったこの層が一四年には五万人に届かなかったことに加えて、二〇歳代の出産数も四年連続で減少したことが大きな理由である。晩婚化も晩産化も不変であり、「晩母」現象も一段と鮮明になった。なお、一四年の総出生数は一〇〇万三五三二人であり、二ケタ出産の時代が近づいている。

(7) 総務省の「労働力調査」によると、一五歳以上の女性のうち働く人の割合（労働力率）は二〇一一年に四八・二％であり、二五～二九歳に限ると七七％になり、三〇年余りで約三五％上がった（図3-3）。女性の社会進出とともに、女性の初婚年齢は上昇するので、二〇一三年は三〇歳となり、この三〇年間で約五歳上がったことになる。

生涯未婚率として表される一生結婚しないとみられる女性の割合も二〇一〇年には一割を突破しており、これは三〇年前の二倍以上になる。くわえて、第2章で指摘した非正規雇用率の増大が男女ともに認められる。これは日常生活の安定を阻害して、結婚への動機

表3－3　少子化の社会的影響

経済面	市場の縮小。労働力の減少。消費の不振。失業の増大。自然環境の荒廃。
政治面	理念と目標の喪失。偏りのあるイデオロギー支配。政治による高齢者配分重視。
社会統合面	社会統合力の脆弱化。家族の縮小。犯罪の増加と検挙率の低下。年金制度や医療保険制度など公共財の破壊。国民間の不公平性の増大。
文化面	多文化の消失。スポーツ停滞。日常娯楽の不振。若年文化の衰退。

づけを弱めてしまうから、働く個人にとって将来展望がなければ、その日暮らしになりやすく、結局のところ未婚率は上昇する。

少子化の社会的影響

しかし、少子化対策の必要十分条件として、この二五年間で未婚率への対策はとくに行われてこなかった。原因が未婚率の上昇と既婚者の産み控えにあることが自明なのに、日本の少子化対策は既婚者向けの「待機児童ゼロ」に象徴される保育対応に特化してきたのである。

二〇一三年八月に発表された『社会保障制度改革国民会議報告書』でも「少子化傾向は一向に歯止めがかかっていない」（：一五）という認識は共有したが、その原因はどこにあるかの判断は不十分であった。とりわけ過去二〇年に及ぶ「子ども・子育て関連三法」では既婚者の産み控えに対する対策ばかりが列挙され、未婚者の増大や未婚率の増加への原因究明と対応策が真剣に議論されてはこなかったことへの反省に乏しい。

その結果として複数の人口指標からも、二一世紀の日本における年少人口は未曾有の縮小傾向にあることがうかがえる。くわえて、少子化には確実な社会的影響が予想される（表3－3）。労働者が減少するといった経済面だけではなく、政治面から文化面まで幅広い領域で負の影響が考えられる（金子、二〇〇三／二〇〇六a）。とりわけ小家族化を原因とした子どもの社会化機能の低下により次世代育成に困難が生じて、結果的に社会システムの人的資源面での衰退が懸念される。

長寿化の複合要因

もちろん長寿化そのものは人類の悲願の一つだから、そのこと自体はめでたいことである。世界一九四カ国加盟のWHOがまとめた二〇一三年統計によれば、日本人男性が七九・九四歳、女性が八六・四一歳の平均寿命はともに世界一であった。また、誕生後一カ月未満で死亡する新生児死亡率が一‰であり、一歳未満の乳児死亡率の二‰もともに世界一の低さであったことも世界に向けてもっと誇りにしていい（表2-2　四四頁参照）。

それらには複合する要因として、医療水準や薬効水準の高さだけではなく、社会的側面の食生活水準の向上、住宅事情の改善、教育制度の成果として日本人の栄養面と健康面の知識の浸透および水準の上昇、年金制度、医療保険制度、介護保険制度、就業制度、高齢者への支援制度などの相乗作用が寄与しているからである。とりわけ世界一の平均寿命に関しては、高齢者の暮らしを社会全体で支える年金、医療保険と介護保険への税金の投入、人材の質的向上への努力、高齢者が集合するための機会財の提供などが挙げられる。

また社会規範として、社会全体における高齢者支援が合意されている点も見逃せない。高齢者を大事にする文化は紆余曲折しながら、日本社会では五五年間機能してきた年金制度、医療保険制度、および一五年間続いてきた介護保険制度という三本柱により堅固に維持されてきた。これは選挙の際に高齢者が示す投票率の高さと整合しており、小家族化における高齢者介護や看護の困難さを国民各層が理解しているからでもある。

少子高齢化と粉末化現象

ところで昭和の後半から平成の今日まで、なぜ「少子化する高齢社会」が普遍化してきたのか。それを便宜上二〇世紀末までの少子化動向と二一世紀からの少子化動向とにわけて、それぞれが複合する原因をまとめておこう。

まず、一九四五年の敗戦から始まり、一九六〇年代から顕在化し一九七二年に終わった高度成長期に顕在化した

「個人主義」（individualism）の浸透が挙げられる。「個人主義」とは個人の都合を最優先する生き方を指す。それと連動して、明治期以降一〇〇年以上も連綿と続いている「集団主義」（collectivism）が弱くなった。「集団主義」は個人よりも家や国を優先する考え方であり、現代日本では会社に代表される職場にのみ体現されている(3)。

すなわち、イエのため、ムラのため、お国のためという集団への献身文化が消えて、個人こそが重要であるという社会規範が国民各層にしっかり浸透したのである。唯一例外は経済的保障の基盤である会社だけには忠誠を誓うという規範であるが、これもまた若い世代における非正規雇用率が四〇％に近づいた現在では、中高年の勤労世代にやや残存する程度である。

もちろんそこには会社と個人間における二重規範の問題（小室、一九七五）が残ったが、ムラを離れ、大都市での「群化社会」（神島、一九六一）を生き抜くライフスタイルとしては、個人主義がもっとも適応力に優れていたから、二〇世紀末から今日までの少子化動向と並行して「群化」としての粉末化現象もまた顕著に認められるようになった（金子、二〇一一／二〇一三）。

生き方の自由意識

日本における少子化動向もまた、そのような社会規範の変遷を受けている。具体的に婚姻率の低下としての裏返しである未婚率の増大と整合するのは、(1)生き方の自由意識が国民レベルで肯定されたことである。とりわけ大都市における市民のライフスタイルには、身近な個人の生き方には口出ししないこと、および(2)個人主義を支える社会規範も強いことが挙げられる(4)。

高度成長期が終わり、安定成長期や低成長期を繰り返して一九八〇年代の後半から本格的な個人主義が現実化した。これを表わす指標として生涯未婚率データを挙げておこう。生涯未婚率とは四五～四九歳と五〇～五四歳の未婚率の平均から五〇歳の未婚率を算出した値であり、この二五年間で急増している（表3－4）。生涯未婚率は二〇一〇年時点で男性が二〇・一四％、女性も一〇・六一％に達した。

表3－4　生涯未婚率の推移

（％）

年度	男性	女性
1985	3.89	4.32
1990	5.57	4.33
1995	8.99	5.10
2000	12.57	5.82
2005	15.96	7.25
2010	20.14	10.61

（出典）各年度国勢調査結果。

人口の適正規模論

二〇一〇年国勢調査によれば、全世帯の中で高齢者がいる世帯の割合は三七・三％である。同時に、高齢夫婦のみの世帯割合も一〇・一％にまで増加した。全世帯における高齢単身者も九・二％にまで伸長してきた。合わせて高齢者だけの単身高齢者率も八・三％（一九八〇年）、一〇・九％（九〇年）、一三・八％（二〇〇〇年）、一六・四％（二〇一〇年）となり、これらの指標からみても高齢者の一人暮らし傾向は止まらない。

この延長線上に、二〇四〇年で一億人（三三％の高齢化率、七〇歳以上が二五％、一二％の年少人口率、一九歳までの合計が二〇％）を適正規模とする日本高齢社会の再生論がタスクとして控えている（金子、二〇〇六a）。すなわち、今後の新しい社会設計の基準値としては、七〇歳以上と一九歳未満の合計を四五％として、二〇歳から六九歳までの比率を五五％とすることが求められ、その新基準による「少子化する高齢社会」の創造が期待される(5)。

2　少子化の静かな進行

都道府県の合計特殊出生率

少子化傾向はもちろん都道府県レベルでも確認できる。一二年まえの二年間の傾向を整理した表3－5によれば、二〇〇三年に比べて二〇〇四年で減少したのは三〇道府県（六三・八%）、同じであったのは九県（一九・二%）、増加したのが八都県（一七・〇%）であった。沖縄県でさえ、僅かずつではあるが合計特殊出生率は落ちていた。

　全体的な動向としては、第三次産業に特化した東京や京都や北海道などでは少子化傾向が強く、農業がまだしっかりしている第一次産業県では相対的な出生力の高さを維持していることが指摘できる。これは北海道内でも第一次産業が中心の地域では出生率が高く、第三次産業とりわけサービス業に特化した都市部では低いことからも、産業構造の特性と家族構成そして出生力の高低との間に、緩やかな相関がうかがえる。

　なぜなら、第一次産業が元気な地域では、まず家族従業の機会に恵まれること、第二に通勤時間が不要かまたは極端に短いこと、第三には平均世帯人員が多いこと、そして第四に結婚や出産という社会規範への同調志向が残っ

表3－5　都道府県の合計特殊出生率（2003年，2004年）

	2003	2004		2003	2004
東京	0.99	1.01	山梨	1.37	1.36
京都	1.15	1.14	高知	1.34	1.30
北海道	1.20	1.19	栃木	1.38	1.37
神奈川	1.21	1.20	山口	1.36	1.36
奈良	1.18	1.16	香川	1.42	1.43
埼玉	1.21	1.20	新潟	1.34	1.34
千葉	1.20	1.22	滋賀	1.41	1.41
大阪	1.20	1.20	岡山	1.38	1.38
兵庫	1.25	1.24	青森	1.35	1.35
福岡	1.25	1.25	大分	1.41	1.40
宮城	1.27	1.24	長野	1.44	1.42
愛知	1.32	1.34	岩手	1.45	1.43
岐阜	1.30	1.31	福井	1.48	1.45
広島	1.34	1.33	長崎	1.45	1.46
三重	1.35	1.34	熊本	1.48	1.47
徳島	1.32	1.31	鹿児島	1.49	1.47
秋田	1.31	1.30	山形	1.49	1.47
茨城	1.34	1.33	鳥取	1.53	1.50
富山	1.35	1.37	福島	1.54	1.51
石川	1.38	1.35	島根	1.48	1.50
静岡	1.37	1.37	宮崎	1.50	1.52
愛媛	1.36	1.33	佐賀	1.51	1.49
和歌山	1.32	1.28	沖縄	1.72	1.72
群馬	1.38	1.35	全国	1.29	1.29

（出典）　総務省統計局『社会生活統計指標――都道府県の指標』（2006年版）および（2007年版）。

ているからである。このような地域では家族従業による女性の有職率が高くなる。水田農業や畑作それに酪農業では女性労働は必至であり、漁業や水産加工業でも事情は変わらない。当然ながら男女ともに有業なのである。

したがってその反対の第三次産業に特化した大都市においては、いわゆる男性サラリーマンや働く女性から構成されるカップルというカテゴリーに該当する「共働き世帯率」が、二〇〇〇年国勢調査の結果でも全国平均で二八・一%であり、二〇一〇年になると二四・五%にまで低下した。ちなみに二〇〇〇年段階では東京の一九・九%が一番低く、大阪が二一・三%、神奈川が二三・三%、福岡が二四・三%、北海道が二四・四%となっていて、「共働き世帯率」の低い都道府県では合計特殊出生率の低さが目立つ（総務省統計局、二〇〇五／二〇一三）。

小家族化が進む

表3‐6は「住民基本台帳人口要覧」による二〇〇四年の都道府県別の平均世帯人員である。少ない方からは東京の二・〇九人と北海道の二・二四人が特に際立つ。逆に平均世帯人員が三・〇人を超えた岐阜県、富山県、新潟県、福井県、山形県などは基本的には農業県であり、三・〇人に近い佐賀県や福島県も同じである。いくつかの表を合わせると、合計特殊出生率の高低と平均世帯人員の多少との間に、ゆるやかな相関があることに気がつくであろう。

そしてこれは「政令指定都市の平均世帯人員」（表3‐7）と「政令指定都市の合計特殊出生率」（表3‐8）や表3‐9でより鮮明になる。政令指定都市の平均世帯人員は都道府県のそれよりもかなり少ない。

すなわち日本における政令指定都市は少子化の先進地帯であり、平均世帯人員の低さとの関連を想起するに十分なデータを提供する。平均世帯人員の多さは相対的な合計特殊出生率の高さと結びつき、逆もまた真であるという観察された事実から、世帯人員の応援に匹敵するような近隣家族の育成を、日本における地域子育て支援に盛り込むことの必然性が感じ取れる。
以上が、二〇一五年における概略的な日本における人口減少社会のスケッチである。

都市の少子化

私は二〇年近く取り組んできた少子化関連のテーマのうち、(1)未婚率の上昇、(2)既婚者の子育て支援、を同時並行して研究を進めてきた。時代によってまたは自らの研究関心に応じて時として(1)か(2)に収束しがちであった。二

表3-6　都道府県別の平均世帯人員（2004年3月）

（人）

東京	2.09	山梨	2.77
京都	2.45	高知	2.37
北海道	2.24	栃木	2.86
神奈川	2.39	山口	2.44
奈良	2.74	香川	2.64
埼玉	2.62	新潟	3.03
千葉	2.56	滋賀	2.94
大阪	2.37	岡山	2.67
兵庫	2.55	青森	2.68
福岡	2.48	大分	2.56
宮城	2.74	長野	2.83
愛知	2.67	岩手	2.88
岐阜	3.00	福井	3.16
広島	2.47	長崎	2.56
三重	2.76	熊本	2.70
徳島	2.70	鹿児島	2.33
秋田	2.86	山形	3.16
茨城	2.88	鳥取	2.83
富山	3.04	福島	2.95
石川	2.82	島根	2.82
静岡	2.80	宮崎	2.47
愛媛	2.48	佐賀	2.99
和歌山	2.61	沖縄	2.72
群馬	2.81	全国	2.54

（出典）「住民基本台帳人口要覧」による。『日本国勢図会　第63版 2005/06』矢野恒太記念会，2005：57。

表3-7　政令指定都市の平均世帯人員（2003年）

（人）

札幌市	2.14
仙台市	2.37
さいたま市	2.51
千葉市	2.44
東京都区部	2.02
川崎市	2.21
横浜市	2.36
名古屋市	2.35
京都市	2.29
大阪市	2.09
神戸市	2.32
広島市	2.37
北九州市	2.31
福岡市	2.23

（注）東京都区部は政令指定都市ではないが，参考までに加えた。
（出典）『地域経済総覧 2004』東洋経済新報社，2004年。

表3-8　政令指定都市の合計特殊出生率（2003～07年）

札幌市	1.01
仙台市	1.16
さいたま市	1.26
千葉市	1.23
川崎市	1.23
横浜市	1.22
名古屋市	1.25
京都市	1.10
大阪市	1.20
神戸市	1.19
広島市	1.32
北九州市	1.34
福岡市	1.13

（出典）『都市データパック2011年版』東洋経済新報社，2011年。

表3－9　政令指定都市の合計特殊出生率（2011年）

札幌市	1.09
仙台市	1.18
さいたま市	1.28
千葉市	1.30
川崎市	1.34
横浜市	1.28
名古屋市	1.38
京都市	1.21
大阪市	1.29
神戸市	1.29
広島市	1.48
北九州市	1.53
福岡市	1.25

（出典）『大都市比較統計年表 2013 年版』大都市統計協議会，2013年。

表3－10　政令指定都市年少人口比率（%）

札幌市	11.71
仙台市	13.08
さいたま市	13.65
千葉市	12.89
東京都区部	10.58
横浜市	13.18
川崎市	13.01
名古屋市	12.79
京都市	11.60
大阪市	11.55
神戸市	12.62
広島市	14.29
北九州市	12.93
福岡市	13.10

（注）東京都区部は参考までに加えた。
（出典）2010年国勢調査結果。『2015年版都市データパック』より。

〇一〇年国勢調査に基づく主要な政令指定都市年少人口比率は表3－10の通りである。このうち、ゼロ～四歳、五～九歳、一〇～一四歳の中で幼くなるほど出生数が少ない都市は、札幌、さいたま、千葉、横浜、京都、神戸、広島、北九州の八都市であり、政令指定都市の五七・一％が該当する。日本社会の動向を先取りする政令指定都市では、全国平均よりも年少人口比率が低く、幼くなるほど出生数が少ない。なお、合計特殊出生率の推移でみると、札幌市は政令指定都市では最低の値が続いてきた。札幌市の合計特殊出生率は一九六五年の一・九三をピークに低下傾向を示しており、二〇一二年は一・一一であった（図3－4）。一三年は全国的にも一・四三に微増したことと連動して、札幌市でも一・一四になったが、依然として少子化の趨勢は衰えていない。

実数としてこの動向をまとめておけば、単年度出生数が最大だったのは一九七四年の二万四五二五人であり、それ以降は着実に減少しており、最低は二〇〇五年の一万四一八四人であり、この一〇年間は平均して一万四五〇〇人前後の出生数になっている。

札幌市の少子化要因

では、なぜ札幌市は、他の地域に比べ少子化が進行しているのであろうか。私は札幌市の少子化の要因を大きく

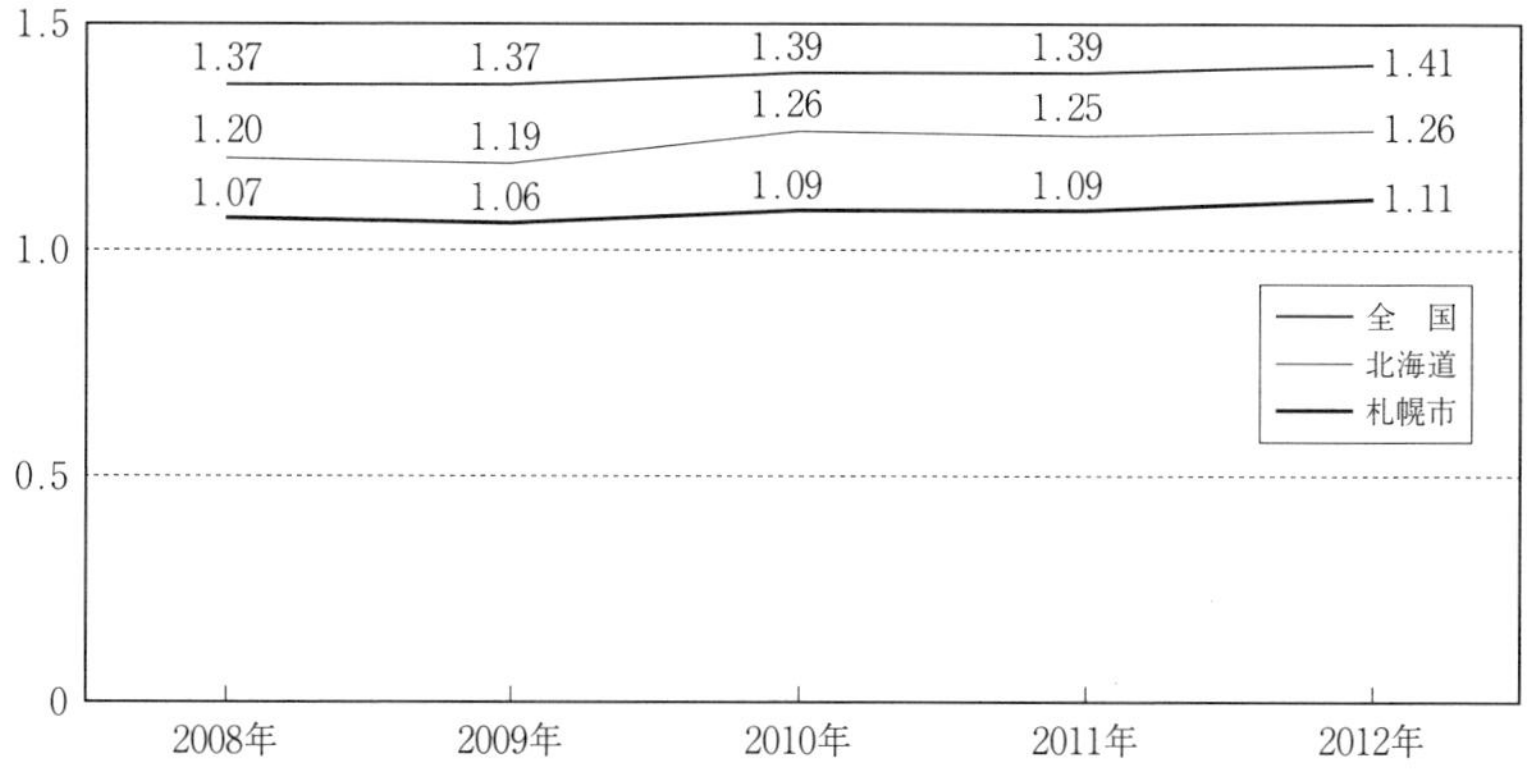

図3-4　札幌市の合計特殊出生率の推移

（出典）『さっぽろ子ども未来プラン（後期計画）』（平成24年度実施状況報告書）2013年。

六点にまとめたことがある。それは、

(1)他の都道府県に比べて一人暮らし世帯が多く、平均世帯人員が少ない。
(2)二人暮らしの快適さを求める夫婦が多い。
(3)三世代同居世帯が少ない。
(4)持ち家率が低く賃貸住宅が多いため、住宅が狭い。
(5)地縁の中での子育て活動と子育て支援が乏しい。
(6)子育てをためらうような貧困世帯が増加した。

になる。

また、北海道における未婚率の増大と既婚者の出生力の低下を記述できる要因は、少なくとも六つある。それらは(A)空間的制約としての住宅の狭さ、(B)社会関係の希薄さとしての家族の弱さ、(C)単身者に適した消費環境、(D)若者と主婦の働き方の特徴、(E)経済的制約としての所得の低さと貯蓄の少なさ、(F)地味な貯蓄性向と派手な消費行動である（金子、二〇〇七：一七二）。

もちろんこれらは相互に深く関連しており、全体としては家族力が弱いという札幌市や北海道の社会的特性に結び付いてくる。

なお、都道府県の二〇一三年の合計特殊出生率は表3－11の通りである。これは、厚生労働省発表データを基にして、東北大学高齢経済社会研究センターが試算した結果による。その理由はそれまでの厚生労働省発表による都道府県のデータのうち分子は日本人のみであったが、分母は日本人と外国人を混在させていたからである。それを東北大学高齢経済社会研究センターでは分母も日本人だけとして再計算した。なおこの手法は厚生労働省も一五年から採用した。

合計特殊出生率は二〇一三年が一・四三、一四年には一・四二になったが、もちろんこれは誤差の範囲を出ない。合計特殊出生率の高い県は沖縄県一・八八、島根県一・七二、宮崎県一・七一であり、低い方は東京都一・二〇、京都府一・二八、北海道一・二八であった。

二〇一三年の一・六五以上は宮崎県の他に長崎県（一・六九）、熊本県（一・六七）、佐賀県（一・六五）、鳥取県（一・六五）の各県であった。ここから、風土的な特徴としては温暖であり、農業にもまだ力が残っており、平均世帯人員の数も相対的に大きい県の合計特殊出生率が高いといえそうである。したがって、九州各県ではゼロ歳から

表3－11　都道府県の合計特殊出生率（2013年）

北海道	1.28	滋賀	1.58
青森	1.43	京都	1.28
岩手	1.46	大阪	1.35
宮城	1.32	兵庫	1.44
秋田	1.36	奈良	1.29
山形	1.50	和歌山	1.57
福島	1.60	鳥取	1.65
茨城	1.47	島根	1.72
栃木	1.50	岡山	1.53
群馬	1.50	広島	1.60
埼玉	1.35	山口	1.57
千葉	1.35	徳島	1.49
東京	1.20	香川	1.61
神奈川	1.34	愛媛	1.54
新潟	1.45	高知	1.47
富山	1.51	福岡	1.48
石川	1.47	佐賀	1.65
福井	1.62	長崎	1.69
山梨	1.48	熊本	1.67
長野	1.60	大分	1.61
岐阜	1.50	宮崎	1.71
静岡	1.56	鹿児島	1.64
愛知	1.53	沖縄	1.88
三重	1.51	全国	1.43

（出典）東北大学高齢経済社会研究センター2015年6月24日発表資料。

表3－12　九州各県の年少人口数比率（%）

福岡県	13.5
佐賀県	14.2
長崎県	13.2
熊本県	13.6
大分県	12.8
宮崎県	13.8
鹿児島県	13.6
沖縄県	17.5
日本全体	12.8

（出典）総務省「人口推計」（2014年10月）。

一五歳未満を表わす年少人口比率も相対的に高い（表3－12）。

昭和の後半から平成の世になってからの日本社会では、人間の行動を制御する社会規範は先細りして、社会全体の連帯性や凝集性が弱まり、国民全体が個別的な存在に特化する粉末化（powdering）の一途をたどってきた。それを第1章のように「粉末社会」（powdering society）と表現してきた。国民各層が自己に近接する組織や集団の規範を優先させ、社会全体を束ねる規範が細ってきた事例は、少子化現象を筆頭に各分野から簡単に取り出せる。

粉末社会と並行する

たとえば「行政規範の粉末化」は無数だが、この数年でマスコミ報道により明らかになったものだけでも、(1)社会保険庁による年金記録紛失と改ざん、(2)文部科学省によるゆとり教育による学力低下、(3)各省による復興予算の目的外使用、などが挙げられる。これらは日本国民および日本国益を損なうという特徴をもっている。

しかし同時に「国民規範の粉末化」も激しい。身近なところでは、(1)保育料未払い、(2)給食費未払い、(3)生活保護費の不正受給、(4)国民健康保険費未払い、(5)企業の利益隠しなどがある。これらもまた少しずつ増加しているので、結局のところ国全体でも「正直者がバカを見る」事例が増えてきたことになる。

この延長線上に国民総数が一億人を割る二〇四〇年を迎えれば、官民ともに日本社会の疲弊は著しいであろう(6)。少子化現象に歯止めをかけて、社会システム全体の賦活を目指すことは、社会システムの粉末化を食い止め、私化する国民意識の方向を変化させることにも役に立つはずである。

将来人口推計

社会保障・人口問題研究所が繰り返し行ってきた「将来人口推計」によれば、二〇五〇年が九三〇〇万人、二一〇〇年が四八〇〇万人となり、二五〇〇年には二六万人と予測されている（表3－13）。少なくとも二二〇〇年まで、政府機関の度重なる予測によって五〇年ごとの人口半減の法則が明瞭なのだから、この急激な人口消失を受け止めて、社会全体とりわけ政治家が肝に銘じて、それを阻止するための政策策定を最優先することが望まれる。その意味で、ウェーバーが政治家に求めた規範である「情熱、責任感、見識」（Weber, 1921＝1962）は、現在では自治体や企業そして国民にもすべて該当する真理になった。この先行き不安の突破口の一つにこれまでの少子化対策の修正改変がある。大局をわすれた小手先の事業消化しか行わなかった政府や自治体は責任感を強く感じて、情熱を持って見識のある大局的な対応策を創れるかどうかが「少子化危機突破」という問題の試金石になる。

表3－13　2500年までの日本人口推計

2010年	1億2,800万人
2050年	9,300万人
2100年	4,800万人
2150年	2,500万人
2200年	1,300万人
2300年	351万人
2400年	95万人
2500年	26万人

（注）合計特殊出生率を1.39として計算。
（出典）国立社会保障・人口問題研究所推計（2012）。

3　「少子化対策事業」の乱立を超えて

乱立する「少子化対策事業」

なぜなら、少子化対策として過去二五年間実行されてきた事業はたくさんあるが、ひたすら予算獲得とその消化を狙ったものが大半を占めてきたからである。そこには政策形成に必要な必要十分条件の発想もなく、インプット指標とアウトプット指標を混在させたままの「少子化対策事業」が乱立してきたという印象が強い。

たとえば札幌市でも「次世代育成支援対策推進行動計画」から関連事業を拾い上げると、小中学生の「国際交流」、小学校における「太陽光発電設置事業」、「魅力ある高校づくり」、「子ども議会」、「ミュージカル観劇」、「若者むけの起業家講座」、「公園・緑地の整備」、「冬の公園利用活性化事業」など、どこが少子化対策に結びつくのか理解できない事業が散見された[7]。

これでは抜本的な少子化動向の解消は不可能である。くわえて、相変わらずの既婚者支援のみを見据えた少子化対策として、「待機児童ゼロ作戦」ばかりが突出している（金子、二〇〇六a／二〇〇七／二〇一三）。しかし、保育施設を作ればその分の入所希望者が増えるという繰り返しが目立つだけである。

横浜市の待機児童の大幅減少

その中で、二〇一三年の横浜市の待機児童対策は絶賛されている。なぜなら、瞬間的ではあるが二〇一三年四月には待機児童をゼロにしたからである。少し調べてみると、保育所に行ける年齢の児童を抱えた保護者への丁寧な聞き取りや地域情報を基にした施設拡充を推進して、それまでは社会福祉法人や学校法人が経営主体であった保育業界に、新しい試みとして企業参入を積極的に認めてきたことで、横浜市では待機児童の大幅減少を実現したと評価されている。いわば「商助」の積極的な活用である[8]。

しかし企業参入による「保育の質」の変化には、まだ判断がついていない。また、待機児童ゼロという数字の背景にある課題として、別の福祉課題としては複数申請込みで四〇万人とも言われている特別養護老人ホーム（特養）待機高齢者対応も行政には求められる。これは一人の高齢者が複数の特養に申し込みをしている現状を勘案しても、最低でも一五万人以上はいると推定されているから、待機児童の五倍は確実に申請者がいると思われる。

保育所創設と特養設置の費用

そこで、保育所創設と特養設置とを予算面を中心として概算で比較してみよう。たとえば、札幌市内に定員九〇人で、延長保育あり、一時保育ありの条件で、延床面積が約一〇〇〇㎡、うち一時保育用の部屋が五五㎡で、子育て支援の部屋が八〇㎡の施設建設費用の内訳を調べたことがある。

まず「資金計画」としては次の三点が最低限不可欠になる。(1)施設設備費用(一億九〇〇〇万円)、(2)運営・運転資金(七〇〇万円)、(3)用地貸借契約は年間で二八八万円となり、合計すると約二億円が必要になる。

この財源の筆頭には札幌市補助金(九一〇〇万円)があるが、もちろん不足するので、医療福祉機構からの借入れによる七〇〇〇万円が充当されて、これに設置者の自己資金が三〇〇〇万円あれば一億九〇〇〇万円になる。あとは寄付金を一〇〇〇万円集めれば、合計で約二億円が揃う勘定である。

特養施設では三倍の予算

しかし地域密着型の特養施設ではこの三倍の予算が必要になる。通常の設備人員として、定員が三〇人、ショートステイ五人、デイサービス六〇人を予定すると、建物は鉄筋コンクリート地上四階建てになり、敷地面積四五〇〇㎡が求められるからである。二階に全室個室ユニットで、個別ケアの実践を行う施設にすると、利用者の個人負担は約一〇万円(居住費と食費、社会福祉減免を用いる)程度になる。もちろん個室ユニットではなく多床室ならば、月額六万円に収まる。

札幌市で私が調べた施設での「資金計画」の内訳は、

(1)施設設備　　四億八三三八万円
(2)施設整備　　四八〇〇万円
(3)経営・運転資金　九八六五万円

となり、この合計は約六億三三〇〇万円になる。この場合用地取得費はゼロとして、借地としてそれを五〇年契約とすると借地料は月額一〇三万になるという試算が得られた。

この財源の筆頭にも札幌市補助金（六〇〇〇万円）はあるが、設置者負担金五億二〇〇〇万円が大きな比重を占めている。さらに自己資金としては二三〇〇万円と福祉医療機構借入三〇〇〇万円が加わり、合計六億三三〇〇万円になる。

したがって、保育所新設よりも特別養護老人ホーム新築のほうが三倍の予算を必要とするし、数倍の敷地も前提とする。大都市ではこのための用地難も深刻であるから、待機特養高齢者向けの施設の増床は難しいのである。くわえて介護専門スタッフ不足もあるが、これについては給与面と長時間労働面を軸とした職場改善が喫緊の課題とみなされている(9)。

専門スタッフ不足

もちろん専門スタッフ不足は保育所でも変わらない。日本全体では、株式会社でも二〇〇〇年から認可保育所事業への参入が法的には可能となった。横浜市はこれを積極的に活用して、〇二年から保育所への門戸を会社にも開いてきた結果、二〇一三年四月では株式会社や有限会社を問わず企業が経営する保育所は市内全域で一五二カ所に上り、民間保育所四九〇カ所の三割を占めるまでに増加した。ちなみに二〇一〇年四月の認可保育所は四三六カ所だったが、二〇一三年四月には五八〇カ所（公立九〇カ所、私立四九〇カ所）となり、全定員も約一万人以上増加した。

もちろん、これは横浜市長の強いリーダーシップの故である。しかし全国的にみると、二〇一二年では株式会社経営は保育所全体のわずか一・六％にすぎない。たとえば同じ神奈川県内でも五カ所、首都圏で約三〇の保育所を運営していた企業が〇八年に経営難で撤退した例もあり、継続性などの懸念から企業参入に慎重な自治体も多い。

横浜市は専門家の診断を導入して保育所経営状況の把握に努めていて、その成果が待機児童ゼロという成果を生んだこともあり、政府は横浜にならい、各自治体に株式会社の参入を積極的に認めるよう通知している。これは今後考えられる一つの方向性ではある。

企業による保育所の新設・拡充

経営難とともに、企業による保育所の新設・拡充に伴い、大都市では保育士の獲得競争が激化している。横浜市も例外ではなく、単独施策として保育士の復職を支援して、ハローワークとの共催の面接会では二年間で約一二〇人の新規再就労につなげた。保育士不足の背景には給料面と労働時間面での待遇の悪さが指摘される。

このあたりは介護労働者と同じ構図が読み取れる。国の賃金構造基本統計調査（二〇一一年）によると、民間保育士の平均給与は月額約二二万円で、他業種に比べかなり低水準となっている。政府は保育士給与の引き上げを示してはいるが、これもまた介護関連や看護の専門家処遇の低さと同質であり、大幅な改善には程遠い。

さらに急増した保育所数のために、横浜市内の地区によっては定員割れの保育所が出てきた。横浜市では二〇一一年に定員割れ対策として「送迎保育ステーション」事業を開始したように、定員割れの対応も始めたが、需要と供給のミスマッチ解消は進んでいない。

「待機児童ゼロ」は少子化対策のうち既婚者子育て支援の一部に属する。もちろんこれは必要だが、それだけでは十分な少子化対策にはならない。なぜなら、保育所利用は保護者全員に機会均等ではなく、フルタイムパートタイムを問わず働く母親、本人が病気がちで自らの保育ができない母親、保育よりも自らの親の介護を優先せざるをえない母親の子どもしか入所機会に恵まれないからである。

そして横浜市の待機児童ゼロ水準は半年で終わったことを、二〇一三年一一月一〇日付の全国紙は報じた。横浜市が待機児童ゼロを達成したと知った子育て中の男女が市内に転入したこと、「預けられるなら」として母親が働きに出たケースが増えたこと、これらが相乗作用して、一〇月一日現在で待機児童が二三一人になり、せっかく四月一日に達成した待機児童ゼロは半年で終わってしまった。

破格な税金投入

札幌市でいえば、ゼロ歳児保育には補助金（税金）が幼児一人当たり毎月約四〇万円投入されるが、これはゼロ歳児のわずか一二％にしかならない。一歳児保育では二五％が保育所に行くが、この一歳児保育のための毎月の補助金は約二〇万円になる。平均すると、ゼロ歳から五歳までの就学前児童数で保育所に通う比率は札幌市では二五％程度であり、この保育予算は年間二〇〇億円程度であるから、平均して毎月一一万円が児童一人当たりの予算額になる。しかし、専業主婦が在宅で育てる全体の四五％の就学前児童にはまったく使われてはいないのである。日本全体でも似たような状況にあり、これは社会的に見て不公平ではないか。

今後の保育行政の課題としては「保育士の確保」と「保育の質の維持」があるのは当然だが、四五％の就学前児童はその母親により在宅で育てられているという実態についても積極的な考慮と支援がほしいところである。

少子化の議論では、ミクロレベルのウォームズアイビューとともにマクロな観点からのバーズアイビューを併用した科学的視点こそ、問題理解と解明にとっては不可欠な前提となる。

二〇年にわたる少子化関連の研究からいえば、現代日本の少子化対策には「将来の改善」という発想は乏しく、むりやり少子化にからめた政府官庁と地方官庁の事業予算消化の印象が強い。日本の一九六〇年代の高度成長期では国も国民も貧しくはあったが、自営業以外の働く人の大半は正規の終身雇用であり、そのために合計特殊出生率も二・〇〇程度を維持していた。

「産み損」「育て損」の解消

かつての産業化社会変動命題では、エネルギー源の転換や動力革命それにイノベーションなどが社会変動の主要因として挙げられた（富永、一九六五）。しかし、現代の雇用をめぐる格差が引き起こす階層変動には非正規雇用制度のもつ社会的逆機能が強く読み取れる。同じく、子育てした高齢世代とそれをしなかった高齢世代とでも、資産形成に大きな格差が生まれている。なぜなら繰り返し指摘してきたように、一人の子を成人まで育てるのに三〇〇〇万円もかかるからである。この有無が晩年の資産形成の格差をもたらす。「産み損」や「育て損」はこの辺りを表現するキャッチコピーである。格差や差別に敏感なジェンダー論者の多くがこの問題を避けてきたのはなぜか。

少子化対策には消費税も含めた税金からの子育て支援の強化は必然だが、一方にある「産み損」「育て損」を解消するためにも、社会全体で行ってきた介護保険の精神に学んで「子育て基金」や「育児保険」を目指したい。

第4章　子育て共同参画社会のジレンマ

「行く先の港のない船にはどんな風も役に立たない」（モンテーニュ、原二郎訳『エセー』（Ⅰ）筑摩書房、一五八八＝一九六六：一三九）。

1　社会的ジレンマとしての少子化問題

少子化問題がもつ社会的ジレンマ

ジレンマ（dilemma）という言葉はすでに日本でも日常語として使われている。個人でジレンマが発生するのは二種類の選択肢をめぐる状況によるが、多くの場合、それは好ましくない途方に暮れるような悪い状況である。『広辞苑』では「進退両難」と簡略化している。だから、何らかの理由でどちらかを選択できれば、ジレンマは解決する。[1]

社会学では一九六八年にハーディンの「共有地の悲劇」として定式化されてから、個人的ジレンマだけでの使用にとどまらず、社会的ジレンマという考え方が環境問題をはじめとして広く社会問題にも応用されてきた。たとえば、「社会的ジレンマとは、それぞれの個人の目的（私的利益）の達成という観点からは望ましい行為がすべての個人の目的（公共的利益）の達成という観点からは望ましくない結果をもたらす、という事態を意味している」（土場、二〇〇八a：一二）。したがって学問としての社会的ジレンマ研究では、私的利益達成と公共的利益達成が衝突するという状況において、その解決のメカニズムを探求する。それは個人が「協力行動」（cooperation）をとるための条件を導き出すことに直結する。

その解決の条件としてたとえば、⑴選択的誘因や強制の導入、⑵共有物の区画化や私有化、⑶リーダーへの権限移譲、⑷成員の異質性の活用、などが挙げられてきた（海野、一九九一：一四七〜一四九）。ただし、これらは社会的実験室では該当しても、社会的文脈では結局のところ⑴に収斂することになる。なぜなら、⑵⑶⑷を使おうとしても、それらでは「義務不履行」（defection）の危険性が払拭されないからである。ましてや義務不履行のサンクションもない。

フリーライダー問題の解決

この二〇年間、私は⑴を制度化することを通した「子育て基金」によって子育てフリーライダー問題を解決して、社会的ジレンマとしての少子化を緩和する手法を主張してきた（金子、一九九八／二〇〇三／二〇〇五／二〇〇六a／二〇一四a／二〇一四b）。

「社会的ジレンマ・モデルの射程は、もっとも根本的には、社会はいかにして可能か、という究極的な問いに及んでいる」（土場、二〇〇八b：二七二）ならば、なおさらのことである。しかし、少子化論に社会的ジレンマ問題を持ち込んだことを環境問題研究者はじめ人口論者のすべてが黙殺した。そのなかで当時の佐賀県知事であり、現在は衆議院議員の古川康氏や同じく衆議院議員の野田聖子氏からは注目され、鼎談会を『読売ウィークリー』（二〇〇七年三月四日号、現在では廃刊）で行ったりした。政府系や民間の各種機関による人口予測が示すように、「社会が消える」という危惧の共有によって、「社会はいかにして可能か」や「社会創生」という具体的なテーマも正確に得られる(2)。

もちろん地方日本の「社会消滅」の予測は実現しないであろうが、二〇五〇年からの五〇年ごとの「人口半減の法則」作動の確率は高い。一世代は三〇年で交代するので、二〇五〇年の九三〇〇万人前後の予想は受け入れるしかない。しかし、その後に人口半減の法則が具体化しないような選択的誘因や強制の導入を伴う制度を二〇二〇年までに創っておきたい。その意味では、全国知事会が主張するような「少子化危機突破」は急務でもある(3)。

実体水準の社会的ジレンマ

このための手掛かりは「実体水準において定義される社会的ジレンマは、(1)コスト性、(2)危機性、(3)無効性、の三つの基本的性質を備えたものであり、この三要素は、行動の選択に直接影響する要素である」（海野、二〇〇六：一六）という視点から得られる。

最初に、そのような制度創設や維持のために要するコストはどの程度かが問われる。コスト負担を国民全体や国内に立地する企業やその他の法人がどこまで受け入れるかを念頭に置き、少子化対応のために創設した制度を維持しながら、たえずコストを秤量して、社会全体で数年ごとに臨機応変に対応していけるか。介護保険は曲がりなりにもこれをやってきた。

社会的リスク

海野がいう危機性とは、現状の社会的ジレンマを放置しておけば、徐々に社会的危機が拡大することを意味する。この危機が制御できないと、少子化リスクが次第に高まる。本書におけるリスクの判断要素には、第1章で示した範囲、人数、期間の組み合わせがある。すなわちAは「狭小―少数―短期」、Bは「拡大―多数―長期」、Cは「全

体―全員―永久」となり、リスク次第でＡＢＣが決まり、それに沿った対応が具体化しないと、社会システムは解体する。(4)

危機としての少子化が続けば、それはＣの典型になる。範囲としては日本社会全体を包み込み、影響は社会構成員全員に及ぶ。第3章でのべたように、合計特殊出生率が一・三九で安定しても五〇年間で「人口半減の法則」が作動して、二〇五〇年の九三〇〇万人が二一〇〇年には四八〇〇万人を割り込んでしまう。二〇一四年の合計特殊出生率一・四二は前年よりも微減であり、三〇歳代の「団塊ジュニア世代」も前年に比べて出生数を落とし、二〇歳代の前半も後半も同じく出生数が少なくなったので、合計特殊出生率は八年間の微増か横ばいとは異なる減少に転じた。その意味で、少子化による危機的状況はますます鮮明になっている。

海野の「無効性」とは、取りあげた事例が社会全体に関わっているのだから、私一人が協力しなくても全体の動向には関係がないという個人レベルの判断基準である。一人の行為など全体社会の遂行にとっては「無効」であるとはいえ、それは集積され、蓄積され、社会全体に拡散する。拡散すれば全体社会現象になるのは、未婚率の上昇や生涯未婚率の増大、さらに児童虐待相談と虐待事件の急増からも容易に理解される。したがって、一人の行為もまた決して「無効」ではないと考えておきたい。

ミクロとマクロ

少子化が社会問題とされるのは、その原因としてミクロ的には男女間の行為が出生行動とますます切り離されてきた反面、マクロ的にはその積分効果として社会システムの現状維持が困難になってきたところに集約される。いいかえれば、少子化は、男女個人の自由で合理的な行為の集積が社会システムの解体を促進し、そのことによって同時に社会システムの不・非合理性を強める結果の代表例である。そのうえで、自由に生きようとする男女個人にも、不・非合理性に付随する不自由さを感じさせるという社会的ジレンマの典型として理解できる現象である[5]。

そのような意味で、社会的ジレンマとしての少子化現象は、放置すれば危機的な結果を招来する。「個人の自由が価値判断の基準とされる限り、マクロ的な全体社会の持続がそのミクロの判断基準に算入されるプロバビリティはほとんどない。世界の状況にラディカルな変更がない限り、少子化という傾向に転換が起こる条件は、目下の都市社会には存在しないのである。だから近代は自滅過程を不可避的にたどることになる」（鈴木、二〇〇一a：一二）。自滅は危機の延長にあるリスクの究極の姿であるから、それを回避するには「選択的誘因や強制の導入」を伴う制度の創設が緊急の課題とならざるを得ない[6]。このレベルまでの配慮がなく、「待機児童ゼロ」と「ワーク・ライフ・バランス」しか政策化してこなかった歴史はもはや取り返しがつかない。文字通りそれは喪われた歴史になった。そして二〇一五年段階でもまだその反省もない。

数理人口学からでさえも「今日の先進諸国の人口のように制御された減衰過程に入るか、制御不能な破局的減少に見舞われるかのいずれかである」（稲葉、二〇〇二：v）といわれはじめた。現実問題としては、数理的な「制御」の可能性ではなく実態として「制御」可能な「制度設計」が求められているのであり、私はそれを社会全体で少子化に対応する「子育て基金」制度創設に求めてきた。

合理性と非合理性の衝突

一般的にいえば、社会的ジレンマは個人の合理性が社会における集合的非合理性を導くという状況を指す。すなわち社会的ジレンマとは、個人的には合理的で利益をもたらす行動が、社会システム全体を現在よりも不・非合理な状態にして、結果的に不利益を生じさせ、それが最終的には個人にも戻ってくることを意味する概念である。したがって、社会的ジレンマ研究は個人の合理性と集合的合理性との間にある緊張の研究となる。

しかし、残念ながらそのような理解の仕方は、これまでの世界でも日本でも、少子化研究では皆無であった。なぜなら、従来の社会的ジレンマ研究の多くは環境問題に応用されてきたからである。この傾向は、学術的な社会的ジレンマ概念自体が環境問題研究から生み出され、活用されてきたという事実と無関係ではない。ゴミ問題に象徴されるように、個人が分別収集しないでしかもゴミ捨て時間さえ守らなければ、それは時間の節約になり、個人にとっては極めて合理的な行動になる。ところが、その集積が結局は近隣のゴミステーションを汚して、ゴミ収集時間を延長させ、時間通りに清掃車が巡回できずに、市域全体でのごみ収集を難しくする。さらに、そのことでゴミステーションの周囲にカラスや野犬が集まり、その個人の居住環境までも劣化させてしまう非合理性も帯びている。環境面でも人口面でも発生する社会的ジレンマは、不合理で不利益な状況を社会システムの一部もしくは全体に生み出すのである。

社会的ジレンマとしての少子化

個人にとっては利益となるが、社会にとっては不利益となる現象は、もちろん環境問題に限らない。この理解に立って、私の少子化克服論の基点は、社会的ジレンマとして日本における少子化論に適用することであった（金子、一九九八／二〇〇三／二〇〇六ａ／二〇〇六ｂ／二〇一四ａ）。しかし、そのような発想による研究の成果は学界でも政界でもまったく無視されてきた。

自由な生き方を擁護することは同じであるが、「少子化する高齢社会」論の基本は長寿化と少子化との同時進行を現代社会に読み取るところにある。そのためには、個人の自由を高唱するだけでは不十分であり、次世代育成や子育て環境の改善には、自由な個人にも積極的に関与してもらい、社会全体での責任ある取り組みが必要であるというメッセージを含まざるを得ない。人生だけでなく、研究でも「物事の両面をみよ」は正しい。

いいかえれば、産む産まないの自由や、直接に育てる育てないの自由はすべての個人にもちろん認められるが、だからといって産んだ親だけが、大学卒業の二二歳までの子どもの養育費や教育費を、一人当たりで三〇〇〇万円負担する構造を放置していいということにはならない。なぜなら、前世代の介護を社会全体で行うように、次世代育成もまた社会全員でする義務があるからである。(7)

社会システムの人口静止構造に必要な二人の子どもの生育過程に、その親が自らで六〇〇〇万円負担する一方で、産まない選択や育てない道を選んだ成人男女はその生育費負担がゼロになる。この両者が同じく七〇歳になって、「おひとりさまの老後」を主張しても説得力に欠けるという私の主張が、多くの賛否両論を引き起こしてきたのは事実である。「おひとりさまの老後」を主張する側は個人の生き方の自由を強調する一方、子育てする側の主張によればその自由は「フリーライダー」にすぎないといわれる。前章でも簡単に触れたが、以下、少し詳しく両者を検討しておこう。

負担の重さは時間面と金銭面

おそらく個人レベルで子育てしなくなる男女が増大すると、社会システム全体では少子化がますます進む。そのような男女には子育てのための時間的負担と経済的負担とがないために、日常生活全般においてはまったく身軽になる。それによって、子育てしない個人はライフステージ全体を通して自らの能力を最大限発揮できる条件を獲得する。なぜなら、子育ての過程は経済的、身体的、時間的、精神的な負担の連続でもあるのだから。(8)

第2章では二〇一三年度データに触れたが、二〇一一年度でも日本政策金融公庫概算の世帯年収の平均は五七二・五万円であり、小学生以上の子どもがいる全世帯の平均教育費は年収の三七・七％に達していた。同じような生活水準であれば、子どもがいないと、この三七％に該当する二一一万円はそのまま可処分所得に転用できるはずである。年間二〇〇万円にもなる子どもの養育費や教育費がゼロであることは、高齢期になればなるほど、それを負担した子育て世帯との格差を生み出すはずである。これをまったく考慮しないような「おひとりさまの老後」は不公平であるというのが、世代内公平性の分析から得た一つの結論である。

子育て世帯の負担が重い

この子育て世帯の負担は、子どもがゼロ〜三歳までの幼児期には時間的な側面に特化して、一五歳を過ぎて高校から大学にかけては金銭面の負担に推移する。換言すれば、二〇歳代三〇歳代で親になったばかりのライフステージ、すなわち誕生直後からの子育ての過程では時間的な負担が大きく、五〇歳代にかけての中年期では教育費の負担が非常に重い。その結果、六〇歳代以降の預貯金は子育てに負担した分だけ少なくなるのは当然である。

反面、子育てしない選択をした個人や夫婦は、子育てする個人や夫婦よりも時間面や金銭面での子育てに伴う負担が皆無であり、その意味で有利となる。したがって、「経済成長によって全体的に生活水準が向上し、子育てにかかわる費用の負担が生活困難に結びつく状況は、少子化の進行する過程ではむしろ減少している」（蓮見、一九九九：四九二）とはいえない。当時のどのデータからこのような傾向が把握できたのか。

逆にその時代の実態からも、「四五〜五九歳の家計費の教育費……の負担をみると、子供を自宅から大学に通わせている家庭で、所得が平均未満の家庭では、教育費の負担が極めて重く、特に私立大学に通わせている家計での可処分所得に占める教育費は、およそ二七％にのぼっている。また、これらの家計では、消費性向も一二〇％前後と所得を超えた消費を行っており、その分、貯蓄を取り崩して教育費をまかなっている可能性がある。……こうした家庭では、老後のための貯蓄をする余裕がない」（経済企画庁、一九九八：二〇〇）という分析さえもすでに存在していた。

世代内不公平性の解消が急務

私はこの世代内不公平性の解消こそ、究極の少子化対策の軸になるという提案を当初からしてきた（金子、一九九八：五七）。ともかくも子育てをすれば時間負担と金銭負担が必然となり、子育てしなければ両方の負担を免れることができる。同じく少子化が進むドイツでも「子どもがいない生活の方が、子どものいる生活よりも魅力的に作用している」（カウフマン、二〇〇五＝二〇一一：一六七）といわれているが、この理由は、子どもがいない生活の方に資源獲得の機会が多い、獲得能力も高い、生活が楽になるからであった。ドイツでも日本でもこの負担の不公平性を直視しないと、少子化問題の処方箋は描けない。ただし繰り返すが、負担とは別次元で、産む自由も産まない自由もあるのは当然である。

フリーライダー論から見た少子化

もちろん、親の時間的負担と金銭的負担によって育てられた子どもたちが、年金や医療保険や介護保険の掛け金を拠出したり、自らの職業活動を通して、親を含むすべての前世代を公平に支えている現実があることも理解しておきたい。けれども、依然として「このような先行き不透明な社会では、子どもを産まず育てない男女がいても仕方がない」という意見のほうがマスコミ界や学界で根強く残ってきた。

それは人口学界でも社会学界でも、ジェンダー・システムの縛りの強弱を少子化の説明要因とする傾向が強かったからである。具体的にはその縛りが弱いと思われるアメリカ、イギリス、フランス、スウェーデン、ノルウェー、デンマークの合計特殊出生率が相対的に高いことを示す一方で、同時にその縛りが強いとされる日本、ドイツ、イタリア、スペイン、オーストリアでは合計特殊出生率が相対的に低いことが指摘されてきた(9)。

一見すると、これは公平な比較研究の印象を与えるが、そこでは人口数はもちろん肝心の婚外子率、消費税率、国民負担率、公務員比率などの諸データが提示されないことも多い[10]。このように不完全な比較研究から、日本における少子化克服にはジェンダー・システムの変更こそが重要であるという論理が導き出される。ジェンダー・システムの縛りを弱めて、男性の家事分担や働き方の修正をワーク・ライフ・バランス論に求め、これが達成されなければ、今しばらくは少子化が続くことは仕方がないと結論される。二五年に及ぶ厚生労働省や内閣府による少子化対策の根幹にも、このような発想が見え隠れしてきたし、それに協力してきた研究者も多い。

しかし、このような推論の仕方は、重病の患者を前にして健康や体力の重要性を改めて強調するに等しい。「文化を変えよう、働き方を変えよう、婚外子などを含めて産み方を変えよう」という提言は、日本においても長期的に見たらそれなりの意義はある。しかし、落ち込んだ出生率の回復を目指すという少子化危機突破に対応した緊急の処方箋としての意味には乏しい。なぜなら、ジェンダー・システムの縛りの強さを主張し、その変更を強調する提言は結論ではなく、研究の出発点の確認にすぎないからである[11]。

「子育て共同参画社会」づくり

二〇一三年八月の『社会保障制度改革国民会議報告書』にいわれるように、「子ども・子育て支援は未来社会への投資であり、量的な拡充のみならず質の改善が不可欠である」(：一九)。私はこの文脈を先取りして、過去二〇年間にわたりもっと積極的な「子育て共同参画社会」づくりを提唱してきた。これはもちろん「男女共同参画社会」からの派生語であるが、似て非なるものである。むしろ「男女共同参画社会」論には、ジェンダー・システムの縛りが強く、女性ばかりに負担がかかる社会システムでは、個人の生き方は自由であり、子育てをしなくても構わないという主張者や実践者の賛同が目立つ。その反面、個人の生き方の自由を損なう「ワーク・ライフ・バランス」には全面的に賛成して、それ以外のライフスタイルを認めないというダブルスタンダードを実践する「自由主義者」が多いことも既述した通りである。

「レギュラーワーク・ケア・コミュニティ・ライフ・バランス」

このグループの人々は、個人の自由を唱えつつも、現代日本で生きる男女には「ワーク・ライフ・バランス」しかないような不自由な生き方を強制する傾向をもつ。「ワーク・ライフ・バランス」は確かに働ける人や働きたい人にとっての生き方の一つであろう。しかし、これは子どもの誕生から数年でも、在宅で自分の子どもを育てようという女性にとって、政府から強制されるような選択肢ではありえない。むしろ自由な生き方として、ワークの代わりに「ケア・コミュニティ・ライフ・バランス」でも構わないのではないか。

歴代の少子化対策にみる「両立ライフ」や「ワーク・ライフ・バランス」理念こそ、日本の健全な少子化対策を阻害してきたイデオロギーであると私には思われる。なぜならそこでは、国民が本来もっていると憲法が保障する自由な生き方を国家が否定しているからである。

札幌市の就学前児童の内訳をみると、この一〇年間の保育所入所の児童は常に二五%前後の現状にあるが、保育予算の九五%以上が保育所だけに投入されてきた。この傾向は日本全国の自治体でも同じく認められる。

しかし、二五年に及ぶそのような偏った予算の集中でも合計特殊出生率が反転するという意味の少子化対策には失敗したのだから、そろそろ「両立ライフ」や「ワーク・ライフ・バランス」を押し付けずに、「レギュラーワーク・ケア・コミュニティ・ライフ・バランス」を根幹とする自由な生き方を国民に認める時期なのではないか。その理念が介護保険と同じように、社会全体で取り組む「子育て共同参画社会」づくりである。

子育てするすべての親への支援

既述した『社会保障制度改革国民会議報告書』では、「すべての子育て世代の親が、働いている親だけでなく、在宅で子育てをしている親も含め、幼児教育及び保育の専門職のサポートを受けられるようにする」（：一七）ことが一応書き込まれた。これこそ「子育て共同参画社会」づくりの出発点になる。この内容が高く評価できるのは、従来の厚生労働省や内閣府の官庁作文では「在宅で子育てをしている親」が軽視されることが多かったからである。(12)

今後は、この実践のために世代内でも世代間でも、子育ての有無にかかわりなく、公平に近い子育て負担軽減の具体的処方箋の作成が課題となる。それは、子どもが幼児期には時間面や精神面での社会的支援が望まれ、学業時期では金銭面での社会的支援が必要とされることへの配慮を軸とする。従来の「エンゼルプラン」も「男女共同参画社会法」も「少子化社会対策基本法」も「子ども・子育てビジョン」もまた、そこまでの目配りはなかった。

まさしく全国知事会（二〇一三年七月九日、一〇月九日）が危惧するように、少子化の進行が「国家的な危機」（全国知事会「次世代育成支援施策の充実に関する提言」）を招きつつある。(13)

2　新しい社会の構築

公共的視点

社会学の伝統では、「社会生活の型式を破壊する力が天災であれ人災であれ、これらの力は、結局、社会の成員に対して解決すべき課題を突きつけており、しかもその対策の性質は社会学の原則としてその社会の構造によって、その社会の制度や価値によって大いに影響を受ける」（マートン、一九六六＝一九六九：四二一）といわれて久しい。

この指摘を忠実に学べば、日本社会を動かす主要な価値を見直し、「少子化する高齢社会」にふさわしい制度を創設して、日本の社会構造の変革を開始することが、社会生活の型式を破壊する少子化に対応できる唯一の方法だと考えられるが、日本社会学界でもこの思考方法は皆無に近かった(14)。

いわゆる少子社会とは、合計特殊出生率、年少人口数と比率が人口維持に必要な再生産水準を大幅に割り込み、合計特殊出生率が減少するか低位安定で動いている社会を指す。それは産まれる子どもが極端に少なくなりつつある社会変動過程でもあり、必然的に人口減少社会を招来する。私はこの人口動向に高田保馬の人口史観を応用して、「五〇年ごとの人口半減の法則」を主張してきた。

日本では一九七四年の単年度二一〇万人の出生から、徐々に低下して単年度出生が一七〇万人になり、一五〇万人となり、一二〇万人が一〇年続き、二一世紀になると、一一〇万人を割り込む時代になった。二〇一三年の総出生数は実に一〇三万人となり、二〇一四年のそれはぎりぎり一〇〇万人であった。死亡者が約一二七万人だったので、人口の自然減は二七万人に上った。このままの人口減少では日本の豊かさを支えて続けてきた社会システムは確実に解体する。

その認識から開始して、「人口減少社会へ変化することはもはや変えようのない事実であり、むしろ人口が減少することのメリットを最大限に生かした社会の構築に向けて準備を始める」(三和総合研究所、一九九九：一六)ことはいわれていたが、この現状追認的な姿勢から一六年経過した現在でも、そのような「社会構築」はほとんど進んでいない。そのような言明とは無関係に、この期間の日本では、「少子化する高齢社会」に関する適切な「社会構築」案がないままに、相変わらずの「待機児童ゼロ作戦」と「ワーク・ライフ・バランス」の諸事業だけが独り歩きしてきた。

少子化は神が示した摂理か

なにしろ少子化危機が表面化した平成の初頭から、「二一世紀に向けて海図なき新たな航海に旅立とうとしている」と政府が認めているのだから（一九九九年二月二七日　経済戦略会議最終報告」）。一六年が経過した今日でも、「少子化への対応」において鮮明な「海図」は見当たらない。単発的に「保育バウチャー制の導入による選択の自由化、保育サービスの多様化、企業託児所への支援などの保育制度の充実、子育て減税、児童手当の拡充」が描かれただけであった。そこには、少子化対策とはいつまでに何を誰がどうするのかという社会計画の基本さえも含まれてはいなかった。

当時も今も「マスコミ識者」の意見は低調であり、社会的ジレンマ論に基づく私の「子育て共同参画社会」論（『高齢社会とあなた』一九九八年九月）を批判して、少子化を「孫の世代に理想国家を贈るため」としたり、「少子化は神が示した摂理」とする発言が繰り返された（第1章参照）。

二一世紀になっても、「木を植えるのは自分だけのためだけではなく、皆で納涼するため」なのに、「皆」が見えない人が多くなってきた。粉末化した個人は自らの自由のみを優先して、社会全体への目配りができず、公共的な視野に欠ける。

社会問題の社会学

以上の問題意識から、私は積極的に社会学的知見を応用して、少子化が急速に進む日本社会の現状分析と解決の課題を探求してきた。一つは少子化がもはや「変えようのない事実」にしても、学術的にその阻止の方策を明らかにして、その趨勢のなかで社会システムを設計し直す原理を志向したいからであった。

その際の指針を「地域共同体にとってのもっとも深刻な問題は、『ただ乗りをする人間』、すなわち自らの働き以

表4-1　都道府県データに見る合計特殊出生率の要因（単相関）

説明因子	標準偏回帰係数	p 値	有意差	決定係数
1 持ち家率	0.1180	0.4295	ns	
2 世帯人員	0.3266	0.0025	**	0.1067
3 共働き世帯割合	0.3216	0.0275	*	0.1034
4 保育所数	0.2923	0.0462	*	0.0854
5 一人当たり教育費	0.3913	0.0065	**	0.1531
6 一人当たり住民税	−0.5029	0.0003	**	0.2530
7 男30～34歳未婚率	−0.6841	0.0000	**	0.4680
8 女25～29歳未婚率	−0.6147	0.0000	**	0.3773
9 女子労働力率	0.3503	0.0158	*	0.1227
10離婚率（千人当たり）	0.0358	0.8111	ns	

（注）　*p＜0.05　**p＜0.01
（資料）　総務庁統計局編『社会生活統計指標』（2012年）。

上に受け取って、善良な市民が投資に見合う正当な見返りを得るのを妨げてしまうような人間をどうするか」（ベラーほか、一九八五＝一九九一：二二）に求める。ここからいわゆる「子育てフリーライダー論」が誕生したのである。この概念には賛否両論が多くあり、本書ではその論争の紹介は割愛するが、「フリーライダー」論そのものは、以前からの環境問題やコミュニティ研究で使用されていた学術的概念であることを再度指摘しておきたい。

少子化要因の計量的分析

さて少子化の要因は多数あるので、とりあえず一〇の変数を想定して、総務省統計局編『社会生活統計指標』（二〇一二年）を素材として合計特殊出生率との相関係数をとると表4－1が得られる。計量的にみて、どの要因が合計特殊出生率を左右しているかを概観する手段として、この方式を採用した。

これは、説明因子として、「持ち家率」「世帯人員」「共働き世帯割合」「保育所数」「一人当たり教育費」「一人当たり住民税」「男三〇～三四歳未婚率」「女二五～二九歳未婚率」「女子労働力率」「離婚率（千人当たり）」を想定して、非説明変数の合計特殊出生率との間で単相関係数を算出したものである。プラスは正の相関、マイナスは負の相関を意味しており、因果関係ではない。nsは相関がないという表示である。すなわち、合計特殊出生率と正の相関を示した項目は、「世帯人員」「共働き世帯割合」「保育所数」「一人当たり教育費」「女子労働力率」であった。

これらからは、たとえば「世帯人員」が多いことと合計特殊出生率の高さとの関連があることを知る。その他の項目でも納得のいく傾向にあるが、注目すべきは合計特殊出生率と「女子労働力率」との間にも正の相関が確認されたことである。

ここから、いわゆる「男女共同参画社会」の方向も少子化対策に有効であると考えられる面もあるが、「男女共同参画社会基本法」で提唱された方向はかなり都市型の共同参画社会であり、九州、中国、四国、東北、北海道などの多くの過疎地域では修正を必要とする。第一次産業が未だ残っている地域社会では、家事労働として農業に従事する女性が多く、その合計された労働力率は高くなるから、都市型の職場への共同参画だけではないという事実についてもしっかりと理解しておきたい。

住民税とは負の相関

反対に、負の相関が得られたのは、「一人当たり住民税」「男三〇～三四歳未婚率」「女二五～二九歳未婚率」の三指標であった。日本の場合は税金が上がると、生活は苦しくなるという認識が一般的であるから、未婚のままで暮らすか、結婚しても産み控えるという選択が多くなる。税金を始めとする公的資金が国民生活の細部にプラスの影響を与え、したがって「国民生活の質」(QOL)を上昇させるという発想を取りえない日本人が多い。これは、政府、政治家、行政官僚への積年の不信感が大きな理由であろう。年金記録の紛失や復興財源の目的外使用などは、その端的な例である。

また、第3章の表3-2（七一頁）で示したように、東アジアでは結婚しないと子どもを産まない特有の文化的

表4－2　OECD 24カ国に見る合計特殊出生率の要因（単相関）

説明因子	標準偏回帰係数	p 値	有意差	決定係数
1 婚姻率	0.2422	0.2541	ns	
2 婚外子率	0.5298	0.0078	**	0.2807
3 国民負担率	0.2874	0.1836	ns	
4 社会保障給付比率	−0.4479	0.0321	*	0.2006
5 租税負担率	0.5176	0.0114	*	0.2679
6 教育投資	0.6993	0.0001	**	0.4890
7 高齢者支出費率	−0.4184	0.0419	*	0.1750
8 家族支出割合	0.5907	0.0024	**	0.3489
9 女子労働力率	0.5437	0.0060	**	0.2956

（注）　*p＜0.05　**p＜0.01
（出典）　Euro Stat, Statistical database-data by themes-Population and social conditions—Demography—National Data.

規範により、婚外子率が欧米よりも著しく低いので、男女ともに高い未婚率は低い合計特殊出生率と密接になる。

同じ手法でベルギー、チェコ、デンマーク、エストニア、アイルランド、ドイツ、ギリシャ、スペイン、フランス、イタリア、ルクセンブルグ、ハンガリー、オランダ、オーストリア、ポーランド、ポルトガル、スロベニア、スロバキア、フィンランド、スウェーデン、イギリス、アイスランド、ノルウェー、スイスの二四カ国でも計算した結果が表4－2になる。日本の都道府県の指標と重なる項目もあるが、計算結果では日本の場合とかなり異なることに留意しておきたい。

まず、ヨーロッパ特性ともいえる婚外子率の高さが、合計特殊出生率の高さと結びついている。これは日本とまったく違うところである。OECD諸国では、未婚でも既婚でも出産行動に結びつくのである。東アジアの文化規範とはおよそ異質であり、ここではこの結果をそのまま受け入れるしかないであろう。

租税負担率は正の相関

また、高い租税負担率が合計特殊出生率の高さと正の相関を示した。日本では税負担の重さが出生行動を抑制させる働きを示すが、OECD諸国では反対に促進する傾向を示す。これは長年にわたり高負担ではあっても、

「福祉先進国」として世界標準になってきた実績を国民が評価しているからではないか。

すなわち、その正相関の背景には、二〇〇九年の国民負担率がデンマークで六九・五％、スウェーデンで六二・五％、オーストリアで六一・九％、フランスで六〇・一％、フィンランドで五九・二％と高くても、国家が必ず必要な分を戻してくれるという信頼感の国民への浸透があると解釈できる。

一方、高い「教育投資」が合計特殊出生率の高さと整合するのは日本での分析結果と同じであった。子どもへの公的な教育投資が多くなれば、親による子育ての経済的負担が緩和されることへの期待が大きくなる。そのために、出産への動機づけが強まるのである。同じく「家族支出割合」の多さもまた合計特殊出生率の高さと関連していたが、これも「教育投資」の場合と同じ理由であろう。

女子労働力率とは正の相関

日本でもOECD二四カ国でも「女子労働力率」と合計特殊出生率とは正の相関にあった。農業に代表される第一次産業における家族従業者も統計に含まれているが、そこでは家族力の基盤である世帯人員が相対的に多いので、女性が働いていてもその子どもを家族が支えることが可能である。くわえて、OECD二四カ国の多くは高い国民負担率により維持されてきた高水準の福祉サービスをもち、これが両親による子育て負担を軽減したり、親の介護を代替できるから、出生行動を促進する要因になりやすい。

それは、「社会保障給付比率」と「高齢者支出費率」が合計特殊出生率と負の相関を示したことでも説明できる。なぜなら、「社会保障給付比率」が上がれば、わざわざ自分の子どもを産み育てなくても、高齢者になってもその生活は社会保障に依存できるからである。

国家が国民の老後生活を十分に保障してくれるならば、二〇年以上も養育費と教育費に膨大な個人負担を余儀なくさせられる子育てを選択しない国民が増加するのは必定である。しかしだからといって、国家が「無料デパート」（清水、一九九三：三五六）としての各種の福祉サービスを無限に肥大化させることの困難性は、洋の東西を問わず真実である。

「高齢者支出費率」の高さと合計特殊出生率の低さとの関連は、高齢者に回る分が子育て家族支援分を減らすことにより説明できる。予算総額が限られているから、高齢者向けが増えれば、子育て支援に回される資源は減少するので、この両者間には負の相関が出やすい。

3　少子化とフリーライダー

四〇年前とは逆転した認識

二一世紀の今では驚くことだが、わずか四〇年前の世界の人口学界においては、発展途上国だけの人口爆発現象だけではなく、日本も含む先進国の将来でも人口増加問題がありえるとして真剣に危惧されていた。人口は先進国と発展途上国を問わずこのまま増加していき、宇宙船地球号としての許容限界を超えてしまうのではないかとして各方面で心配されていた。だから当時の論調では、人口爆発の危機が政治問題、経済問題、食糧問題、環境問題などに関連づけられて議論されることが普通であった。論者の多くが「出生率をどのようにしてさらに下げるか」と問いかけていたが、それは時代を見事に象徴している(15)。

当時の文献を読むたびに、私は隔世の感とともに学問的な生命の短さと儚さをそこに感じることがある。たとえば、一九七〇年における厚生省人口問題研究所の未来予測では、二〇〇〇年の年少人口比率を二〇・九％と見なしていた（舘稔ほか、一九七〇：二二五）。しかし、実際の二〇〇〇年国勢調査の年少人口比率は一四・六％であった。

この予測と実際の大きなズレから、学問がもちうる将来予測の困難性の理解はもちろんだが、正確な現状認識とその背景の分析およびそこからの理論化の重要性も学んでおきたい。

短絡的な視点を超えて

これまでの日本における少子化対策論では、若い世代の「自立」や「進取の希求」を奪い取る非正規雇用を促進しておいて、ひたすら保育所の増築のみを高唱する「待機児童ゼロ作戦」があった[16]。また同時に中小企業や零細企業では無理を承知で言い続けられてきた「ワーク・ライフ・バランス」政策について、介護により退職を余儀なくされる中年男女が毎年一〇万人いて、ワークとライフのはざまで介護しながら働く男女の合計が働く人の五％に達するという事実にも目を閉じてきた人が多いという指摘をくり返し行ってきた。

このように、現今の短絡的な政策の限界を教えるとともに、二五年も続けてきた少子化対策の成果が感じられない政策の継続性を疑問視する根拠を与えてくれる古典がある。ただし、二一世紀の今日における先進国の大半は人口爆発への処方箋ではなく、「低下してきた出生率」がもたらす少子化問題の解決と少子化克服そのものを主要なテーマとしている。これは高田保馬の人口方程式の成立背景と同質である。

少子化により倒産する

日本の少子化でさらに興味深いのは、第2章四七頁に示したデュボスによる五つの出生率低下の要因間における均衡が乱れ始めたところにある。すなわち、低出生率の一要素である晩婚化がさらに進むと、社会保障、生活と住居の条件の改良、そしてより高度の個人の安全性が阻害され、それら全体の水準が低下するという「社会法則」が、少子化する現代日本も含めた先進諸国で認められるようになったのである[17]。

日本でも、社会保障全般、とりわけ年金財政の逼迫と医療保険制度解体の危険性が顕著になってきた。さらに少子化に伴う企業の業績悪化傾向は老舗の倒産というかたちで日常化している。たとえば、創業が大正一〇年一月で、ベビー向け高級衣料ブランド「ＣＥＬＥＣ（セレク）」などで知られる老舗の子供服販売会社、フーセンウサギ（大阪市中央区、資本金五億五三〇〇万円）が二〇一三年一〇月一五日、大阪地裁に破産を申し立てた。負債総額は約三〇億円といわれる。少子化による子供服売り上げの縮小は歴然としている。さらに、このような企業倒産に付随して個人生活面では失業率の増大、自己破産者の増加、生活保護受給率の増加などが、年少人口の減少とともに日本では強くなってきた[18]。

蜂の寓話

歴史上有名なマンドヴィルの「蜂の寓話」は「私人の悪徳・公共の利得」に象徴される。「部分はすべて悪徳に満ち、しかも全部が揃えば一つの天国」（上田、一九八七：二七五）や「部分は不平不満をならべても全体は立派に治まっていく」（同右：二七六）という逆説もある。もっとも社会的ジレンマ論では、「私人の利得・公共の悪徳」に構図が逆転する。ただしこれら両者の対偶命題は「公共の利得でなければ、私人の悪徳ではない」か「公共の悪徳でなければ、私人の利得ではない」になるので、ともに不正確な面がある。したがって、マンドヴィルの「蜂の寓話」も社会的ジレンマ論の「私人の利得・公共の悪徳」も、少子社会では特定条件の下でしか成立しない。

ただそこでの注意点は、社会システムには一定の許容限界があるために、ある程度は「私人の利得」をのみ追求するフリーライダーをも認めうるという現実にある。一般に、経済成長の結果「物の豊かさ」が得られ、その先に「心の豊かさ」が希求されるようになると、結果的に産まれる子どもが少なくなる。

まさしく「自己の為に子孫の為に、高き地位と高き教育程度と安固なる生活を保障しようとするがゆえに、出生が制限せられる」（高田、二〇〇三：二三九〜二四〇）のである。第2章の高田「人口方程式」で詳述したように、国民性とは無関係に、一度上がった生活標準を低下させることへの抵抗は大きくなるという社会法則が存在する。それは未婚率の上昇と出生率の低下として現れる。日本も含めた先進国では、この社会法則が貫徹し、男女の未婚率は急上昇し、夫婦は経済的、心理的、身体的負担を考慮して、一斉に出生率を低下させていることが分かる。

子どもは負担になる

アメリカとスウェーデンを除けば、「豊かな社会といわれるこの日本で、こと子供に関しては、昔の貧しい社会と同様の、『子供は回避すべき負担以外の何物でもない』という認識が定着した」（竹内、一九九二：二〇四）のは、ＯＤＡを出し続けている先進国共通の動向なのである。

鮮明な少子化を伴わなかった一九八〇年代までの高齢社会での「福祉」と同じく、「少子化する高齢社会」においても総論的な「高齢者福祉」反対論者はいないであろう。実質的政策内容についての異論はあるにしても、介護保険制度や一人暮らし高齢者支援策、それに高齢者の生きがい対策などは、全体として否定されることはない。なぜなら、読者も含めたすべての人は必ず歳を重ねて高齢者になるからである。いくら若くても、老化は忍び寄る。かつて行った「高齢社会とあなた」（金子、一九九八）という問いかけは確実なメッセージとして受け手全員に届くし、それによって自己責任による個人的な対応や社会的な取り組みに国民の視線も伸び、関心が高まる(19)。

しかしながら、少子化はどうか。「少子社会とあなた」という問いかけは正確に読者に届くだろうか。社会変動としての少子化過程研究において、これが疑問であり悩みでもあった。誰でもが高齢者になるから「高齢社会」への想像力は比較的得やすいのに対して、大人は決して子どもにはなり得ない。しかも職場にも都心にも通勤の電車やバスや買い物先のデパートでも子どもが見えるために、個人にとっても社会にとっても少子社会の到来は深刻な

ら耐えられない。

このような「個人の自由」の極めつけは、「他人の子供は可愛いけど、自分とそっくりな子供ができてしまったら耐えられない。それに今の日本が置かれた厳しい環境を考えると、余計作りたくない」（「子供拒否する女たち」『AERA』一九九九年二月二二日号）という自分勝手宣言であり、この内容を自由と履き違える人間の増加である。

次世代への配慮が皆無

これは「産めない」女性の主張ではなく、「作りたくない」に象徴されるように、「産まない」女性の宣言である。しかし「厳しい環境」は事実だが、少子化が自らのあるいは配偶者が依存する労働市場と消費規模を縮小させ、年金や医療保険の制度を破壊させる勢いを持つことへの社会的配慮がいささかでもあれば、このような宣言を堂々と公表することはないであろう。

少子化による年金制度の破壊

残念なことに、少子化による日本の年金制度の破壊はこのような意識をもつ人にも等しく影響を及ぼす。誰でもが六五歳を過ぎて「主体的で自由な人生」を送るには何らかの年金が不可欠なのに、それを提供する次の現役世代の育成に関してはフリーライダーでかまわないという意識では、議論が前進しない。

さらに少子化問題は、依然として世界的には人口爆発現象が続くので、日本などの先進国の少子化による人口減少は望ましいという発言に結び付くことが多い。しかし、先進国のODAが南北間の所得移転に役に立っている部分があり、全体としてもODAは「地球規模」の「国際貢献」をしているのだから、先進国の少子化は南北間における富の移転を難しくする場合が出てくる。(23)

社会システムを解体する少子化

私は、高齢社会を推し進める人口構造の変化とりわけ少子化が、個人における雇用の確保と暮らしの安心を、そして何よりも業績達成能力を直撃するという逆説に注目してきた。すなわち、少子化の「意図せざる効果」としては、「市場の縮小」と「経済成長の減速」と「仕事減少」がある。年間一一〇万人しか産まれなかった一二歳までの子どもたちを相手とする教育、食品、娯楽、医療、衣料などの市場は、すでに停滞から縮小へと速度を上げているのだから。

しかし、年間一〇〇万人しか産まれなくなり、政府や全国知事会による「危機突破」の掛け声はあるものの、社会全体での危機感は依然として乏しい。高齢社会関連では年金の掛け金を、あるいは医療保険料を一体誰が払うのかという視点と、次世代育成の子育て費用が結び付かない人びとが多い。

育児の経済的負担の克服への途

ミクロ社会学的には、少子化の根本原因は育児に伴う四つの負担にあるから、これらを抜本的に改善することからしか展望は開けない。経済的負担には、子育てフリーライダーを防止する意味で、子どもの有無にかかわらず、「子育て基金」を別枠で作り、社会全体でこの「基金」を支えて、そこから子育てする家族へ適正額の支給を行うところから始まると私は主張してきた。それを政府が責任を持って子育て家族に再分配するのだ。

この主張を始めたころ、藤原正彦は「金を配るとは品が悪い」と批判した（藤原「未知しるべ」『朝日新聞』一九九八年一一月七日／藤原、前掲書：一五二）。しかし、奨学金は「品が悪い」ものなのか。

ちなみに本章の表4-1（一〇七頁）からは、「一人当たり教育費」と合計特殊出生率との間での決定係数は〇・一五三一であり、一％で有意であった。これは行政が支出する「一人当たり教育費」が多いことと出生率が高いこ

表4－3　子育て負担の軽減の方法

①	低年齢児保育を中心とする保育需要への対応
②	公的な保育サービスを受けることができない者に対する支援
③	延長保育，休日保育，病児保育等多様な保育サービスの提供
④	学童保育の整備
⑤	職住近接の住宅の整備
⑥	職場に近い住宅への子育て世帯優先入居
⑦	専業主婦(夫)家庭における子どもの一時保育等育児者の精神的，肉体的負担を軽減する措置
⑧	専業主婦をはじめ，子育ての不安や孤立感を持つ親に対する子育て相談など，子育てを地域で支援していく仕組みづくり
⑨	家庭教育に関する相談，情報提供体制の整備等
⑩	子育て世帯に対する経済的負担軽減措置のあり方

ととが、強い相関をもつという意味である。つまり「行政が教育に金をかけると、少子化防止に結びつく」傾向にあると想定できるのだが、随筆家には分からないことであろう。ただこの教育費もまた、税負担や保険金負担が裏付けとなって初めて実効性をもつ。そのため、ここにもフリーライダーが発生する余地がある。

時間的負担の克服への途

時間的負担では、育児期にある夫婦への制度サービスを充実させることに尽きる。周知の育児休業、保育時間延長、低年齢児保育などの制度を拡充し、民間の参入を進め、規制を緩和して、総力戦で取り組むしか途はない。「育児介護休業法」にも実質的な機能が必要である。具体的項目としてまとめれば表4－3を得るが、「子育て基金」は⑩に直結する。

育児休業に関する法律（一九九一年法律第七六号）の大幅な改正は一九九五年六月に行われ、従来の育児休業に加え、介護休業が法制化されるとともに、育児や介護を行う労働者のための支援措置が盛り込まれ、九九年四月から育児介護休業法として施行されている。

育児休業内容は、子どもが一歳になるまで、労働者はその権利を行使でき、事業者はこのことを理由に解雇できないことが骨子となっている。介護休業制度は、労働者が連続する三カ月を限度として、常時介護を必要とする対象家族（事実婚を含む配偶者）、父母および子ども、配偶者の父母一人につき、一回の介護休業ができるというものである。事業者はこのことを理由に解雇できない。

深夜業の制限もある。事業主は、小学校就学以前の子どもの養育や、常時介護を必要とする対象家族の介護を行う労働者を、深夜において労働させてはならない。これらを事業主は義務あるいは努力義務として措置しなければならないし、国もまたそれを援助する必要が生まれた。

かつて『平成一〇年版　厚生白書』では、「男女共同参画社会」を「男女が従来の男女の役割分業にとらわれることなく多様な形態を認め合う中で、共に家事・育児をはじめとする家族内での責任を果たすとともにその喜びを分かち合い、そして就業している者にあっては職業上の責任との両立を可能とする」と位置づけた。それ以来、一五年以上この基本的な認識が続いている。

負担のゼロサム問題

ただし、「男女共同参画社会」論がフリーライダー問題解決への視点を欠落させているので、そこでは子育てに関する負担のゼロサム問題が解消されていない。日本全体における一・三〇から一・四〇程度の合計特殊出生率は、「多様な形態を認め合う中で」、結局のところ「育児」負担を放棄し、その「責任」から逃れる男女が増大してきたことを意味するからである。社会システムのフリーライダーが許容限界を超えれば、社会システムそれ自体が崩壊するので、政府が熱心な「男女共同参画社会」づくりもまた絵に描いた餅になる。

したがって、自立した個人の生き方が作り上げる「男女共同参画社会」は、子育てについてのフリーライダー化ではなく、子どもを産んでも産まなくてもそして産めなくても、次世代の養育費用を応分に負担し合うことを軸とするものである。これを私は「子育て共同参画社会」とよんできた。繰り返し指摘してきたように、子育てする男女としない男女の間の負担格差が大きくなれば、「共同参画社会」も「共生社会」も生まれないからである。

総力をあげた実証研究の必要性

これまでで論証したように、既婚者の場合出生率を下げるのは子育てに関わる母親の時間的負担と費用負担の重さであるので、これらに対して有効な負担軽減策が実行されれば、その低下を食い止める可能性が存在することが分かる。

「女子労働力率」の高さと合計特殊出生率の高さとが計量的にも結びついたので、取りあえず女性が働ける環境にあることと出生行動の促進との間に正の相関があるとして、そこから現状打開のための発想を具体化する課題が生まれる。女性が子育てしながら働ける環境が存在すること、具体的には地域単位当たりの保育所数や児童福祉施設数が多いこと、および社会システム全体の子育て協力性の度合が優れていることが手がかりとなるであろう。

自分の親の介護費用でも、社会全体の介護保険からまかなうことを、つまり四〇歳以上の平等な負担によって介護費用を一部捻出することを、日本人は決定し一六年間実行してきた。同様な事情は、二一世紀の子育て負担にも存在する。介護保険を長寿化対応とみる私は、「子育て共同参画社会」づくりの具体案こそが人口減少社会並びに少子化への基本的対応策と位置づけている。

第5章　児童虐待の事例研究

「我々は無用な事柄を沢山知っているくせに、却って必要な事柄は知らないでいる」（ヴォーヴナルグ、関根秀雄訳『不遇なる一天才の手記』岩波書店、一七四六＝一九五五：二一七）。

1　市民文化としての子育て支援

少子化研究の応用問題

かつては年間二〇〇万人を超えていた出生数が一五〇万人を割り、一一〇万人を下回り、二〇一四年の出生数はかろうじて一〇〇万人を維持できたが、日本の少子化は着実に進んでいる。[1] そのなかで少子化にもかかわらず、せっかく生まれてきた子どもへの親による虐待が増加してきた。親による児童虐待死と親子の無理心中による児童の死亡を合計すると、平均で毎年一〇〇人前後にも上る。実の親が我が子を手に掛ける事件が増えているのである。それは殺人（murder）の場合もあり、故殺（manslaughter、一時の激情によって生じた殺意で人を殺すこと）とされることも多い。

この分野の研究はもちろん社会学単独では行えないが、過去二五年にわたり社会変動としての少子化研究を行ってきた経験から、その応用領域として私もささやかながら分析素材を提供しておきたいと願い、数年前から少し踏み込んできた。一つは先行する文献による研究である。[2] もう一つは札幌市で少子化関連の児童福祉分科会や次世代育成および子ども・子育て会議などに加わり、都市の児童虐待を直接に調べる機会が得られたという個人的体験からの演繹である。[3] そしてその延長線上にある他都市における児童虐待検証追跡調査の記録の解読である。[4]

介入の三側面

先行研究には重要な文献もあり、たとえばハーマン（一九九七＝一九九九）やヘルファーら（一九九七＝二〇〇三）などは非常に有益である。前者によれば、要するに「児童虐待の起こる家庭が世間から孤立していることは現在ではふつうのこととされている」（ハーマン、前掲書、一五五）といわれる。ここからは、社会学的な調査によりそのような孤立した家族の発見、孤立からの救援、対人関係の修復などを試みる重要性が理解できる。また、孤立感はアノミー論によって細かな考察も可能になる。そのような試みで得られた知見は介入（intervention）の三側面である⑴予防（prevention）、⑵介入（intervention）、⑶事後対応（postvention）などで役に立つ。[5]

同じくハーマンの「子どもが人生を駄目にしてしまわない前に家庭が地獄になっていることを皆がみつけてくれなければなりません」（同右、一七八）からは、この見つける主体をどこに求めるかが課題となる。それは児童相談所か警察か。そしてどの段階でどのような「地獄」を発見するか。「家庭の地獄」は親せき、近隣知人、児童福祉施設、保育所・幼稚園、小・中学校、医療機関、警察、市町村自治体各課などの総力で早期発見するしかないが、発見した「地獄」を速やかに児童相談所（児相と略称することがある）に通告する市民文化（civic culture）の存在もまた重要になる。それが弱ければ、児相や警察に通告するという行動は生まれないからである。

市民文化

ここにいう市民文化は政治社会学の重要なキーワードの一つでもあり、よく用いられるアーモンドとヴァーバの定義によれば「政治活動の頻度、政治的コミュニケーションを受ける頻度、政治的議論の頻度、政治問題へ関心を寄せる頻度が高い、忠誠心をもった参加型の文化」（アーモンド&ヴァーバ、一九六三＝一九七四、二七）と見なされてきた。ただし、そのような能動型の政治文化の体現者でも、同時に「受動的な役割と伝統的・非政治的な紐帯とを依然として持ち続けている」（同右、四七三）ことへの配慮を忘れてはならない。合理性だけで社会参加、経済活動、政治運動などの社会システムが構築されていないように、人間行動には能動性も受動性も含まれるからである。その意味で、たとえば同じ政令指定都市においてでさえも、児童虐待の通告経路に違いが生じるのは市民参加の文化型の差異による[6]。

社会問題の一つである児童虐待の事実の目撃結果や噂を児相や警察に通告するのは能動的行為であるが、そこで近隣知人のインフォーマルな経路を多用するか、学校、警察、医療機関、福祉施設などのフォーマルな経路を使うかは、都市の歴史が作りあげた市民文化次第なのである。

エンパワーメントとコネクション

さて、ハーマンの暫定的な結論の一つは、「心的外傷の体験の中核は何であろうか。それは、無力化（disempowerment）と他者からの離断（disconnection）である。だからこそ、回復の基礎はその後を生きる者に有力化（empowerment）を行い、他者との新しい結びつきを創る（creation of new connection）ことにある。回復は人間関係の網の目を背景にしてはじめて起こり、孤立状態においては起こらない」（同右、二〇五）であろう。ここには家族や地域社会を扱う社会学的研究による児童虐待問題への貢献のヒントがある。

なぜなら、この言明の理論的支柱には、エンパワーメントとコネクションとが結合する関係として位置づけられているからである。社会的ネットワークと育児の幅広い社会化こそが、子どもの虐待を防止する決定的な手段であるという認識がそこにはみられる。高齢者だけではなく、子どもの人間関係の網の目（一般的には社会的ネットワーク、私の造語ではストリングス）もまた、実際に日々の育児を援助して、親の責任や負担を軽くして、一時保護、施設措置、里親委託、養子縁組などにより、子どもたちを社会的に再配分する機能がある。(7)

ストリングスの多さがストレングスに結び付く

すなわち、ネットワークやソーシャル・キャピタルは、市民各自の「顔見知りの密度」(density of acquaintance-ship) を増やすので、虐待や犯罪予防にも有効であるという社会学の知見を基盤にした虐待問題へのアプローチを採用しておきたい。私なりの表現では、「ストリングスの多さがストレングスに結び付く」となる。

したがってここでの図式は、虐待はまず家庭の貧困、個人と家族の粉末化、世代間で継承された家庭内暴力の日常化、「早母」の世代間連鎖、所得の低さ、住宅の狭さなどに起因することを確認するところから始まる。次いで行政に見る不十分な児童虐待関連の福祉政策の現状と、地域社会におけるコミュニティ的な関係の弱まりが指摘できる。(8) その結果としての地域社会レベルでのソーシャル・キャピタルやネットワークが低下して、防犯と安全を支える社会的基盤が弱くなる。

街での通り魔犯罪、小学校生の下校時の犯罪、変質者によるいたずらなどが増えることは、この社会的基盤としての地域社会秩序の緩みとして理解できるから、都市社会学が発見した伝統的な生活協力と共同防衛の機能を果た(9)す行政面での政策展開と市民文化の再生を主張することになる。

虐待発生頻度は少子化する高齢社会におけるリトマス試験紙

たしかに、高齢社会でも子どもの虐待死は地域社会の核心的な問題の指標になりうる。一人暮らし高齢者の支えあいもまた、顕在化した問題に居住者が一緒に立ち向かうという意味でのコミュニティ的な関係の存在が大きいし、地域社会レベルでのソーシャル・キャピタルの現状によっても左右されるからである。したがって、子どもや高齢者への虐待の発生は、少子化する高齢社会におけるリトマス試験紙の役割を果たすとみられる。そして、大都市の現状はすでに赤信号が灯った段階にあると考えられる。

類似の指摘はヘルファーら（一九九七＝二〇〇三）に含まれるコービンに詳しい。たとえば、「社会的ネットワークと育児の幅広い社会化こそが、子どもの虐待を防止する決定的な手段である」（コービン、一九九七＝二〇〇三：九二）や「社会的ネットワークは、子どもたちを守るさまざまな機能を潜在的に持っている」（同右、九二）などに象徴されるように、社会的ネットワークによって育児そのものが社会化されるから、二重の意味で社会学の手法により社会的ネットワークの現状を確認することは重要である。

社会的ネットワークの意義

一般的にいえば、社会的ネットワークは、(1)個別家庭の日々の育児を援助して、親の責任や負担を軽くする、(2)一時保護、施設措置、里親委託、養子縁組などにより、子どもたちを社会的に再配分する、などの機能をもつ。ただし、逆に作用する社会的ネットワークもある。日本でも、両親の兄弟姉妹などが一緒に児童虐待に加担する社会的ネットワークは珍しくないからである。親が自分の子どもに意義を認めず、価値がないと判断し、その存在を軽視すれば、虐待が引き起こされる。そこには通常の市民文化とは異質の親の価値観が投影される。たとえば、児童虐待事件では身体的虐待である体罰を「しつけ」と称することは珍しくない。それは日々の報道からも確認される。

二〇一五年一月二二日の新聞各紙の報道によると、三歳児への虐待が二三歳の母親とその交際相手二六歳の自称建設業の男によって日常的に行われていた。私はこの年齢の母親に「早母」と命名してきた(10)。

「早母」という言葉は現在の日本語にはもちろんないし、英訳としても'immature mother'が適訳ではないかもしれない。しかし、「晩婚」(late marriage)と「晩産」(overdue birth)は定着しており、「早産」(premature birth)もまた広く使われているので、暫定的にそのような表現を試みたことは既述した通りである。

新聞報道にみる児童虐待

児童への暴行傷害容疑で加古川署が二人を逮捕した際にも、実母は「しつけとしてやった」と回答した(『神戸新聞NEXT』二〇一五年一月二二日)。この児童虐待では顔に複数のあざがあり、十分な栄養が与えられていない高ナトリウム血症を起こし、下半身にはタバコによるやけどがあったという。

大阪府茨木市で二〇一四年六月に起きた「三歳女児衰弱死事件」では、やせ細った女児の体内から、アルミ箔やタマネギの皮が見つかった。この悲惨な事件でも、「早母」であった。女児の母親(二〇歳)と女児の養父にあたる夫(二二歳)は、三歳の長女に食事を与えず衰弱死させたとして、一一月に母親と養父が逮捕されたとき、二人にかけられた容疑は「殺人罪」だった。しかし一二月に「保護責任者遺棄致死罪」で起訴された。

この事案に関する報道によると、母親と養父は、一四年二月から六月中旬にかけて、長女に充分な栄養を与えず、六月に低栄養により死亡させたとされる。死亡時の体重は約八キロであり、同年齢の平均体重の半分ほどだった。長女は生まれつき、全身の筋力が低下する難病を抱えていたという。

伊東市内の住宅で生後八カ月の女児が死亡した事件でも、伊東署によると、殺人容疑で逮捕された男は「親戚の子どもが娘の頭を踏んだ」などと容疑を否認しているという。容疑者は二〇一二年七月、前妻との間に生まれた男児に暴行して死亡させたとして、傷害致死容疑で逮捕された。いったんは不起訴になったが、沼津検察審査会が「不起訴不当」と判断し、静岡地検沼津支部が再捜査した。県警はこうした経緯や司法解剖の結果などを踏まえ、傷害致死より重い殺人容疑を適用した。逮捕容疑は一四年二月二六日ごろ、当時住んでいた伊東市湯川の自宅で、長女に暴行して頭部に損傷を与え、殺害した疑いである。

伊東署によると、容疑者は事件直後、妻と二人で長女を市内の病院に運び込んだが、三月一日に転院先で死亡した。頭に複数の骨折があり、脳内は出血していたという。搬送先の病院が「虐待が疑われる」と通報し、同署などが捜査を進めていた。

容疑者は一三年一月に現在の妻と再婚した。事件当時は実母と弟夫婦を含め六人暮らしだった。事件後に平塚市に転居し、妻と二人で暮らしていた（『静岡新聞』二〇一五年二月一四日）。

宇治市では二二歳の父親が二歳の長男を揺さぶり、それが原因の後遺症で流動食しか食べられず、座ったり寝返りすらもできない状態でこの幼児は入院中である（『産経新聞』二〇一四年一〇月二四日）。

第一一回小学館ノンフィクション大賞を受賞した杉山（二〇〇七）の取材対象は三歳女児の餓死を中心にしたものだが、その父親も母親も一八歳でその子を授かったことになる。この餓死した女児の母の母（祖母）もまた一九歳で長男を産んでおり、典型的な「早母」家系である(11)。

親となる男女に子育て能力と意欲があるかないかが、児童虐待の防止には決定的に重要である。その能力と意欲を支えるのは所得水準、疾患の有無、社会的ネットワークの作用、政治的で改革的な能動性か社会的で伝統的な受動性かの区別はあるが、居住する市民文化の支えにも左右される部分がある。さらに児童虐待の事例分析を通して、母親になる年齢、父親になる年齢の確認もまた大きく作用する。たまたま前記の事件でもいずれも「早母」が虐待者であり、「早父」もそれに加担する事例であったことは、子育てに関わる能力の獲得に年齢効果があることを教えてくれる。

「早母」と「晩母」

このような場合、「早母」「早父」では子育て能力が未熟な場合が多いと総括される。対照的に少子化の原因の一つに晩産が挙げられるが、そこからは「晩母」と表現しておきたい。並行して「晩父」も存在することはもちろんである。すなわち、少子化の理由には「晩母」と「晩父」、児童虐待の背景には「早母」そして「早母」ほど多くはないが、部分的には「早父」の傾向も挙げておきたい。

沖縄県や鹿児島県のトカラ列島に属する徳之島町などの出生率の高さ、疑似家族としての近隣全体での子育て支援による育児は伝統的市民文化の範疇にあり、特に「晩母」や「晩父」が目立つわけでもないが、厚生労働省がこの二〇年以上推し進めてきたのは保育所増設による施設での子育て支援という行政主導の市民文化の育成であった。それは「晩母」「晩父」による育児支援に限定されがちであった。少子化の原因の一つである未婚率の増大について、政府は婚姻が個人の自由の範疇にあるという理由で、税金を使った出会いの機会（婚活など）を設定する以外にはシングルを対象にした政策的な対応をしてこなかった[12]。

いずれにしても行政も含めて地域社会で他者の子育てを支援するのが児童虐待予防の基本にあるから、そこには広い意味の社会的「介入」（intervention）に関わる文化の問題が横たわっている。次にこれを見ておこう。

2　児童虐待と文化の問題

危機介入

「虐待」の英訳が abuse や maltreatment であることから分かるように、子どもを荒々しく扱うことが虐待の原義である。したがって、親が行う子どもへの無茶な扱いを第三者が止めさせる行動全般が介入（intervention）となる。第三者が介入する際には、あらかじめ望ましい結果として、児童と親との分離、児童の一時保護入所、里親委託などが想定されることが多い。酷い扱いを受けた子どもを、ともかくも「地獄の家庭」から救い出すのである。

すなわち介入は、悪い方向に進む状況や出来事、すなわち危機に対してその状態を修正する（modify）、止める（stop）、邪魔する（prevent）、変える（change）、影響する（influence）などを包括的に意味する学術用語である。

そのためたとえばコミュニティ心理学では、「危機介入」（crisis intervention）として危機に際して利用されることが多い。子どもを巡る家庭の状態が「混乱と動揺する」危機にあり、家庭への介入は危機を解消し、もとに戻すか先に進めるかはともかく、一定の方向付けという効果をもたらすために行われる試み全般をこの用語は包括する。その際、個人の有するソーシャルサポートネットワークの活用と多様な社会資源の動員、並びに異なる専門家との協働（collaboration）をコミュニティ心理学では重視する（藤永監修、二〇一三：一二二）。

虐待への対応も文化

ただし、虐待という表現はその社会がもつ文化で認められている一連の行為や慣習の範囲を逸脱した行為、および咎められるべき個人に対しても使用されるので、虐待する親の行為の解釈には慎重さが望まれる。たとえば、コミュニティや家族が中心となり、虐待防止に取り組む地域もあれば、アソシエーションとしての学校や警察などが虐待防止に取り組む地域もあることは第7章の「大都市の児童虐待の比較分析」で詳述した。さらに、社会システムに内在する判断軸である性、世代、階層、地域社会、宗教などの違いで子どもに対する親の行為の評価が変わる。(13)

「子どもの放置」にも二通りの解釈

分かりやすい事例では、「子どもを放置する」「子どもに添い寝する」「子どもに子どもの世話をさせる」などの行為自体の評価すら、世代ごとにまたジェンダーの違いでも分かれる傾向がみられる。「子どもの放置」をネグレクトと見なす伝統もあれば、「自立の第一歩」と評価する認識もあり、「添い寝」を好意的に受け止める階層もあれば、否定する世代もある。

「子どもの放置」はネグレクトだという立場からすると、その引き金となる一般要因には家庭の貧困、両親(ひとり親)の失業、両親(ひとり親)の病気、両親(ひとり親)のアルコール依存症が原因であることが多い。いわば貧困や病気がネグレクトや虐待暴力の根底にあるのは間違いないが、階層的には中流でもネグレクトや虐待は生じているから、その親の生育環境としてリプセットのいう「態度決定の地域社会」(community of orientation)がもつ文化的要因にも留意しておきたい(リプセット、一九五五＝一九七八：一五一〜一六四)。

親の失業と就業不能

児童虐待の最大の引き金になっている親の失業ないし就業不能は、家計、消費、健康、育児、就学などを左右する。失業は、本人だけではなく、家族全体における精神的安定と経済的安定の維持を困難にする。そして最終的に所得機会が家族全体から奪われると、消費社会への参入ができず、家庭全体での窮状が強まる。育児自体もまた消費の部分が多いために、生活必需品の消費ができないうっぷん晴らしとして、家族で最も身近な弱者である子どもに向けて親による虐待が発生する。(14)

この一般化を受けて、これまで札幌市における児童虐待事例の直接的追跡調査と他都市の追跡調査記録の解読を軸とする間接調査の経験から、もう少し細かな議論を積み重ねておこう。

殺人と故殺

まず、虐待（cruelty）の延長にある児童の死亡には、殺意なき殺人としての故殺（manslaughter）と殺意ある殺人（murder）が区別されている。故殺は旧刑法上の用語であり、計画的な謀殺と区別して用いられたといわれる。虐待がらみではとりわけ親の精神的疾患がこれと関連することが多く、一時の激情が子どもを殺し、後で子どもが死亡したことに気が付くという。英語の表現では'unintentional killing'を充てている。だから、対照的に殺人は、'intentional killing'となる。

実際のところ、児童虐待により子どもが死亡した場合、それが故殺か殺人かは裁判の審議過程で明らかになる。私が札幌で追跡調査した二例では加害者である母親には精神的疾患がともにあったが、一方の殺人では責任能力ありとされ、一審判決で懲役一四年が下され、控訴しなかったので、その母親は服役中である。もう一方の虐待した母親の場合は、小学校三年生から一〇年にわたり不登校を強要し、子どもの人生を駄目にして、子どもの知的な退化を引き起こしたが、精神疾患によりその母親に責任能力はないとされ、医療の場におかれて治療中である。

圧倒的な孤立無援

追跡調査で「暴力の恐怖に加えて、生存者が必ず話すことは圧倒的な孤立無援感である。虐待的な家庭環境においては、親の権力の行使は恣意的で気まぐれでありながら、しかも絶対的で反対はゆるされない」(ハーマン、前掲書：一五二)が該当するのは、私が追跡調査した事例のうち娘に不登校を強要した母親である。なぜなら、虐待された女性が前後不覚の状態で発見されるまでの一〇年間の様子を、クラス担任、小・中学校校長、児童家庭課担当者、児相職員、民生委員などに聞き取りして、分かる範囲で再現した結果、その女性は「圧倒的な孤立無援」状態にあったからである。

その一〇年は「親の権力の行使は恣意的で気まぐれでありながら、しかも絶対的で反対はゆるされない」期間であった。その結果が五年生から中学三年生までの五年間のほぼ完全な不登校になり、校長が認めて中学校を卒業させた後の四年間の動向は誰も知らないという結果を生んだのである。

家族研究や児童福祉研究では、家族、地域(都市と農村)、階層、宗教、人種によって子どもの育て方が異なることは共通に理解されている。子どもを放置する、子どもに添い寝する、子どもに子どもの世話をさせるなどの行為もまた国によっての評価の基準が違うことは既述した。しかし、人権として児童の「義務教育」を受ける権利については概ね合意されており、教育を受けさせないなどの社会規範に逸脱する行為の制限はもちろんどこにもある。

比較文化の中の虐待

その意味では地域比較文化論が必要であり、ある国の習慣は別の国では虐待やネグレクトになることにも注意しておきたい(15)。同時に同じ国でも時代によっては習慣でも慣習でも変化することがあるから、時代間比較もまた重要になる。かつての一九五五年くらいまでの日本では義務教育だけの子どもが約半数であったが、二一世紀の日本では平均的大学進学率は五五％程度になっている。中卒が半数の時代では大卒は少数派であり、逆もまた真である。

ネグレクト、性的虐待、身体的虐待、心理的虐待の四者から構成される児童虐待の一般的要因は、親の貧困、失業、ギャンブル好き、「早母」、精神疾患、アルコール依存症などである。これらは経済的理由と病気に大別できるが、第7章で証明しているように、札幌市の児童虐待の特徴はネグレクトが多く、二〇一三年までは六割以上を超えている点にあった。

札幌市の虐待基準の変更

しかし二〇一四年度の統計では、一三年度までは含めなかった「警察からのDV通告に伴う心理的虐待を認定する」という変更があった。警察から通告されたDV五二九件は、心理的虐待総数六四四件のうち八二・一％を占めた。そのために生じた変化は大きい。すなわち、加害者のうち前年度までの警察からの通告DVを含まない統計では虐待者が実父である比率は一七・二％であったが、通告DVをすべて心理的虐待に合算した一四年度では実父の比率は四三・一％に急増したことが指摘される。同時に四種類の児童虐待分類の結果、前年までの心理的虐待の比率一五・九％が実に五五・六％になり、札幌市の特徴であったネグレクトの比率は前年度の六〇・二％から三〇・四％へと急落した。

さらに児童虐待通告件数も、警察からの従来方式の通告に新たにDV通告も含めたために合計して五〇八件に増えたことで、通告受付件数全体も増加して、一二五六件数に上った。前年度が九九八件であったから、警察から通告された家庭内DVを加算したことで二五％あまり増えたことになる。

元来、その他の政令指定都市では、性的虐待を除き、身体的虐待、ネグレクト、心理的虐待がほぼ三割均等になっていた。そのために、虐待の種類はマクロ的なデータ比較で大局的な特徴を捉えつつ、細かな点としての加害者像、児相への通告ルート、被害者の年齢構成などは個別事例ごとに調べるしかないが、多くの場合は個人情報保護に関連するので、市長が決定した追跡調査の委員をするほかに研究者が直接追跡調査をする手段はない。

追跡調査の記録の精読

他の方法としては、他都市における追跡調査の記録を精読する間接調査がある。記録から、同じ身体的暴力でも素手の場合と道具を使う場合とでは重症度が異なることを理解したり、貧困がネグレクトや虐待暴力の根底にあるのは確認できるが、階層的には中流でも上流でも、同じくネグレクトや虐待は生じるから文化的要因にも留意することになる。禁煙が文化的に共有されていれば、自宅でたばこの火を子どもの皮膚に押し付ける虐待は少ないであろう。しかし、地域社会がたばこ習慣に無頓着であれば、全体として家庭内でのその種の虐待もまた増加する。

地域社会の政治文化によって、子育ての危険因子が違い、虐待の危険因子も防御因子も異なるから、政令指定都市の児童虐待だけを取り上げても、その原因、虐待の種類、家庭介入結果などは一般化しにくい。なぜなら、政令指定都市の比較分析でも細かな内容が違ってくるからである。コービンが言うように、一般的な解である「社会的ネットワークと育児の幅広い社会化こそが、子どもの虐待を防止する決定的な手段である」（コービン、一九九七＝二〇〇二：九二）はもちろん正しいが、社会的ネットワークによって育児そのものが社会化されるから、親の社会的ネットワークの現状が虐待を生み出す引き金になるという認識もまた重要である。

社会的ネットワークの功罪

総論的に言われるように、子どもたちを守る様々な機能を潜在的に持っている社会的ネットワークは、

(1)実際に日々の育児を援助して、親の責任や負担を軽くする。
(2)一時保護、施設措置、里親委託、養子縁組などにより、子どもたちを社会的に再配分する。
(3)社会的ネットワークがもつ集団的標準を個々人に提供し、その基準が遵守されているかどうかを監視する（同

右：九二～九三）。

などを特徴とする。ただし、これらとは逆に作用する社会的ネットワークもある。たとえば一緒に虐待に加担する社会的ネットワークも珍しくない。特に虐待される児童の祖父母が虐待者に加わる、ないしは傍観者を決め込むという事例がこれに該当する。親が自分の子どもの価値を認めずに、その存在を軽視すると、そこで虐待の引き金が引かれる。とりわけ義理の父母が加害者になる事例ではこの傾向があるように思われる。

児童虐待予防の最終的目標に虐待防止への文化的能力の獲得を挙げることは当然であるが、個々の家族を超えてそれが社会システムレベルでいかに可能であるか。このように問題を立てるのは、「虐待をその文化で認められている一連の行為や慣習の範囲を逸脱した、咎められるべき個人に対して向けられる言葉」（同右：一〇一）と理解するからである。

家族と地域の影響

そこには家族がもつ伝統や家風、地域社会の歴史と文化、政治文化、国民性などが交錯する。子どもの立場からすれば、自らが直面する内的社会環境として家族関係があり、育て方は家風により決まる部分がある。たとえば、早婚であり、「早母」であり、「早父」である、親せき付き合いには熱心ないしは不熱心である、子どもの教育にも熱心ないしは不熱心である、近隣関係にも熱心ないしは不熱心であるなどは、それぞれの家風なのだから、近隣や行政機関などの他者が口出しできない。

一方、子どもが直面する外向きの社会環境として地域関係があり、近隣、学校、地域集団などとの関係は絶えず子どもの成長に影響する。既述した「態度決定の地域社会」（community of orientation）の重要性はいわずもがなであろう。

その他の虐待要因には職業の有無や所得の多寡などがある。仕事があり就業できることは社会参加の一番大きな方法であり、これが失われると役割セット（マートン）としての人間は不安定になり、人間がもつ経済、健康、福祉、社会関係の水準に影響して、本人もしくは家族の精神的安定と経済的安定を脅かす。「早母」に児童虐待が多いという観察結果は、若すぎると職業の有無と所得の多寡の面そして子育て能力などで、相対的に条件が悪くなることを教えるものであろう。

しかし、所得が低くてもそれを補える社会的な仕組みとして正規雇用への転換や賃金の増額、さらには自治体による子育て世帯への減税や教育費の一部補助などが社会全体で合意できれば、個人の階層差と子育ての有無による格差、それに都市の地域格差は縮小する。経済的剝奪が子育て世帯における教育ニーズなどの文化的剝奪を促進することは事実としても、社会全体の資源配分次第ではそのような文化的剝奪も緩和できる。その決定権は政治システムが持っているが、今のところ大きな変更への意思は与野党にも認められない。

人口増加から人口減少へ

かつて人口増加の時代では、人口増に伴う社会統制の低下が犯罪を急増させるといわれてきた。流入を含む大量の移動者が発生する都市では社会規範が弱まるので、社会統制は低下して、各種の犯罪が多発する。[16] すなわち大量の地域移動者の社会では「顔見知りの密度」が低下するために、犯罪が多くなる（ガルバリーノ、一九九七＝二〇〇三：二二一～二二三）。

今日のような人口減少社会では、個人の粉末化が人口増加時代と同じようにソーシャル・キャピタルを減少させる。そうすると、社会的衰退（the concept of social impoverishment）につながり、ハイリスクな家族環境が創出される（同右：一二三～一二四）。それならば、人口減少時代でもソーシャル・キャピタルを拡充するための行政による機会財の提供は「顔見知りの密度」を増やすので、虐待防止や犯罪予防にも有効であろう。失業などで孤立した結果、児童虐待に走る「早母」や「早父」がいるので、ソーシャル・キャピタル支援の社会的プログラム化も児童虐待予防としての正確な位置づけが望まれる。

虐待発生の背景

概括的に虐待発生の背景を整理すると、まず失業や病気による家庭の貧困が挙げられる。この根本的要因を促進するのは、個人や家族の粉末化、家庭内暴力の日常化、所得の低さ、精神的疾患、「早母」の連鎖、住宅の狭さなどである。くわえて、地域社会全体から個々の住民に向けられる関心が乏しくなり、コミュニティ的な関係が弱まり、地域社会のソーシャル・キャピタル量の低下がすすむ。その結果、社会的な荒廃として一定地域社会に貧困層が集中して、自治体の社会福祉政策資源では対処できなくなるという一般的な構図が得られる。

結論としてガルバリーノがのべた「子どもの虐待死こそ、地域共同体の核心的な問題を鮮明に物語る指標である」（同右：一二五）は日本の大都市でも一定の真実をもっている。あるいは「我々が取り組んでいる『子どもの虐待』という現象は、社会そのものが病んでいることを示すさまざまな指標の一つである」（同右：一三〇）にも留意しておきたい。

今のところ、「早母」や「早父」が確率的には虐待を引き起こす傾向を持つことが分かっていても、虐待行為の早期予防には地域や知人というインフォーマルな通告経路を利用して事前に察知するしかない。児童虐待死に占める比率が一六・六％に達した「早母」ではあるが、一〇歳代の女性の「早母」化を周囲の家族や地域社会が事前に阻止することは不可能である。

このコミュニティ系のインフォーマル経路が大都市によってはアーバニズム効果のために機能しないことがある。そうすると、残りはフォーマルな通告経路としての学校や警察、医療機関、福祉機関に頼るしかない。虐待のうわさだけでも法的に児相はその家族への介入が可能であるが、それがほとんど行われないのは、間違っていた場合の事後処理が厄介なためである。

しかし、虐待は単なる家族だけの問題ではなく、家族を取り巻く都市の共同性の劣化も合わせて示す指標である。この共同性が大都市では個人の粉末化とともに劣化を始めているから、児童虐待の予防は家族支援とともにコミュニティづくりやまちづくりなどに含める立場からのアプローチがどうしても求められる。

3　都市における虐待事案追跡調査

「子ども虐待による死亡事例等の検証結果報告」から

社会保障審議会児童部会児童虐待等要保護事例の検証に関する専門委員会では、定期的に事例を分析した報告書をまとめている。最新版は第一〇次報告であり、二〇一四年九月に出されている。いずれも新聞記事では分からない貴重な検証記録が掲載されている。まずは最初に出された『第一次報告から第四次報告までの子ども虐待による死亡事例等の検証結果報告』（二〇〇八年六月）を手掛かりに、二〇〇三年七月から二〇〇六年一二月までの事例についての総括をしておこう[17]。

それは、都道府県が児童虐待による死亡事例と判断した四年分の二四七例（二九五人）を対象としている。その内訳は心中（未遂を含む）事例が七二例（一〇三人）、虐待死（心中以外）事例が一七五例（一九二人）である。ここでいわれる心中とは、保護者がその観護する児童の同意の有無にかかわらずこれを殺害し、保護者自らも自殺した

（未遂を含む）ことを意味する。なお、全体的な統計とともに個別ヒアリングの一五事例は別に実施されて、合わせて報告書に掲載されている。札幌での直接的追跡調査とも重なる内容もあり、非常に有益であった。

四年間の死亡者数は一九二人

その四年間で死亡した子どもの性別は、男九一人（四七％）、女一〇一人（五三％）となり、合計で一九二人であった。年齢では、ゼロ歳が三九・四％、三歳以下が七五％を占めており、無力な乳幼児がほとんどであった。その加害者別のグラフは図５－１の通りであるが、ゼロ歳児の加害者に実父が目立ち、一～二歳児までの合計でも実父が多いが、三歳児以上ではその他（継父母や母の交際相手）が急増する。実母もまた三歳児以上で実父の二倍となり、これらは統計学的には有意であった。

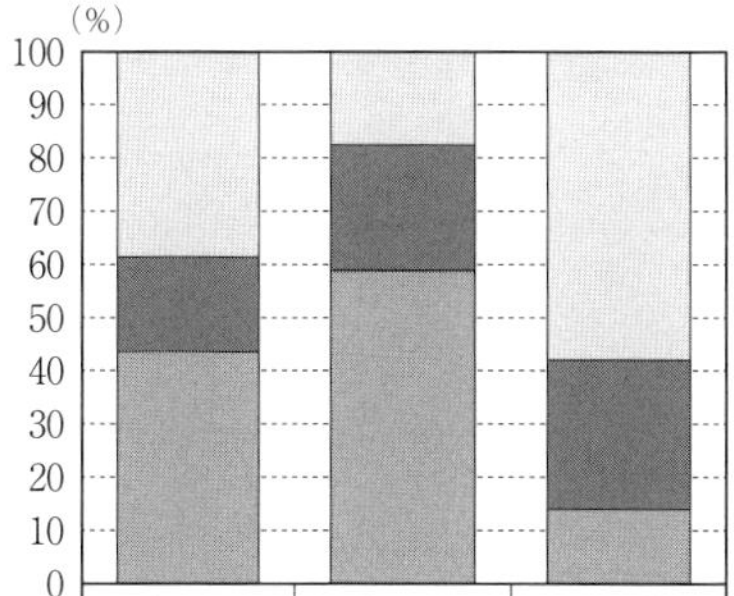

	実　母	実　父	その他
3歳以上	38.6	17.6	58.0
1・2歳	17.8	23.5	28.0
0歳	43.6	58.8	14.0

図５－１　虐待者と子どもの年齢

（注）　$\chi^2 = 22.33$　df＝4　$p < 0.001$

虐待死の種類を一九二人で大別すると、身体的虐待死が七一・九％、ネグレクト死が二二・九％となり、乳幼児だから心理的虐待と性的虐待は独立項目とはなっておらず、その他不明五・二％に一括されている。(18)

一九二人の中で、身体的虐待による死亡原因の筆頭は「頭部外傷」四九人（二五・五％）であり、第二位が「窒息」四四人（二二・九％）であった。この虐待死における主たる加害者は、実母が五五・二％、実父が一七・七％、継父母や母の交際相手などが二七・一％になった。三歳未満の乳幼児が実の親から頭部に外傷を受け、窒息させられて命を失う時代とは一体何であ

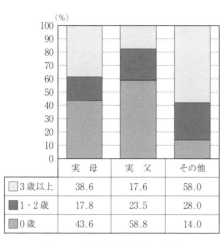

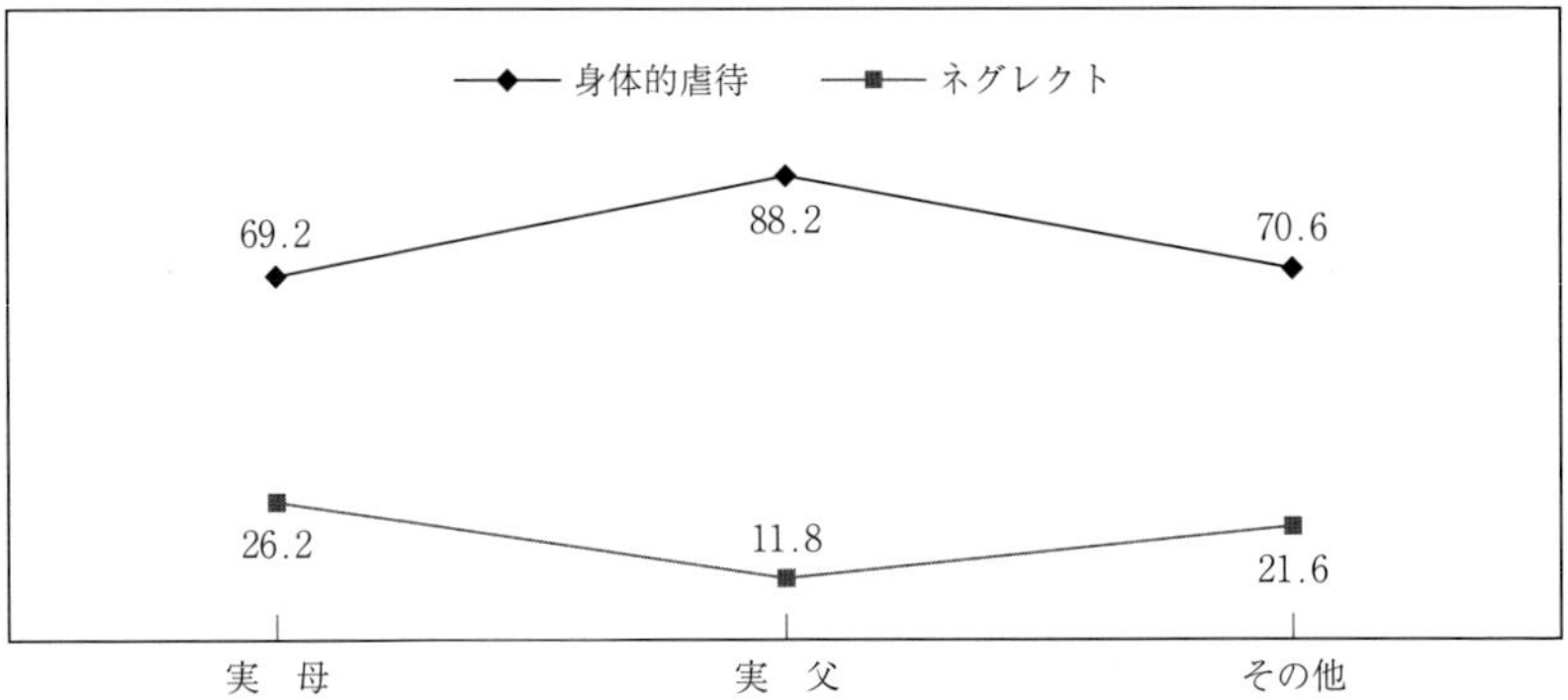

図5－2　児童虐待別の加害者（2003年7月～2006年12月）

（注）　$\chi^2=4.64$　df＝2　有意であるとはいえない。その他は継父母，母の交際相手などを含む。

ろうか。日本社会の足元の悲惨な事件について、私たちは鈍感になっているのではないか。

図5－2は児童虐待死別の加害者をまとめたものであり、虐待死理由不明の九人分を除いてχ^2検定をすると、有意であるとはいえなかった。グラフから、あるいは実父に身体的虐待死が多いような印象を与えるが、統計的には加害者（実母、実父、継父母、母の交際相手）間に、身体的虐待死とネグレクト死の間に差異はないということになる。この報告書では二次、三次、四次報告の総数二九五人を「虐待＋心中」として別にまとめており、両者を合わせた「死亡理由」が出されている。そこでは第一位が「窒息」八六人（三二・九％）、第二位が「頭部外傷」四九人（一八・一％）、第三位が「中毒」二六人（九・六％）になり、心中が加えられると、「窒息」が増える。「虐待＋心中」の主たる加害者には、実母が増えて六一・四％、実父が一八・三％、継父母や母の交際相手などが二〇・三％になった。この加害者と被害児童の年齢をまとめてみると、図5－3を得る。

「虐待死＋心中死」の主たる加害者

「虐待死＋心中死」の主たる加害者について、ゼロ歳では実父が多く、一～二歳になると実父とともに継父母と母の交際相手が増えてきて、三

～五歳も継父母と母の交際相手が目立ってくる。しかし、六歳以上になると、実母が第一位となる。なお、これは統計学的に有意であった。このように、細かく見ていけば、加害者と被虐待死児童の年齢との関連も分かるので、予防や介入にも資するところがある。あとはこの貴重な情報をいかに活用して、虐待死の予防、未然の防止ないしは事前介入を行えるかに焦点が移る。

児童虐待や無理心中の背後に貧困の存在

その他、「二次、三次、四次の報告書」でまとめられた経済的状況として、児童虐待死に限定すれば、「生活保護＋市町村民税非課税＋市町村民税課税」世帯率が三一・一％になり、追跡調査でも家庭の経済的状況が不明であった比率が五八・三％を数えた。もう一つの「児童虐待死＋心中死」事案では「生活保護＋市町村民税非課税＋市町村民税課税」世帯率は三一・八％、同じく家庭の経済的状況不明が五七・八％であったから、児童が殺害されるような虐待でも心中でも、その三割が生活保護世帯か、均等割と所得割の両方の非課税世帯か、均等割は課税対象だが所得割が非課税の世帯の合計になる。この三者はいわゆる経済的には苦しい貧困世帯に該当するから、非課税措置がなされるのである。その意味で、児童虐待死や無理心中死の背後に貧困の存在が想定される。(19)

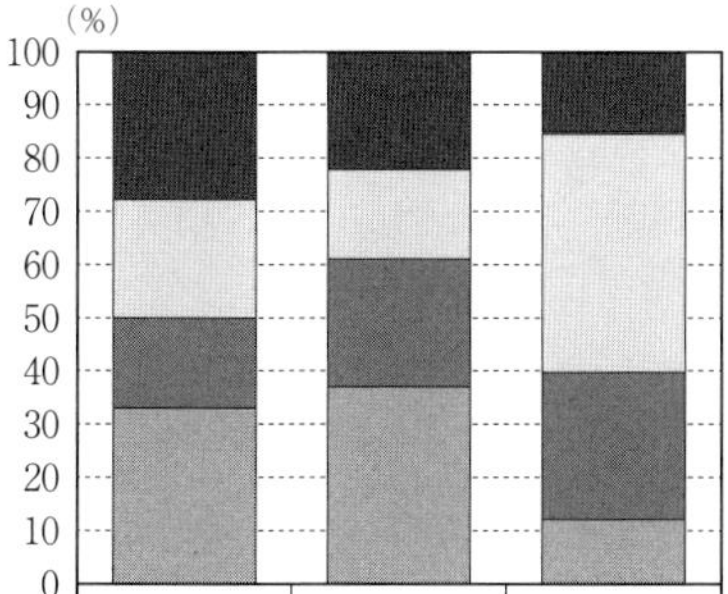

	実　母	実　父	その他
6歳以上	27.8	22.2	15.1
3～5歳	22.2	16.7	44.8
1・2歳	17.0	24.1	27.6
0歳	33.0	37.0	12.1

図5－3　「虐待死と心中死」の加害者と被害者の年齢

（注）　$\chi^2=22.63$　df＝6　$p<0.001$
その他は継父母，母の交際相手などを含む。

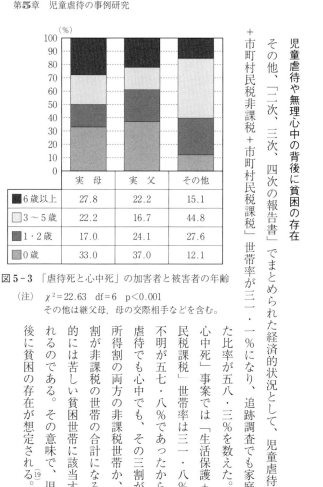

地域社会における孤立度

次に、世帯の孤立度を地域社会との関係でみておこう。「二次、三次、四次の報告書」で触れられた地域社会との接触で、児童虐待死に関しては、「地域社会との接触ない」が三八・四%、「普通＋活発」が一四・六%、「不明」四七・八%という分布が得られた[20]。

児童虐待死家庭で四割近くが「地域社会との接触ない」は、札幌市での検証のために行った追跡調査経験からも納得できる。もとより親族や知人からの接触もないのだから、地域社会との接触がなければ、ほぼ完全な孤立状態になってしまう。このような孤立はシーマンのアノミー指標論の観点からすると、絶望感、無力感、無意味感に接合しやすい。

これは「児童虐待死＋心中死」事案でも同じ傾向を示していて、「地域社会との接触ない」が三〇・〇%、「普通＋活発」が一八・四%、「不明」が五一・六%に達した。「不明」の比率が高いのは事後介入のためであり、それ以前の状態に関する調査が困難だからである。

児童相談所の関与は三割

児童虐待死の予防や事前介入の切り札とも言うべき児童相談所の関与についてまとめると、ここで取り上げられた一六四事案のうち、「児相が関わっていた」は二九・三%であった。この約三割の評価は微妙である。なぜなら、事案の七割には関与していなかったからである。細かな内訳は、「関係機関は虐待の認識をしていたが、児相は関わっていなかった」が六・七%、「児相は関わらず、関係機関も家庭への支援なしと判断していた」が四〇・二%、「関係機関とも全く接点がなかった」二三・八%となっていた。とりわけ児童虐待死でさえも、その家族が関係機関とまったく接点がなかったという調査結果が約四分の一であったことは、児童虐待死と児相との関係においては今後の反省材料になるであろう。

個別ヒアリング結果

全体的動向を踏まえて、次に少数の個別ヒアリング結果を検討しておこう。まず「第一次報告」の「事例一の一」では、(1)家庭環境が、地域から孤立しており、父母を含めた多子家族であり、頭部打撲による脳障害で死亡したのは幼児であった。(2)課題としては、当初児相への相談は顔面と頭部の怪我についてのみであったので、児相ではこれをハイリスクという認識に至らなかったことが反省点として出されている。児相は保育所を通じて死亡した幼児の状況把握をしていたが、両親に対する対応に終始して、幼児を含む問題家族への総合的な対応はなかった。親との関係を重視して、介入的なアプローチに消極的であったとそこでは指摘された。ただし親との関係重視は全国的に認められる傾向である。

「事例一の二」の(1)家庭環境としては、母子家庭であり、経済的不安が表明されていた。母方祖母と母の多子家族であり、脳内出血により死亡した子どもは幼児であった。(2)課題としては、母親に薬物依存症状がみられ、家出をしたことがあり、最初の一時保護から幼児が死亡するまでの三年間で三回の一時保護が繰り返された。これをめぐっての児相、民生委員、家庭児童相談室などで別々の対応がなされて、組織的に一貫した対応ができていなかった点が反省としてのべられている。ここでも対象家族が抱えるリスクへの認識が不十分であった。

「事例一の三」での家庭環境は、(1)父母を含む多子家族であった。死亡した子どもは幼児であり、乳児院を退所後に家庭に引き取られ、そこで虐待を受け死亡した。(2)課題としては、母親はその子の妊娠中から養育に拒否的であり、母子手帳による検査もせずに、まったくのケアも受けない自宅出産であった[21]。家族に関与するようになった児相は母親の周産期医療拒否について危機感が乏しかったし、関係機関としての医療機関、保健機関、児相などの連携も不十分であったことが反省点として指摘されている。なぜなら、出産直後から乳児院に入所させ、家族の引き取り意向表明から退所までの六カ月間で、月に一～二回の面会しかなく、一時帰宅が二回のみであった。このようなかかわり方の反省もまた全国的にみられる。施設から退所した直後に虐待死が発生するという傾向も根強く残っている。

情報不足と判断力不足

第一次報告書の「全体的なまとめ」は以下の通りである。児相が被虐待児よりも両親との関係を重視すると、被虐待児への対応に遅れが生じるし、親からの間接情報しかないので、児童虐待の程度を見誤る結果が生じやすい。また、虐待問題に関連する行政機関の連携が情報の共有も含めて不十分だと、被虐待児の救出が困難になる。具体的にいえば、虐待問題担当者に顔面怪我、頭部怪我、半年以上ケアなしの自宅出産などがハイリスクとして共有されていなかった。これらの事例では、関係機関における情報不足ないしは判断力不足は否めないであろう。

「第二次報告」の「事例二の一」の(1)家庭環境は、父母と祖母それに亡くなった子どもの世帯であり、母親は精神疾患があり、その母親により頸部絞扼により死亡した子どもはまだ乳児であった。(2)課題としては、精神疾患の女性の妊娠期と分娩期からの支援、養育能力アセスメント関係機関の連携が必要だが、どちらも不十分だった。乳児を診察した小児科医がこの母親の精神疾患に危機感をもち、ケースカンファレンスが開かれたが、参加者は精神科医、メディカルソーシャルワーカー、保健師であり、児相への呼びかけがなかった。また、危機感を持っていた小児科医がたまたま出席していなかった。ケースカンファレンスのあと、むしろ保健師の訪問が少なくなったので、何かあれば連絡が来るはずという安心感がケースカンファレンス参加者に生まれたといわれている。

事件発生直前の二カ月では母親と関係者の個別的対応はあったが、それが組織的に集約されておらず、情報の共有もなかった。この組織的不一致は「事例一の二」と「事例一の三」によく似ているし、全国的にもしばしば認められる反省点であった。

無知の事例

「事例二の二」の⑴家庭環境は、対人関係のトラブルが多く、無断欠勤が続いた父親と、知的能力が低く家事能力がない母親は内縁関係にあった。くも膜下血腫により死亡した子どもは乳児であった。⑵課題としては、母親はミルクを薄めて飲ませる、日中でも雨戸を閉めるなど知的ボーダーラインが低く、一方の父親は借金や対人トラブルがあり全体として支援要素が多い家庭であった。しかし、その支援の必要性評価は低いランクのままであり、この母親には保健師が一人で対応していたが、父親の感情を把握できなかった。また保健師では、ソーシャルワーカーの機能を発揮できなかった。児相は父親の対人トラブルや母親の知的水準の低さを認知していたが、行政による現状理解の不十分さと組織的対応のなさにより、虐待死が生まれたのである。

「事例二の三」の⑴家庭環境は、母親と祖母しかいなくて、父親の服役中に離婚が成立していた。内縁関係の母方祖父も服役中であり、頸部絞扼により死亡した子どもは幼児であった。⑵課題としては、事案が発生した小規模自治体特有の人的資源不足が背景にあった。行政職員は住民個々の訴えに対応するのが精いっぱいであり、抱えている家族を全体としてアセスメントする習慣がなかった。しかも虐待のリスク要因についての知識も不十分だったので、当該家族がハイリスク段階にあると認識できず、そのため家族への介入もしなかった。保健師と生活保護担当者には訪問を通じてその家族のリスク認識があったが、児相や自治体ではそのリスク認識を欠いており、ソーシャルワーカーの不在も大きかった。結局、組織全体でのリスク共有には至らなかったのである。このような反省点も全国で等しく出されている。

「子どもの体重が増えない」はリスク

「事例二の四」の(1)家庭環境は、母親と祖母がいて、父親とは離婚が成立していて、瀰漫《びまん》性脳挫傷により死亡した子どもは幼児であった。(2)課題としては、児相では被虐待児のアセスメントよりも母親や祖母へのアセスメントを優先しており、事例全体のアセスメントができていなかった。「子どもの体重が増えない」という問いかけは虐待の可能性を秘めているのに、幼児の保護をしなかったことで、組織的対応ができておらず、関係機関の連携も不十分であったという反省がのべられている。祖母と母子の分離は担当者間では検討されたが、事例検討会議が行われておらず、母子生活支援施設が定員一杯であったため、幼児の入所が見送られ、その後に幼児は自宅で脳挫傷により亡くなったのである。

第二次報告書の「全体的なまとめ」は、以下の通りである。児童虐待防止は妊娠初期から開始することが重要であり、母子健康手帳がその切り札になる。手帳により一四回の妊産婦健診がほぼ無料で可能になり、虐待防止のための事前介入にもなりうる。退院時には助産師から保健所にリスクの高い事案であると情報提供がなされるので、その後の「こんにちは赤ちゃん事業」に連動させるという支援回路に結びつく。

4　事例研究からの知見

介入へのためらい

かりに個別面談の結果、その家庭における児童虐待の危険性が強くても、そのまま「ハイリスク家庭」という認識が児相では得られにくい。多くの場合、担当者は母親や祖母などとの関係やアセスメントを重視しがちになり、虐待児のアセスメントや家庭介入がどうしても遅れる。「保護者による不適切な監護」が認められても、すぐに援助を開始することにはなりにくく、介入へのためらいが生まれがちとなる。アセスメントは援助過程そのものだから、虐待児に直接に会うことが重要だが、児相担当者との電話の応対もなく、玄関のドアが母親によって閉ざされたままの状態が続く。虐待児の命を最優先する積極的アプローチよりも、母や祖母との関係アセスメントの維持を優先するアプローチになりがちな事案が全国的に認められる。

専門職員が足りない

ただし、小規模な自治体では人的資源の面でも介入しにくい側面がある。そこでは虐待専門家も不在だから、家族全体をハイリスクと捉える根拠が得にくい。さらに児童虐待専門職員よりも行政一般職員では家庭介入に消極的になりがちなことが多い。組織的にも問題があり、児相や自治体機構横断的な事例検討会議が行われない場合も生じる。これには人材不足が大きく、数十年続いてきた行政改革としての公務員削減の影響が強い。マスコミも政党も国民の多数派も、行政改革とは公務員削減だと誤解した歴史の結果であろう(22)。

それら以外に、虐待関連の児相と生活保護担当者や子育て支援者などとの連携がうまくいかないことがあり、児童対応に遅れが出たり、他の関連機関が何とかしてくれるだろうという期待が生まれ、結局はどの組織も何もしなかったという事案もいくつかある。また、精神疾患を抱えた親の治療を行う医療機関や医師が治療に関する情報を、児相を含めた自治体に積極的に提供できないという個人情報保護との関連をどう打開するかも今後の課題となった。いわゆる守秘義務の壁である。

「第三次報告」の「事例三の一」の(1)家庭環境は、母親と三歳児の母子家庭であった。この児童は児童養護施設入所中であったが、その退所に向けた一時外泊時に、母親により溺水死させられた。以前他市で暮らしていた際に、母親がこの児童に危害を加え、心中未遂事件を起こしていたことを、前の自治体児相から転居先の自治体児相には知らされていなかった。ここには異なる組織間における連絡ミスがあった。

一時外泊の自宅での虐待死

また、その一年後に児童が骨折の重傷を負い、医療機関に入院した際に、児相と警察に医療機関から通告があったが、警察が「事件性なし」としたので、児相は児童の退院と同時に児童養護施設に入所措置した。入所後二カ月たって、一時外泊を実施して、保育所入所を条件に措置解除を決めたが、二度目の外泊時に事件が発生した。当時この母親には、別居する実父のほかに交際中の男性がいたが、その存在を児相は把握していなかった。対象家族の個人的関係は秘匿されることもあり、その全貌を把捉することは難しい面がある。

(2)課題としては、すでに心中未遂事件が発生していた事例だったにもかかわらず、転居の後にも、心中未遂事件を管轄した児相から新しい児相へその情報が提供されていなかった。なぜなら、転居前の児相では母子の関係が良好だと判断していたからである。そのために、現在の児相でも母親の精神面のリスクアセスメントがなされていなかった。また、心中未遂の背景にあった児童の実父との復縁情報が児相になく、全体として児童虐待の危険性の認識が弱かった。

いくつかの点で情報不足があり、家庭介入にとって妨げになったが、何よりも転居前の心中未遂事件そのものがハイリスクであったことを、転居前の自治体児相が十分認識していなかったこと、および自前の訪問ではなく、警察の捜査結果に依拠したこともまた児童が亡くなってから悔やまれるところである。[23] 同時に子どもの一時帰宅や措置解除の規準があいまいであり、適切な判断ができず、児相全体が心中未遂や骨折など事件の反復性への判断力に乏しかったために、当該家族が抱えるハイリスクを適切に判断できなかったと反省されている。

複数の男性の存在

「事例三の二」の(1)家庭環境は、二〇歳代後半の母親と第二子のみの家庭であった。第一子の父親とは離婚しており、二年前から小学校からの虐待通告により、第一子は児童養護施設に入所中であった。二〇歳代後半で小学生の第一子がいるので「早母」とみられる。この母親は第一子の父親と離婚後、複数の男性との同居別居を繰り返し、第二子を母子健康手帳未交付のまま自宅出産した(24)。

(2)課題としては、生後二カ月の第二子を医療機関に受診させた折には、その父親ではない同居男性を伴っていたが、すでにその子は死亡が確認された。児童養護施設に入所中の第一子への面会も一度のみであり、児相や児童養護施設による家庭訪問や電話連絡ができない状態にあった。生活保護を受けていたが、第二子の死亡と同じ時期から受け取りに来なくなった。

この母親自身が過去に虐待を受けた経験があり、一〇歳代後半に家出をし、仕事を転々として、医療機関に通院する身体疾患を抱えていた。しかし、児相はこの母親に精神科受診勧奨をしなかったし、カウンセリングも不十分とはいえず、第一子の入所後のアセスメントも乏しかった。関係機関の情報共有がなされておらず、組織的な対応ができないまま、事例検討会議も行っていなかった。このような対応の遅れもまた全国的にしばしばみられる。

行政機関内部の情報共有が不足

この母親は生活保護受給者なので、担当者にはそれなりの情報があったにもかかわらず、福祉事務所と児相との間で情報交換や共有がなされていなかった。このように生活保護関係と児相との情報共有がなされないと、児童虐待の発生頻度が高くなる。また、第一子を虐待した親は第二子の出産後も虐待しやすい傾向があり、こちらのリスク情報も関係者の間で共有されていなかった。

「事例三の三」の⑴家庭環境は、二〇歳代前半の母親と二〇歳代後半の父親に生後一カ月の双子の第二子と第三子であった。他に里親委託されている二歳の第一子がいた。これは父親の暴行で第二子が脳挫傷で死亡した事案である。子どもの年齢と両親の年齢からここでも「早母」「早父」とみられる。

父母ともに幼少時に虐待を受けた経験があった。事件当時は父母ともに無職で生活保護を受けていた。これらから、加害者の被虐待経験と生活保護受給という貧困がこの背景にあることが挙げられる。第一子には発育上の問題があり、児相で一時保護をしたのち、里親委託されていた。父親の希望で第一子の一時帰宅中に第二子が暴行を受けて脳挫傷で死亡したが、同じく第三子も脳挫傷が残っていて、乳児院に入所中である。

ところが、児相は主に第一子の保護に関与していた。保健師が第二子第三子を妊娠した母親の受診勧奨をしたが、母親は妊娠後期まで妊婦健診を受けなかった。福祉事務所は生活保護受給のためにこの家族と関与しており、出産した医療機関のケースワーカーや保健師も本人に育児指導をしていたが、保健福祉センターはこれらの状況を知らなかった。ここでも関係諸機関の連携が不十分であったことが児童の虐待死を招いたとみられる。

⑵課題としては、妊婦健診の勧めにもかかわらず、母親はそれを行わず、胎児ネグレクトの状態にあった。さらに、行政内部の関係諸機関がバラバラの対応を繰り返しており、機関同士の情報共有がなく、連携が不十分であったという反省点が報告書で挙げられている。

祖父母との同居が救いにならない

「事例三の四」の⑴家庭環境は、三〇歳代前半の母親が子ども三人とともに暮らすものであったが、母子無理心中により全員が死亡した。死亡の数年前から父親と第一子とともに父方の祖父母と同居していた。その後に二人の子どもを妊娠出産した。第三子妊娠中に父親の妹とその長女も同居し、第三子を出産してから、母親はアルバイトに復帰したが、家事、育児、介護がこの一人の母親の肩にかかった[25]。

(2)課題として、母親は第三子の中絶を希望していたが、保健センターでは対応できなかった。また、第一子の発達の遅れを気にして、子育て不安を訴えていたにもかかわらず、職員の口頭によるアドバイスにとどまり、問題解決につながらなかった。保健センターの保健師は母親と会う機会がなかったので、家族の病気や事故による母親の身体的精神的負担を知らなかったのである。第三子の出産後、母親は産後うつ傾向にあったが、周囲から専門医の紹介などを勧められなかったし、要保護児童対策地域協議会も設置されていなかった。ここでも関係機関の情報の共有が不十分なために、母親の周産期への対応が行われておらず、実際に具体的な支援が提供できなかった。組織的な未対応が母子心中事件を引き起こしたとされた。

無理心中

「第四次報告」「事例四の一」の(1)家庭環境は、三〇歳代前半の父親と母親に五歳の第一子と三歳の第二子の四人家族であった。この事案は母親が子ども二人の首を絞めて殺害し、自らも自殺未遂を図った心中事例である。子ども二人ともに発達障害があり、第二子には療育手帳が発行されていた。母親は心身ともに疲弊して、ある日発作的に第二子の首を絞めたが、その時は無事だった。翌日、母親は精神科を受診してパニック障害と診断された。児相はこの家族に関与はしていたが、それ以上には介入していない。

父親はこの件で児相に電話相談したが、その日がたまたま休日だったために、一時保護の職員が対応し、相談応対専門の職員の対応は翌日になり、父親、第二子、祖父母と面接した。そこでは一時保護を勧めたにもかかわらず、父親がこれに強く拒否した。しかし、母親の症状悪化が懸念されたために、それ以外の方法を検討していた矢先、父親の相談から八日後に事件が発生した。

ここから先の⑵課題としては、休日の相談体制の見直しが指摘されている。この事例では休日の電話相談に一時保護の職員が対応したために、その記録のみが相談応対専門の職員に届けられたといわれる。翌日の相談では「首を絞めた」という訴えに対して危機的状況のサインという認識を専門職員はもったにもかかわらず、一時保護による母親の症状悪化や自殺の危険性を危惧して、父親の見守りを期待したため、結局は何もしなかった。とりわけ児相は虐待者である母親と最後まで面接できておらず、この事案の反省点の一つになっている。

コミュニティの無力さと組織的対応ミス

「事例四の二」の⑴家庭環境は、五〇歳代前半の祖母と二〇歳代後半の母親に四歳の第一子、三歳の第二子であった。ここでも「早母」であり、母親が第二子に食事を与えず、着替えもさせず、押し入れに寝かせたまま、栄養失調で死なせた。

⑵課題としては、離婚して、夜間就労をしており、当初から要支援性の高い家庭であったことが挙げられる。祖母と幼稚園児の第一子が二階で、母親と保育園児の第二子が三階で別々に生活していた。第二子の保育園の欠席が続いたが、保育士のたびたびの家庭訪問に対して母親も祖母もともに応対せず、四カ月検診も一歳六カ月検診も未受診であった。事後の調査では、近隣住民は第二子の存在を知らなかったといわれる。そのため要保護児童対策地域協議会の対象ケースにもならなかった。

小児科医の診察で第二子に「ひどいおむつかぶれ」があることが分かったが、この情報も不適切な家庭内養育のサインとして受け止められなかった。第二子の死亡後、第一子は祖母とは離れて、離婚した父親に引き取られているが、この子への明確な援助方針が児相では立てられていない。全般的に組織的な対応のミスが重なっていた。

「事例四の三」の⑴家庭環境は、二〇歳代後半の母親と一歳児だけの母子世帯であり、母子心中が発生した。児童の死因は薬物中毒であり、母親は凍死である。心中の数カ月前まで、父親と父方親族と同居していたが、家庭不和と父親のDVにより、母子で家出した。その後、母子とも県婦人相談所で一時保護され、離婚調停が開始された。母親は第一子の乳児院への一時保護を拒否したために、在宅での支援になった。

電話応対に対する親の非協力的態度は子どもの危機

その後、父親から児相に母親が嘘をつくことがあり、母子だけにしておくのは危険であるという訴えがあったため、児相による家庭訪問がなされたが、支援は拒否された。玄関ドアは開かず、インターホン越しに「子どもは入院」といわれた。数日後に担当者が家庭訪問をしてみると、呼びかけにも応答がなく、遺体発見となった。母親は内科と精神科で受診していたが、精神疾患について関係した県婦人相談所、児童福祉課、児相間で十分な情報交換がなされておらず、母子二人だけがもつリスクへの評価が適切ではなかった。

要するに、父親からのDVだけを重視して、母親の精神疾患についての情報の共有がされていなかったのである。(2)課題としては、インターホンや電話応対に対する非協力的態度は子どもの危機であるというサインが認識できていなかった。組織的には児相や市町村が母親のかかりつけ医療機関にその情報提供を求めていなかったし、児相は婦人相談所にも情報提供を求めていなかったことの反省がある。これもまた、組織的なミスの連鎖と判断できる。

「事例四の四」の(1)家庭環境は、三〇歳代前半の父親と母親、異父の子である九歳の第一子、あとは四歳の第二子、二歳の第三子、一歳の第四子の家族である。第四子が家にあったものを無断で食べたことに腹を立てた父親が両足をもって振り回し、頭をタンスにぶつけて重傷を負わせ、三日後に搬送先の病院で死亡した。ここでもまた「早母」であり、四人の年齢が近く、子どもの育児ノイローゼが母親には認められた。

事件発生二カ月前に、父親から母親の育児ノイローゼのため、第二子の一時保護依頼があり、児相は三週間後に一五日間の一時保護を行った。その後、第二子は退所して、児相は母親への育児助言をしていた。ところが再度父親から一時保護の希望が出されたが、母親はこれを拒否したうえに、施設が満員だったために、一時保護を見合わせていた矢先、二日後にこの事件が発生した。

組織的なミスの連鎖

なお、児相は二年前には第一子への父親による虐待通告を近隣住民から受理しており、第一子の一時保護をしたことがある。第一子は発達障害と判断されており、通所指導を行っていたが、落ち着いたために、児相はその解除をしていた。しかしその後も繰り返し通所指導もしており、第三子についても育成相談を受けていた。

この事案の(2)課題としては、児相は父親と第二子との面談をしていなかったために、この家族全体のアセスメントができてなかったことが挙げられる。父親がすべての子どもへの虐待主体であったが、児相では第一子の精神障害面に指導助言の重点があり、父親への指導は後回しにされていた。この期間に母親は二回の妊娠出産をしたが、これをその家族におけるリスクの高まりととらえておらず、児相と保健機関との連携もなかった。父親からの電話相談を契機とした組織的な改善策が検討されなかったという意味で、組織的なミスの連鎖はここでも認められる。

以上、社会保障審議会児童部会児童虐待等要保護事例の検証記録から要約してみた。自らが児童虐待の直接調査を行うことが難しいために、このような検証記録の丹念な解読から虐待死の家族的背景ときっかけを分類整理して、行政の対応のミスや遅れもまた真摯な反省点として取り出すことができた。どのページからも、亡くなった幼児・児童の叫び声が聞こえるようである。

第6章　「心中以外の虐待死」と「心中による虐待死」の比較研究

「科学は、新しい思想と収集された事実についての独創的思考力によってのみ進歩する」（ベルナール、三浦岱栄訳『実験医学序説』岩波書店、一八六五＝一九七〇：三六五）。

1　一〇年間の虐待死の趨勢

「心中以外の虐待死」と「心中による虐待死」という区分

二〇〇三年に始まった社会保障審議会児童部会児童虐待等要保護事例の検証に関する専門委員会では、毎年の児童虐待死についての全国的な動向を報告している。二〇一四年九月に公表された『子ども虐待による死亡事例等の検証結果等について第一〇次報告』（以下、「第一〇次報告」と略称することがある）では、例年通り二〇一一年度（二〇一二年四月から一三年三月まで）の一年間の事例分析とともに、過去一〇年分の日本における虐待死の趨勢について、都道府県の検証報告書と主要新聞記事等をデータベースとして各種統計を作っている。

ここで注目したいのは、その報告書では類型として(A)「心中以外の虐待死」と(B)「心中による虐待死」という区分を行い、この両者間の違いを検出しようとした試みである。両者の違いは、(B)では心中が子どもを無理に道連れにして親が死ぬ場合（未遂を含む）を意味するのに対して、(A)「心中以外の虐待死」とは文字通り親が勝手に子ど

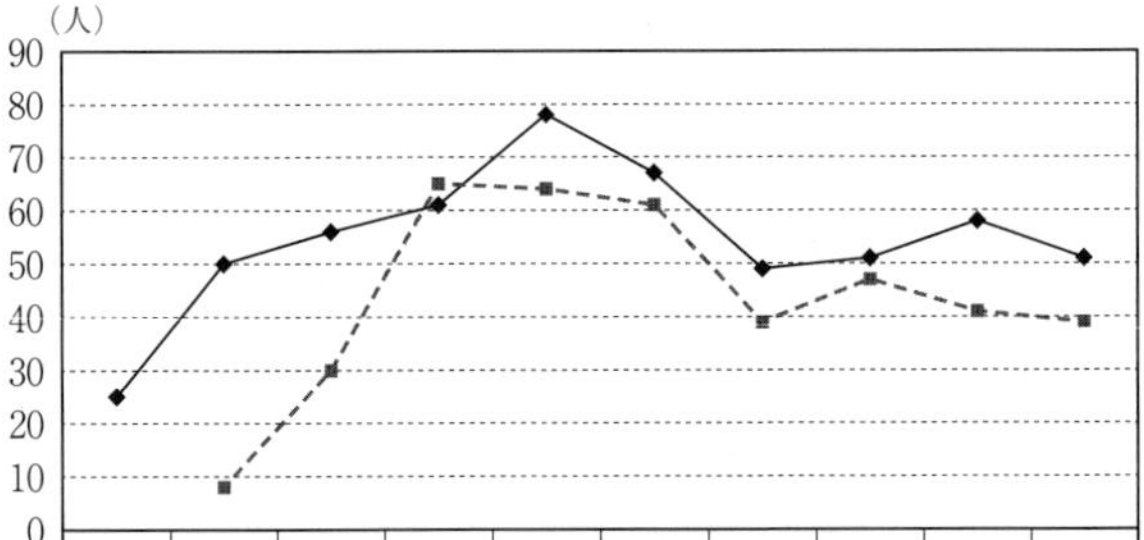

	2003	2004	2005	2006	2007	2008	2009	2010	2011	2012
―◆― 心中以外の虐待死	25	50	56	61	78	67	49	51	58	51
--■-- 心中による虐待死		8	30	65	64	61	39	47	41	39

図6－1　2003～12年の虐待死数

（注）　西暦は年度を表す。虐待死は実数である。「第一次報告」（2003年7月から12月までの半年間），以後は「第四次報告」（2006年4月から2007年3月31日）まで同じようにデータ収集。「第五次報告」だけは2007年1月1日から2008年3月31日までの1年3カ月間。「第六次報告」（2008年度）から「第一〇次報告」（2012年4月1日から2013年3月31日）までの集計。

（出典）　社会保障審議会児童部会児童虐待等要保護事例の検証に関する専門委員会『子ども虐待による死亡事例等の検証結果等について第一〇次報告』（2014）。

もに身体的暴力を加えたり、遺棄したり、育てることを放棄した結果、子どもが亡くなることであり、そこでは親が死ぬという行為はもちろん皆無である。

要は、現代日本でも、親によって子どもが殺害された際には、その親が死ぬか死に損なうかという「心中による虐待死」に対して、親が子どもだけを殺害してしまう「心中以外の虐待死」があることになる。

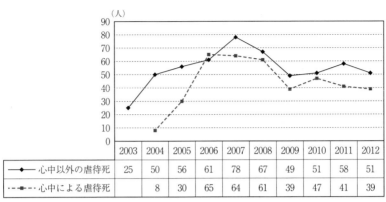

したがって、通常の虐待相談では(A)のみになり、(B)は含まれない。なぜなら、親子無理心中を図ろうとする親は虐待相談などしないからである[1]。むしろその場合の相談は「自殺企図」になるので、相談を受けた側でも相談した親へ関心が集中して、その親に養育されている子どもへの視線は乏しくなる。結果的に、子どもの虐待死防止が後回しになった事例も少なくない。

虐待死は毎年一〇〇人に近い

過去一〇年の(A)と(B)の傾向は図6－1の通りである。すなわち、「心中以外の虐待死」が五四六人、「心中による虐待死」が三九四人となり、合計で九四〇人に達した。多い年度は一四二人、少ない年度は五八人であるが、平均すると毎年一〇〇人に近い。別の統計としての心中以外の虐待相談は二〇一四年度で八万件を超えており、家族が抱える深刻な問題の一つになっている。

家族にはたとえば人の関係する問題として夫婦間と親子間のDVがあり、子どもによる家庭内暴力も珍しくない。同時に金銭が絡む問題としては、失業に伴う無収入などから派生する貧困がある。また、長期間の高齢者介護負担をめぐる夫婦間や親子間の葛藤や対立もあり、それらを原因とした離婚や家庭崩壊などが生じている。家庭崩壊に含まれる児童虐待や高齢者虐待も「少子化する高齢社会」（金子、二〇〇六a）で全面的に顕在化した。

再下降し始めた合計特殊出生率

少子化は子どもが持続的に産まれにくくなった社会現象を指していて、具体的には合計特殊出生率の持続的低下や低位での安定、年少人口数の漸減、年少人口率の減少の三指標を同時に含んでいる。二〇一三年度合計特殊出生率は一・四三であったが、二〇一四年度は一・四二になり、人口減少が加速し始めた。他の人口関連のデータとしては、二〇一五年九月段階では年少人口数が一六一〇万人、年少人口率が一二・七%となり、高齢化率二六・七%を入れると、現代日本の人口変動が文字通り「少子化する高齢社会」になるという事情が理解できる。

このような人口動態の中で、毎年一〇〇人の児童虐待死が発生する時代に社会学として何ができるか。そしてどう取り組むか。もとより児童虐待死の問題は多方面からのアプローチが可能であるから、社会学だけの貢献部分は大きくはない。しかし、人の関係性を主要な研究題目とするので、加害者被害者を中心とした虐待死研究の中心部分の一角にはなれるであろう(2)。

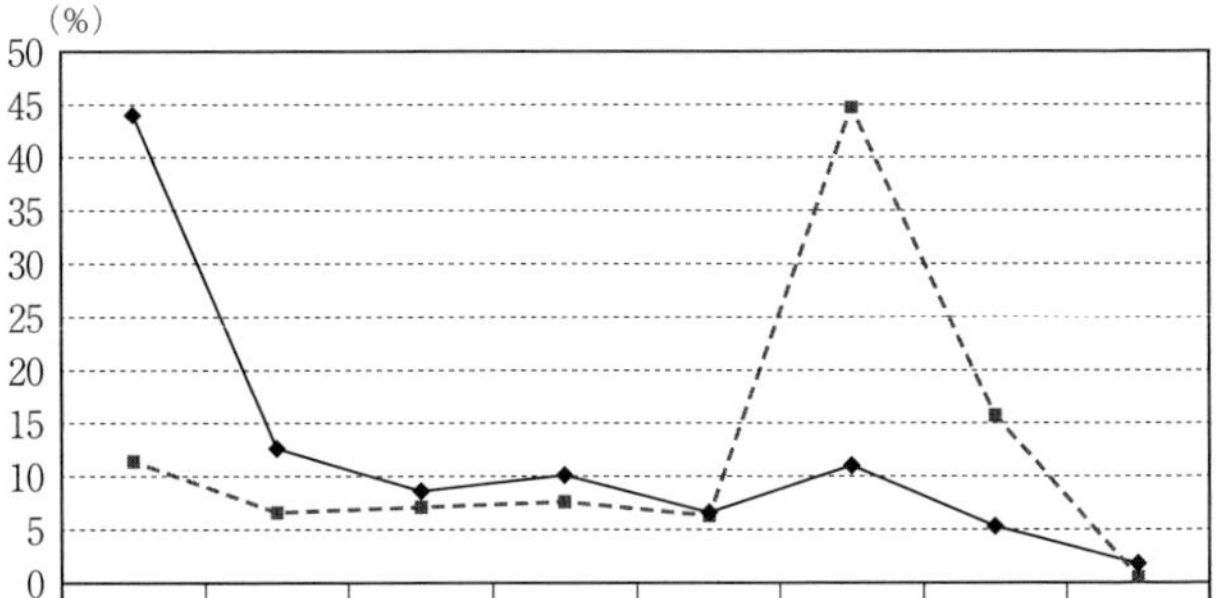

	0歳	1歳	2歳	3歳	4歳	5～10歳	11歳以上	不明
◆ 心中以外の虐待死	44.0	12.6	8.6	10.1	6.6	11.0	5.3	1.8
■ 心中による虐待死	11.4	6.6	7.1	7.6	6.3	44.7	15.7	0.5

図6-2　虐待死時点の子どもの年齢（2003～13年度）

（出典）　図6-1と同じ。

児童虐待死の研究方法

ただし、通常の家族問題研究とは異なり、虐待死研究では被害者である対象の児童が死亡しているという大きな制約がある。次に加害者である実母か実父にも会えないことが多い。なぜなら精神的な疾患を抱えた加害者でも、殺害時に正常と医学的に判断されれば、裁判により罪に服するからである。札幌市で過去五年の間に検証のため追跡調査した二例のうち、一例では加害者は一審で罪を認め、現在は一四年の服役中である。また、もう一例の加害者は重度の精神疾患を患っていたので、虐待の責任は問えなかったことは既述した。

この二例の場合では被害者にも加害者にもインタビューするのは不可能であった。代わりに用いた調査方法は、虐待死の被害者加害者の周辺にいた祖父母や親せき、近隣住民、民生児童委員、行政組織のうち関連が深かった生活保護、児童福祉、子育て支援、教育委員会、学校の担任、校長や教頭、そして児相などの担当者に、加害者と被害者の日常面を細かく聞き取るというものであった。それらには矛盾する点も多くあり、正確な再現が難しい面もあったが、被害者が死亡しているためにこれ以上の方法が見つからなかった。

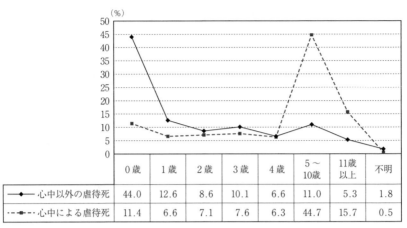

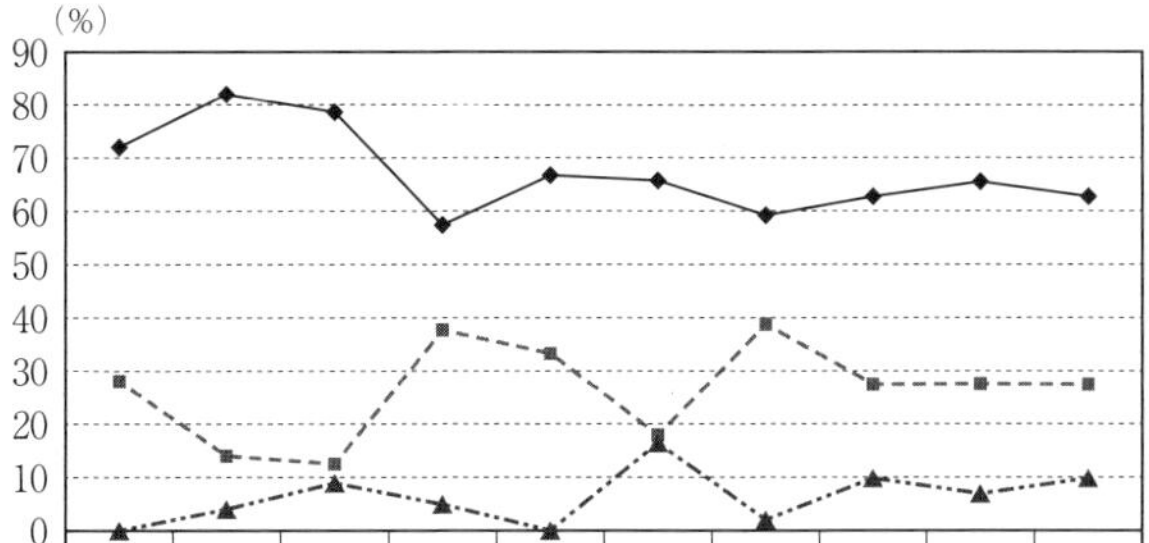

	2003	2004	2005	2006	2007	2008	2009	2010	2011	2012
―◆― 身体的虐待	72.0	82.0	78.6	57.4	66.7	65.7	59.2	62.7	65.5	62.7
--■-- ネグレクト	28.0	14.0	12.5	37.7	33.3	17.9	38.8	27.5	27.6	27.5
···▲··· その他不明	0	4.0	8.9	4.9	0	16.4	2.0	9.8	6.9	9.8

図6－3　死因となった虐待類型（2003～12年度）

（出典）図6－1と同じ。

図6－2は虐待死時点の子どもの年齢である。「心中以外の虐待死」のピークがゼロ歳にあり、「心中による虐待死」のピークは五歳から一〇歳である。ゼロ歳時虐待死の象徴は生後二四時間以内の死亡者であり、これは「日齢〇日児」と命名されている。また、日齢一日以上月齢一カ月未満の死亡者は「月齢〇カ月児」とされていて、ゼロ歳児虐待死が全体の四四・〇％を占めていたことは衝撃的であった。一〇年分の加害者統計はないが、その多くが実母であり、しかも一〇歳代の出産であり、既述したようにこれを「早母」と命名した[3]。

虐待死は身体的虐待かネグレクトによる

他方、「心中による虐待死」では数年間の養育期間を経て、力尽きて無理心中を図るというケースが多いために、死亡した児童の年齢が五歳から一〇歳に集中する。児童虐待の原因は様々であるが、大半は身体的虐待かネグレクトに限定される。これは心理的虐待では死亡に直結しないからである。

図6－3から死因となった虐待類型のうち、常時一位なのは身体的虐待であり、常に六〇％を超えている。身体的虐待による死亡理由には窒息と頭部外傷が挙げられる。ネグレクトが三〇％台

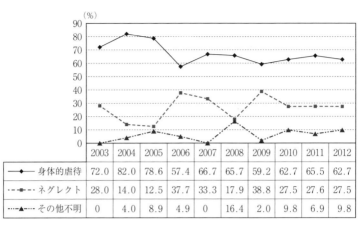

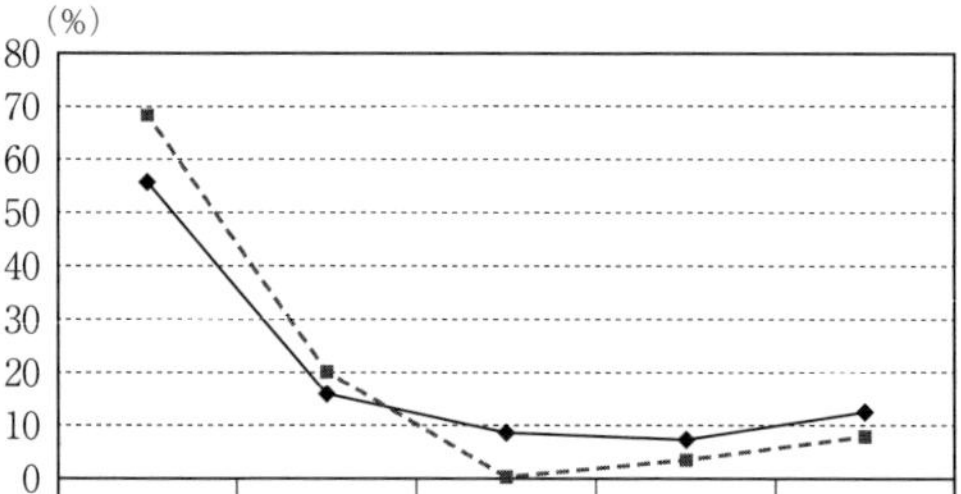

	実　母	実　父	実母の交際相手	実母と実　父	その他不　明
―◆― 心中以外の虐待死	55.7	15.9	8.6	7.3	12.5
--■-- 心中による虐待死	68.3	20.1	0.3	3.5	7.9

図6-4　主たる加害者

（出典）図6-1と同じ。

でこれに次ぐ。虐待死に至ったネグレクトの事例としては、

(1)家に残したまま外出する
(2)子どもの健康・安全への配慮を怠る
(3)食事を与えない、衣服を不潔なままにする等の養育放棄
(4)遺棄
(5)必要な医療を受けさせない

などが指摘されている。親によって遺棄や放棄がなされれば、幼い子どもは食事ができずに餓死してしまう。また病気やけがをしても必要な医療を受けさせないと、子どもの状態はもちろん悪化する。

虐待死の加害者

その主たる加害者は図6-4の通りである。「心中以外の虐待死」でも「心中による虐待死」でも実母が六割前後に達している。実父は両者ともに二割程度であるが、「心中以外の虐待死」では、実母実父が一緒に加害者になる比率が高く、これは「心中による虐待死」よりも多い。他人ではなくわが子を殺害して自らも死のうとする無理心中の一断面である。ただしデータから、心中ではわが子を殺害して両親

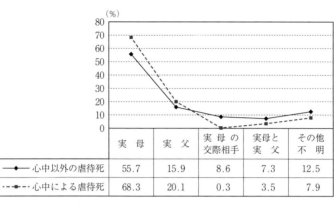

ともに亡くなるという事例よりは、実母だけあるいは実父だけが亡くなる事例が多い。それ以外に特徴を挙げれば、「心中以外の虐待死」では実母の交際相手が一割近く存在した点にある。その他不明でも「心中以外」は「心中」より多く、これには祖父母、実父母の兄弟姉妹などが該当する。

2 「早母」による虐待死の状況

虐待死をもたらした加害者の動機

この一〇年間での虐待死をもたらした加害者の動機は何か。「第一〇次報告」からみた「心中以外の虐待死」における単一選択による加害の動機は、第一位が「不明」（三〇・九％）、第二位が「その他」（二三・二％）となり、よく分からない理由が半数を超える。これでは虐待死させられた子どもが浮かばれない。加害の動機の第三位は「保護を怠った」（一五・四％）、第四位が「しつけのつもり」（一三・一％）、第五位が「泣きやまないことへのいらだち」（九・二％）、第六位が「子どもの存在拒否・否定」（八・三％）であった。この選択肢に象徴されるように、虐待死の加害者はわが子への親としての責任も態度も未熟である。

そしてこの加害者の六割が母親であった。しかも二〇〇八年度から二〇一二年度の五年間分の厚生労働省「人口動態統計」によると、全出生数のうち母親の年齢が一〇歳代の割合は約一・三％前後で推移してきたのに、心中以外の虐待死における一〇歳代妊娠出産の平均割合は一六・六％であった。これを「心中以外の虐待死」における「早母」と命名したことはくり返しのべてきた。すなわち、「心中以外の虐待死」の加害者では未熟さが目立つ「早母」が多く、これは少子化における「晩母」や「晩父」とはまったく異質である。

「早母」であれば、人生経験が不十分なままに一〇歳代で母親になるのだから、自分が産んだ子どもの保護を怠り、しつけのつもりで虐待したり、泣き止まないから虐待したりするかもしれない。遊びたい時期の妊娠出産であってみれば、子どもの存在拒否・否定すらも理由に挙げられることは理解できる。しかし、それが殺人を正当化しないことはもちろんである。

次に「第一〇次報告」だけの複数回答ではあるが、「心中による虐待死」加害者の動機を細かく見ておこう。第一位は「不明その他」(三三・三%)であり、「不明その他」が半数超えた「心中以外の虐待死」とは異なる。第二位が「保護者の精神疾患・精神不安」(三〇・八%)であり、これが夫婦間のDV、離婚、経済的貧困、子どもの病気、将来への悲観などの主因になり、俗にいう「この子は将来的に自分がいなくなれば生きていけないから、今一緒に死のう」という行為の遠因にもなる。

同じく第二位の「経済的困窮」(三〇・八%)は「精神疾患・精神不安」と同率であり、虐待死の一方の原因である貧困がもつ影響力を感知できる。第四位の「育児不安・負担感」(一五・四%)も第五位の「夫婦間のトラブル、家庭不和」(一二・八%)もまた、「心中以外」でも登場する。第六位の「子どもの病気・障害」(一〇・三%)と第六位の「保護者自身の病気・障害」(一〇・三%)は「心中による虐待死」に特有であり、いずれも親が自ら子どもの将来を悲観して無理心中する理由になる。(4)

表6－1　乳幼児健康診査の未受診者率　(%)

	心中以外の虐待死	心中による虐待死
3～4カ月検診	32.0	20.8
1歳6カ月検診	35.9	28.3
3歳児検診	32.0	50.9

(注)「心中以外の虐待死」の総数は128人,「心中による虐待死」の総数は53人である。

乳幼児健康診査の未受診者率の違い

虐待死の予兆の一つに保護の忌避があるが、典型的な事例として第三次報告書から「第一〇次報告」までの乳幼児健康診査の未受診者率を表6－1として挙げておこう(複数回答の集計)。これから「心中以外の虐待死」では乳幼児検診三回ともに未受診率が三割台であったが、心中による虐待死になると、一歳六カ月検診までは二割の比率に止まり、無理心中の年齢になる三歳児検診では未受診率が五割を超えてしまう。すなわち、無理心中では三歳ころまでは子どもの保護にも努めてきたが、そこまでで親の力が尽きて、「心中による虐待死」が発生する。表6－1から、この分岐点の指標は三歳児検診の未受診率五〇・九％に求められる。

同じく表6－1から、虐待死における「早母」は最初から各種検診を自分の子どもに受けさせないが、心中する親は三～四カ月検診や一歳六カ月検診はなんとか頑張ったが、三歳児検診までの生活で先行き不安を痛感して、無理心中へと直進するとみられる。

これは予防接種の未接種者率（複数回答の集計）でも理解できる。なぜなら、ＢＣＧ・ツベルクリン、ポリオ、三種混合、麻疹、風疹の予防接種の未接種者率はいずれも「心中以外の虐待死」の場合で三〇～九〇％というような高率であったのに対して、「心中による虐待死」では一割程度で推移しているからであった。生誕一年後までの予防接種は九割程度受けさせていたのに、それ以降に無理心中しなくてはならない状況が生まれたことにある。早母が多い「心中以外の虐待死」では、生誕一年後までの予防接種さえも未接種な比率が高かったことと、これは対照的な結果である(5)。

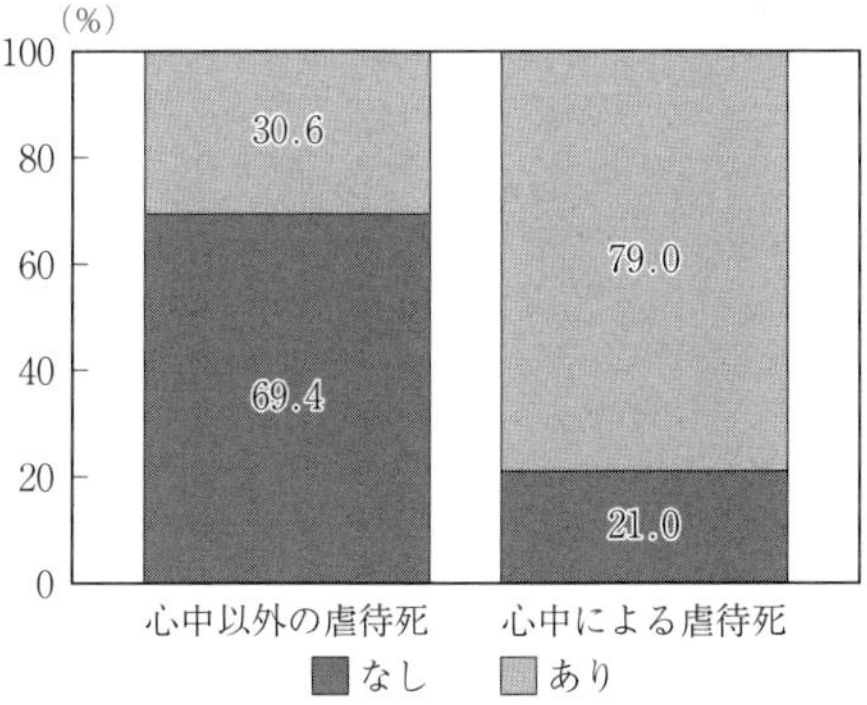

図6－5　養育・教育機関所属（「第一〇次報告」）

（注）$\chi^2 = 18.73$　df＝1　$p < 0.001$

養育・教育機関所属にも相違がある

「第一〇次報告」における養育・教育機関所属に関しては、「心中以外の虐待死」では被害者が乳幼児である比率が高いためもあり、「養育・教育機関所属がなし」が七〇％に近い（図6－5）。逆に「心中による虐待死」では被害者の年齢がやや高いために八〇％近くが養育機関または

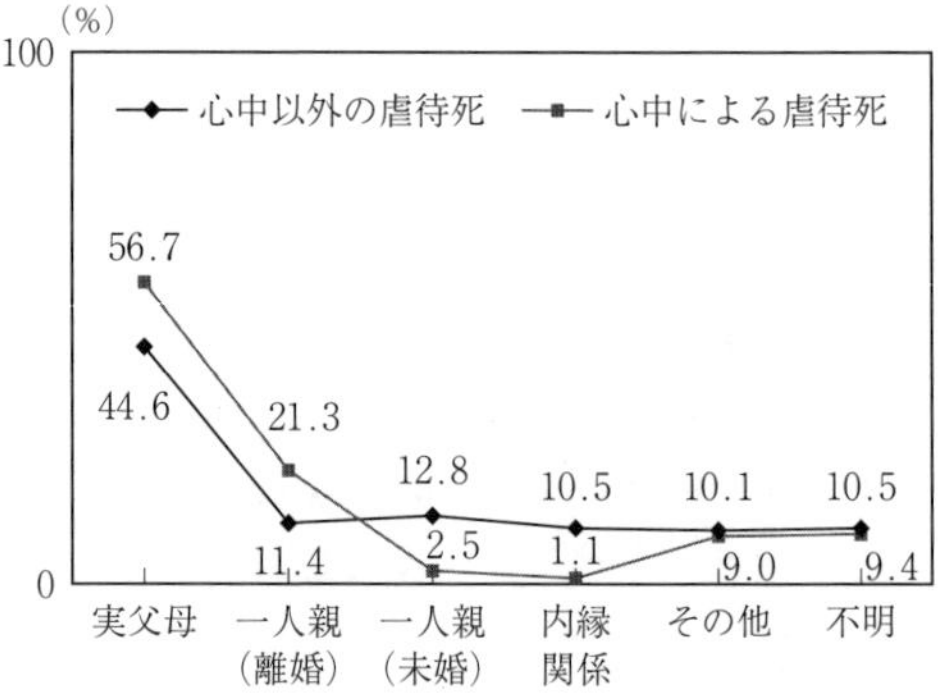

図6-6　養育者の世帯状況（「第一〇次報告」）

教育機関に所属していた。データを比較すると、統計学的には有意であった。「第一〇次報告」では「心中による虐待死」の半数が小学生であったから、小学校の担任がその子や家庭の異変に気づく可能性もあり、「無理心中」に至る前に何らかの支援の可能性もあったが、データで見る限り実際には何もできていなかった。

虐待死の加害者の世帯構成

では、「第一〇次報告」における虐待死の加害者である養育者の世帯はどのようなものか（図6-6）。まず、「心中以外の虐待死」では実父母が四四・六％、一人親（未婚）が一二・八％、一人親（離婚）が一一・四％になり、内縁関係も一〇・五％いた。これらの合計で八割になる。これに対して「心中による虐待死」では実父母が五六・七％、一人親（離婚）が二一・三％の二つの世帯構成に特化していて、一人親（未婚）は二・五％、そして内縁関係も一・一％と少なかった。このように、「無理心中」を行う世帯の特徴は、子どもの両親が揃っているか、もしくは離婚して母親が一人で子育てしているかにあったのである。

逆に、「心中以外の虐待死」では養育者の世帯構成がやや多様化していたが、「心中による虐待死」の場合は実の父母に加えて離婚した一人親（母親）の二者合計で八割を占めていた。

虐待死事例における祖父母との同居

次に、図6-7で虐待死事例における祖父母との同居を見ておこう。「第一〇次報告」では、「心中以外の虐待

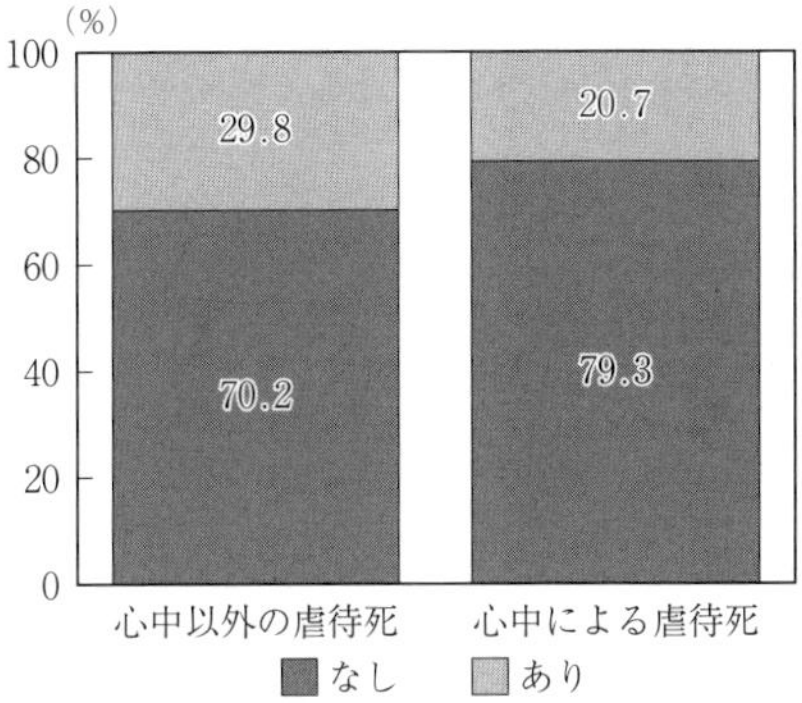

図6-7　祖父母との同居

（注）　$\chi^2=1.13$　df=1　ns

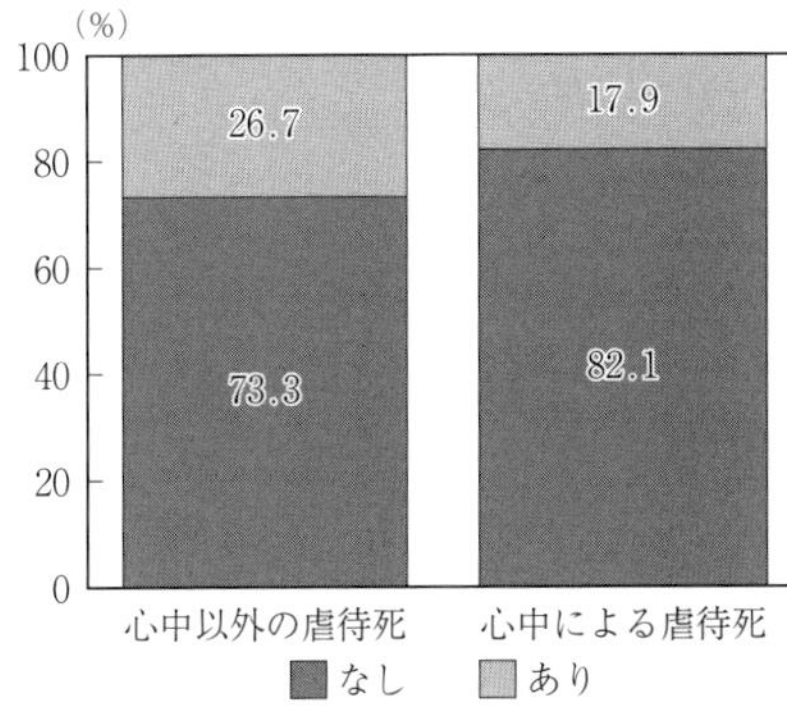

図6-8　虐待死世帯での実父母祖父母以外の同居

（注）　$\chi^2=1.27$　df=1　ns

死」のほうが二九・八%の同居率となり、「心中による虐待死」世帯（未遂を含む）の同居率二〇・七%よりも高い印象があるが、統計的検定を行うと有意であるとはいえない結果であった。つまり、虐待死については同居率には差がなかったことになる。

同じく「第一〇次報告」から、実父母、祖父母以外の者との同居状況についてまとめておこう（図6-8）。ここでも分布の比率としては一〇%程度の差異がみられるが、統計的検定では両者間に有意な差は得られなかった。

子ども死亡時の加害者母親の年齢

今度は「第一〇次報告」でのデータによって、子ども死亡時の加害者母親の年齢を見てみよう。「心中以外の虐待死」四九例と「心中による虐待死」二九例の比較なので、三カテゴリーでのχ^2検定を行った結果、図6-9のような結果が得られた。すなわち、心中では母親の年齢が三〇歳代に集中するのに対して、心中以外では二九歳までの母親が過半数を超えたのである。この差は明確である。これまでにも触れた通り、「心中による虐待死」では二〇歳代での無理心中というよりは、子育ての苦労期間が数年あり、その後に無理心中に至ることが多いので、母親の年齢がやや高くなるのである。

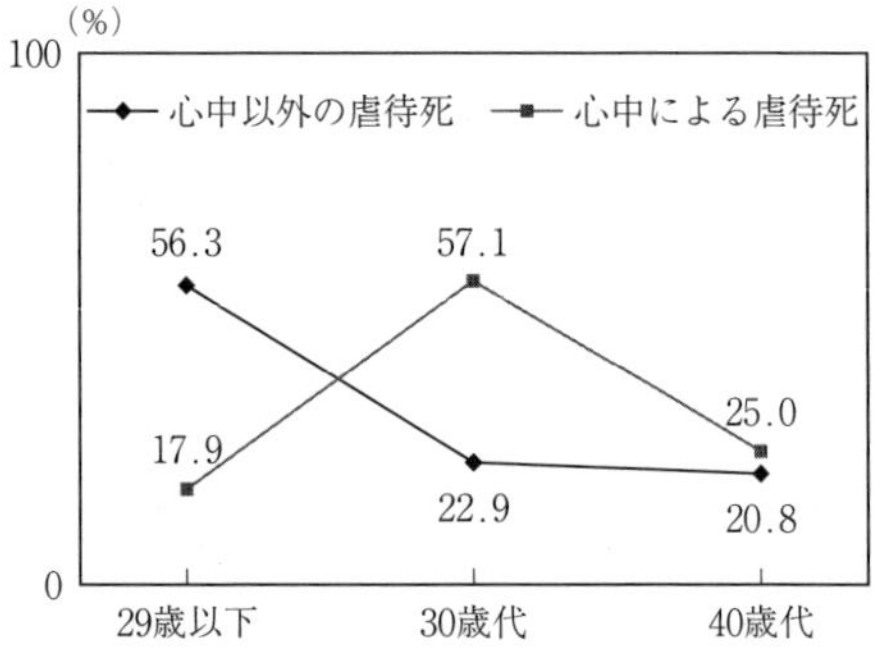

図6－9　子どもの死亡時における母親の年齢

（注）　$\chi^2=12.51$　df＝2　$p<0.01$

表6－2　家計を支えている主たる者 (%)

	心中以外の虐待死	心中による虐待死
実　母	20.4	41.4
実　父	36.7	37.9
その他	20.4	13.8
不　明	22.4	6.9

（注）「第一〇次報告」での「心中以外の虐待死」は49事例であり，「心中による虐待死」は29事例である。

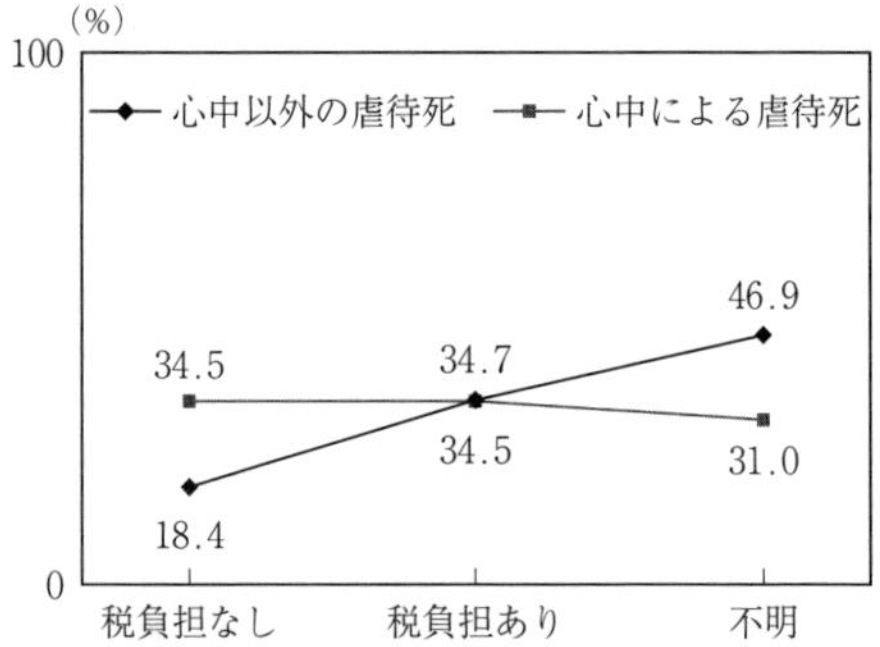

図6－10　虐待死家庭の経済状況

（注）　$\chi^2=3.24$　df＝2　ns

しかし、「心中以外の虐待死」では二九歳以下が五六・三％になり、ここからはこれまで同様に「早母」が感じられる。もっとも年齢の幅で見ると、三〇歳代でも四〇歳代でも二〇％以上はいるので、平均的な散らばりが出たことになる。

家計を支えている者

次に「第一〇次報告」で示された世帯の家計を支えている主たる者をまとめておこう。事例が少ないので、統計的な処理は難しいが、表6‐2のようになる。主な傾向としては、「心中以外の虐待死」では実父、「心中による虐待死」では実母が家計を支えている比率が高かった。「心中以外」では不明も多かったが、「心中」では不明は少なく、実父母に限定される傾向にあった。

関連して、「第一〇次報告」における虐待死が発生した家庭の経済的状況についてまとめておこう（図6-10）。報告書での経済的状況の区分は「生活保護世帯」「市町村民税非課税世帯」「市町村民税課税世帯（所得割のみ非課税）」「市町村民税課税世帯（年収五〇〇万円未満）」「年収五〇〇万円以上」の五カテゴリーであった。ここで税負担なしに該当するのは、「生活保護世帯」と「市町村民税非課税世帯」であり、税負担に該当するのは「市町村民税課税世帯（年収五〇〇万円未満）」と「年収五〇〇万円以上の世帯」である。

この両者に「不明」を加えて三つのカテゴリーに再編成したところ、「心中以外の虐待死」家庭と「心中による虐待死」家庭では一見「経済状況」に関しても相違があるような結果が得られたが、χ^2検定をすると有意であるとはいえなかった。すなわち両者は同じであった。

3　精神疾患とアノミー的虐待論

アノミー指標の応用

社会学のキーワードの一つにアノミー（anomie）がある。これは社会的には秩序や価値体系の崩壊、個人的には自己喪失感や崩壊感を意味する専門用語である。元来はギリシャ語の廃語であったが、一九世紀末にデュルケムが社会学の専門語として復活させた（デュルケム、一八九七＝一九八五）。a は non を意味する接頭辞であり、nomie は学や法を表わし、したがって合成語としては法が貫徹しない状態を意味しており、通常は「無規範性」と訳して用いられてきた。

デュルケムのアノミー論を継承したマートンは、文化構造（特定の社会ないしは集団の成員に共通な行動を支配する規範的価値の組織体）と社会構造（特定の社会または集団の成員が様々な仕方でかかわりあう社会関係の組織体）に分け、アノミーは文化構造の崩壊、とりわけ文化的規範や目標と集団成員が、これらに応じて行動する社会構造上の能力との間に甚だしい食い違いがある場合に生ずるとした（マートン、一九五七＝一九六一）。

デュルケムやマートンの理論をより実証的な指標として再生させたものがシーマンのアノミー指標である（Seeman, 1959）。これは、無規範感（normlessness）、無力感（powerlessness）、無意味感（meaninglessness）、孤立感（isolation）、自己疎隔感（self-estrangement）に大別されるが、自己疎隔感が分かりにくいために、多くの場合は絶望感（hopelessness）に変えられてきた。

私は児童虐待事件を追跡する過程で、アノミー論に依拠すると加害者心理を説明しやすいと感じてきた(6)。すなわち、アノミー論を利用すれば、家庭内での児童虐待が失業や貧困や精神疾患などの病気を理由にして、将来を悲観し、子育てに絶望し、毎日の暮らしに意味を感じとれず、無力感が増幅した結果の犯行であるとまとめられる。さらに、いくら頑張っても子育てに伴う孤立感が拭い取れずに、ますます無意味感が強くなることも理解しやすい。もちろんこのようなアノミー状態は一つの理念型であるから、程度の差はあれ、この五つのアノミー指標に該当する虐待が発生しない子育て家庭でもいくつかは見られるに違いない。

「子育ては主として母親が行う」や「他者は子育て家庭内に介入できない」というような規範が強い社会では、子育て家庭の経済的貧困や親の世代の病気などにより、社会的に期待される子育てが困難になると、通常からの甚だしい逸脱行為が発生する。それが最終的には児童虐待として社会的には顕在化するのである。

精神疾患のある養育者の加害事例

以下の精神疾患のある養育者の事例もまた、「第一〇次報告」から得たものである。「第一次報告」から「第四次報告」まではデータが類型化されていないので、「第五次報告」から「第一〇次報告」までの集計を主に使用する。

まず養育者に精神疾患があるかどうかが不明な事案として、「心中以外の虐待死」では一一三人が該当しており、これは二三五例中一一四例であるから、四八・五％となる。また「心中による虐待死」では不明な事案に一一三人が含まれていて、こちらは一五七例中七九例なので、五〇・三％になる。すなわち精神疾患かどうか不明な事案がともに半数前後を占めていたことになる。

不明を除く精神疾患がある実母の加害者は一九三例中七三例であり、実数では七九人となった。これを「心中以外の虐待死」三一例（三二人）と「心中による虐待死」四二例（四七人）に分ける。前者は二三五例のうち三一例だから一三・二％になり、後者は一五七例のうち四二例だから二六・八％になった。これから「心中による虐待死」の加害者の方に精神疾患が多いことが分かる。

対照的に「第五次報告」から「第一〇次報告」までで、精神疾患のない実母の加害者事例は一二六例であり、これは総数三九二例の三二・一％を占めた。実数は一四一人になる。一二六例のうち、「心中以外の虐待死」が九〇例（九三人）であり、七一・四％になる。また「心中による虐待死」は三六例（四八人）であり、二八・六％であった。精神疾患のない加害者実母では、「心中以外の虐待死」が「心中による虐待死」よりもはるかに多かった。

要するに、加害者に精神疾患があると「心中による虐待死」、なければ「心中以外の虐待死」が発生しやすいことが六年分の報告書から概括的にいえることになる。

同じく六年分の報告書では、七三例における精神疾患のある加害者実母の診断名を(1)うつ病（三二例　四三・八％）、(2)統合失調症（二二例　三〇・一％）、(3)その他（一九例　二六・〇％）に類型化した。うつ病と統合失調症の合計が七四％あまりになった。この診断をした医師は、その患者の家庭で幼児がいれば、虐待の危険性が高まることを理解して、治療に当たることになる。(7)

「心中による虐待死」の加害者年齢は三〇歳以上

子ども死亡時における加害者である実母について、六年分のデータがある「第一〇次報告」では「心中以外の虐待死」を招いた精神疾患ありの年齢は、三〇歳以上が七七・四％、二五〜二九歳が一二・九％、二四歳以下が九・七％であったとまとめている。また、「心中による虐待死」を引き起こした精神疾患ありの年齢は、三〇歳以上が七八・六％、二五〜二九歳が一五・一％、二四歳以下が六・八％となっている。精神疾患がある加害者では、産んですぐの虐待死というよりも三〇歳代になってからのほうが多い。

「心中以外の虐待死」の加害者は「早母」

一方、精神疾患なしの年齢はどうであったか。「心中以外の虐待死」の加害者は三〇歳以上が四〇・〇％、二五〜二九歳が二一・一％、二四歳以下が三八・九％となり、かなり若くなり、「早母」が目立ってくる。ただしこれは「心中による虐待死」ではまったく異なり、精神疾患なしの年齢のうち三〇歳以上が実に九四・四％を占めたのである。ちなみに二五〜二九歳は二・八％、二四歳以下も二・八％であった。ここから一般化できるのは、精神疾患の有無にかかわらず「心中による虐待死」の加害者実母は三〇歳代にピークがあること、精神疾患がある場合の「心中以外の虐待死」でも加害者の年齢は三〇歳代であること、しかし精神疾患のない「心中以外の加害者」実母だけ「早母」の比率が高いことなどである。

この一般化が可能であるから、今後は精神疾患の有無、「心中による虐待死」と「心中以外の虐待死」に分けて、それぞれの個別的対応ができるかどうかが社会の側からの課題になる。特に精神疾患がない場合で「心中以外の虐待死」では「早母」が目立つために、それに対する対応の仕方を工夫したい。本人が未熟なまま父親母親にはなれないことを義務教育でも啓発し、虐待問題と合わせて子育て家庭のなかでの話題の一つにしたい。

精神疾患がある加害者実母は三〇歳を超えている

残り三カテゴリーとしては、加害者実母に精神疾患がある場合では、「心中以外の虐待死」でも「心中による虐待死」でも三〇歳以上に集中していること、精神疾患がなくても「心中による虐待死」では三〇歳以上になることが得られた。

そこで、精神疾患のある実母が「心中以外の虐待死」をどう引き起こしたかをまとめておこう。「第一〇次報告」ではここに三二名が該当する。多い順に「身体的虐待」七一・九％、「ネグレクト」二一・九％、「不明」が六・三％であった。次に精神疾患のある実母が「心中による虐待死」をした際の四七人についての結果は、「身体的虐待」がなんと九七・九％であり、「不明」は二・一％にすぎなかった。

「身体的虐待」が虐待死の筆頭原因

精神疾患のある実母による「心中による虐待死」では「ネグレクト」は皆無であったから、「身体的虐待」がすべての虐待死の原因になっていることが分かる。同じ傾向は、精神疾患のない実母の場合でも「心中による虐待死」の四八人でも「身体的虐待」が一〇〇％であったから、心中以外でも心中でも精神疾患の有無にかかわらず虐待死の筆頭原因は「身体的虐待」であるといってよい。

残りのカテゴリーである「心中以外の虐待死」の加害者となった精神疾患のない実母九三人においては、「身体的虐待」が六〇・二％と第一位ではあったが、「ネグレクト」が三六・六％あり、「不明」三・二％と合わせて、四割近くが非「身体的虐待」であったことで、ここでも四カテゴリーのうちこれだけの具体的特性が浮かんだことになる。

「第一〇次報告」から、念のために精神疾患の有無による虐待死の原因について統計学的に比較しておこう（図

6-11)。χ^2値は八・三五になり、これは自由度一では一%で有意であった。すなわち、精神疾患があれば「身体的虐待」が多くなり、なければ「ネグレクト」がやや増えるのである。

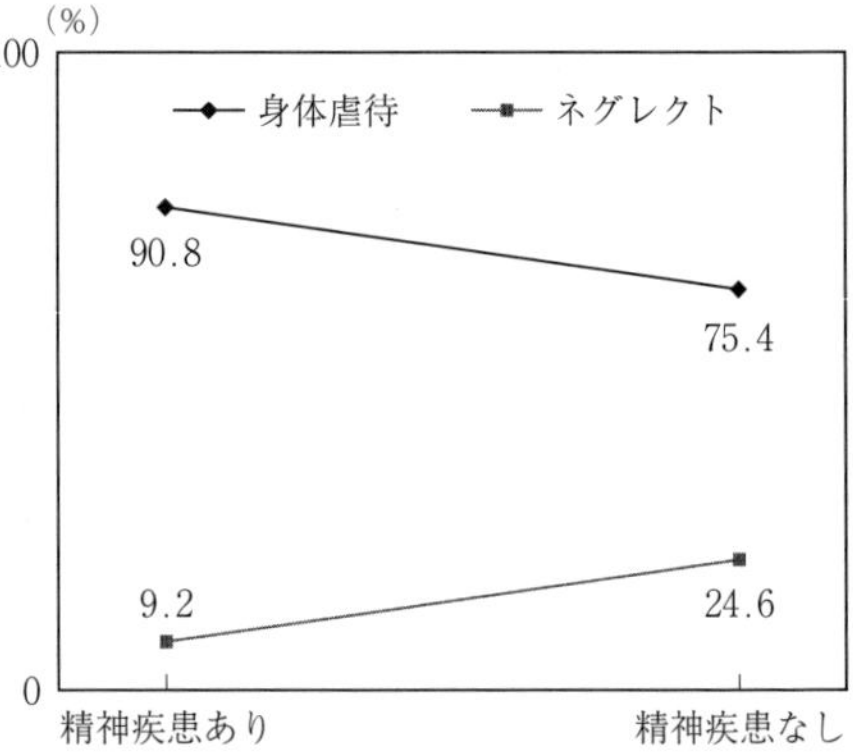

図6-11　精神疾患の有無と虐待死原因

（注）　$\chi^2=8.35$　df=1　$p<0.01$

直接の死因

では直接の死因に占めるその内訳を、「第五次報告」から「第一〇次報告」までで抜き出して、「心中以外の虐待死」の三二人と「心中による虐待死」四七人を比較しながら示しておこう。まず精神疾患ありの場合は表6-3のようになる。ともに第一位は「頸部絞扼による窒息」であった。実の母親に窒息させられる幼児の心情はいかばかりであったろう。

「心中による虐待死」の第二位は「中毒」であったが、「心中以外の虐待死」の第二位は「外傷」（頭部、胸部、腹部）と「不明その他」になった。その他のカテゴリーとして目立つのは、「溺水」と「火災による熱傷・一酸化炭素中毒」が挙げられている。何にしても残酷なことである。

次に精神疾患なしの場合を表6-4にまとめると、精神疾患ありとの相違が大きいことに気が付く。まず、「心中による虐待死」では「窒息」（頸部絞扼、それ以外）が第一位であり、心中では精神疾患の有無にかかわらず、実子を窒息死させることが分かる。第二位は「溺水」、第三位が「火災による熱傷・一酸化炭素中毒」、第四位が「中毒」であった。

一方の「心中以外の虐待死」では第一位が「外傷」（頭部、胸部、腹部）であり、第二位が「不明その他」、第三位

表6－3 精神疾患ありの直接の死因（主なもの）

（%）

	心中以外の虐待死（32人）	心中による虐待死（47人）
外傷（頭部，胸部，腹部）	18.8	8.5
窒息（頸部絞扼，それ以外）	34.4	42.6
中毒（火災によるものを除く）	0	21.3
溺　水	9.4	6.4
不明その他	18.8	11.4
火災による熱傷・一酸化炭素中毒	3.1	6.4

表6－4 精神疾患なしの直接の死因（主なもの）

（%）

	心中以外の虐待死（93人）	心中による虐待死（48人）
外傷（頭部，胸部，腹部）	24.7	6.3
窒息（頸部絞扼，それ以外）	19.4	27.1
低栄養による衰弱	5.4	0
中毒（火災によるものを除く）	0	14.6
溺　水	9.7	18.8
不明その他	20.4	4.2
火災による熱傷・一酸化炭素中毒	10.8	16.7

が「窒息」（頸部絞扼、それ以外）になった。

両者間で異なる死因として、「外傷」は「心中以外の虐待死」に多い。「窒息」はこの反対であり、「心中による虐待死」に目立つ。低栄養による衰弱死は「心中による虐待死」では登場しない。「火災による熱傷・一酸化炭素中毒」は精神疾患がない方に死因としては多く出た。

死亡時の子どもの年齢

では、死亡時の子どもの年齢は幾つくらいなのか。「第五次報告」から「第一〇次報告」までの累計で調べてみよう。まず精神疾患ありの加害者による虐待死では表6－5のようになる。「心中以外の虐待死」では子どもの年齢はゼロ歳が圧倒的に多く、一歳を含むと五三％と過半数に達した。しかし「心中による虐待死」ではこれまでにも指摘したように、六歳以上が多くなり、「六歳から一〇歳」と「一一歳以上」を合わせると、五五％になる。両者の年齢はきわめて対照的に出た。

今度は、同じ六年間の累計で精神疾患なしの加害者による虐待死した児童年齢をまとめてみよう（表6－6）。そうすると、精神疾患ありの「心中以外の虐待死」で明らかになった乳児の

表6－5　精神疾患ありの加害者による虐待死した児童年齢

（％）

	0歳	1歳	2歳	3～5歳	6～10歳	11歳以上
心中以外の虐待死	37.5	15.6	9.4	9.4	12.5	15.6
心中による虐待死	6.4	6.4	6.4	25.5	34.0	21.3

表6－6　精神疾患なしの加害者による虐待死した児童年齢

（％）

	0歳	1歳	2歳	3～5歳	6～10歳	11歳以上
心中以外の虐待死	47.3	19.4	6.5	20.4	2.2	3.2
心中による虐待死	20.8	6.3	4.2	27.1	29.2	12.5

虐待死がもっと増えることに気が付く。すなわちゼロ歳と一歳の合計が六六・七％にも達したのである。すでに加害者の「早母」は証明済みだから、この情報を加味すれば、「早母」がゼロ歳一歳という乳幼児を虐待死させるというパターンが顕在化する。「心中による虐待死」では、やはり精神疾患がなくても六歳以上が合わせて四一・七％になっており、虐待死する児童の年齢がやや高い。もっともゼロ歳児が二〇・八％含まれたことは表6－5とは異なる結果であった。

このように、精神疾患のない加害者により虐待死させられたゼロ歳児は、「心中以外」と「心中」合計で七割近い。このような危険性を帯びるゼロ歳児を守るには、「こんにちは赤ちゃん」訪問活動をはじめ三カ月検診、一歳六カ月検診などを積極的に活用して、未受診のゼロ歳児をなくすこと、その家族に受診の意義を周知することに尽きる。(8)

孤立する加害者

一般的にいえば、虐待死の加害者が孤立しており、人生の絶望感も強いと指摘されることがある。実際にデータを見てきた限りでは、アノミーの因子である孤立感や絶望感それに無力感などが加害者の日常からうかがえる。そこで、「第一〇次報告」の複数回答でまとめられた「支援者の有無」データを、「精神疾患あり」と「精神疾患なし」に大別して比較しておこう。

表6－7は、「精神疾患あり」における「心中以外の虐待死」と「心中による虐待

死」との比較である。事例が少なく細かな検討はできないが、支援者の点では「心中以外の虐待死」の加害者の八三・九%が、「心中による虐待死」加害者の六一・九%よりもはるかに多い。「精神疾患あり」という診断を受けた心中者は不明が三五・七%もあり、支援者の点では人的資源に恵まれておらず、孤立する傾向にあったと考えられる。

では、「精神疾患なし」という診断を受けた虐待死加害者ではどうか（表6-8）。「心中以外の虐待死」加害者でも「心中による虐待死」加害者でも「支援者あり」は六〇%台であり、両者間には違いはない。ただし、「心中以外」では「支援者なし」が三〇%であったのに対して、「心中」では「不明」が二七・八%になったところに両者

表6-7 「精神疾患あり」加害者への支援者の有無

	心中以外の虐待死			心中による虐待死	
なし	3名	9.7%		1名	2.4%
あり	26名	83.9%		26名	61.9%
	配偶者		13名	6名	
	親		15名	14名	
	虐待者のきょうだい		5名	10名	
	配偶者のきょうだい		5名	0名	
	行政の相談担当課		15名	8名	
	保育所などの職員		4名	7名	
不明	2名	6.4%		15名	35.7%
合計	31名			42名	

（出典）「第一〇次報告」より。複数回答の集計。

表6-8 「精神疾患なし」加害者への支援者の有無

	心中以外の虐待死			心中による虐待死	
なし	27名	30.0%		2名	5.6%
あり	57名	63.3%		24名	66.7%
	配偶者		32名	11名	
	親		36名	13名	
	虐待者のきょうだい		11名	7名	
	配偶者のきょうだい		3名	1名	
	行政の相談担当課		21名	5名	
	保育所などの職員		17名	6名	
不明	6名	6.7%		10名	27.8%
合計	90名			36名	

（出典） 表6-7と同じ。

表6－9 「精神疾患あり」加害者への支援機関

(%)

	心中以外の虐待死	心中による虐待死	合　計
児　相	48.4	23.8	34.2
市町村児童福祉担当部署	51.6	28.6	38.4
市町村の母子保健担当部署	80.6	42.9	58.9
医療機関	74.2	57.1	64.4
養育機関・教育機関	41.9	66.7	56.2
保健所	38.7	21.4	28.8
警　察	25.8	4.8	13.7

（出典）「第五次報告」から「第一〇次報告」までの累計。

間の相違を見る。また、精神疾患がある「心中以外の虐待死」では八割以上の支援者がいたが、精神疾患がないと六割台に下がったことも確認された。

では、どのような支援者がいるのかについて、関係機関の関与を指標として「第五次報告」から「第一〇次報告」までの累計結果から見てみよう。まずは「精神疾患あり」加害者への支援機関である（表6－9）。なおこれらも複数回答の集計である。

「心中以外の虐待死」加害者への支援が多い

「心中以外」と「心中」の合計で一番多くの支援比率が出たのは「医療機関」であった。これはなによりも診断して「精神疾患あり」の対象者なのだから当然であろう。しかし両者の間には一七％ほどの違いもあり、「心中以外の虐待死」加害者への「医療機関」の支援が多く出た。

次に合計比率が高いのは「市町村の母子保健担当部署」であるが、ここでも「心中以外の虐待死」加害者への支援が「心中による虐待死」加害者支援よりも二倍程度見られた。このように「心中以外の虐待死」加害者への支援が「心中による虐待死」加害者支援よりも多かったのは、児相（二倍以上）、市町村児童福祉担当部署（二倍以上）、保健所（二倍弱）、警察（五倍）などの機関であった。

そして「心中による虐待死」加害者への支援機関が「心中以外の虐待死」加害者支援機関よりも唯一多く出たのは「養育機関・教育機関」であり、この差も二五％

表6-10 「精神疾患なし」加害者への支援機関

(%)

	心中以外の虐待死	心中による虐待死	合 計
児 相	24.4	13.9	21.4
市町村児童福祉担当部署	25.6	5.6	19.8
市町村の母子保健担当部署	54.4	58.3	55.6
医療機関	41.1	36.1	39.7
養育機関・教育機関	34.4	44.4	37.3
保健所	15.6	13.9	15.1
警 察	15.6	5.6	12.7

(出典) 表6-9と同じ。

あったのである。調査票で使用された七つの支援機関のうち実に六つの支援機関が「心中以外の虐待死」加害者に主たる焦点を置いていたなかで、養育や教育を担当する保育所、幼稚園、小・中学校などが「心中による虐待死」加害者を支援していたことは、日常の養育や教育活動の現場で、幼児や児童を通してその保護者に「無理心中」の危険性を感じ取っていたからではないか。

事前介入への困難性

警察は犯罪が発生しないと動かないとよく言われるが、表6-9でもどちらの虐待死加害者に対しても一番関与度が低く、とりわけ「心中による虐待死」加害者支援については何もないに等しいものであった。さらに考えさせられるのは、「精神疾患あり」の対象者には支援機関のうち半数程度の支援・関与がなされているものの、結局は虐待死させる結果を引き起こした点である。これは事前の家族への介入(prevention)がどれほど困難かを示す資料でもある。

表6-10は「精神疾患なし」加害者への支援機関とその実情のまとめであるが、「精神疾患あり」の対象者よりも半分程度の支援・関与率になっている。これは関係機関において、「精神疾患なし」であれば虐待死を招来する危険性に乏しいという判断によるものであろうか。あるいは実数の点でも「精神疾患なし」がはるかに多いからであろうか。虐待死の兆候が見られなければ動けないのは警察だけではなくどの機関も同じであるから、支援率が低く出たのか。

しかし、そのなかで「市町村の母子保健担当部署」だけは、合計でみると「精神疾患あり」加害者と同じような支援・関与率を示している。これは妊娠から始まる周産期全般での支援が児童虐待防止に有効だからである。なぜなら、母子健康手帳を市町村からもらわなければ、出産までの一四回の検診が無料にならないし、そもそも受診もしなくなるからである。(9)

その意味で、児童虐待の予防は出生前から始まることを理解しておきたい。なお、養育機関・教育機関の支援率については、「精神疾患なし」においても「心中による虐待死加害者」の方に支援率が高く出たのは、幼児や児童を通してその保護者に心中する危険性を保育士や担任教師が感じ取っていたからであろう。

虐待死事例からの問題点と対応策

以上の事例検討を軸として、「第一〇次報告」では、いくつかの問題点と対応策をまとめている。いずれも具体的な事例を踏まえているので、今後のさらなる調査にも有益である。

虐待死事例からの問題点と対応策は次の通りである。

(1)当該事案の関係者の情報共有が組織担当者間で不十分であった。転出入を繰り返す家庭では、虐待発生において高リスクであるという危機意識が市町村担当部署や児相で弱かった。

(2)頻繁な転出入の結果、家庭内管理が不十分なまま乳幼児健診が未受診になり、虐待発生のリスクが高まる。あるいは妊産婦健診もなされない危険性が増大する。

(3)頻繁な転出入では、居住先が不明になりやすく、親戚などからの支援も届かなくなる。元の居住先自治体も転居先の自治体も対応に遅れが生じるか、対応そのものがなされなくなる。

(4)頻繁な転出入の結果、未就学児童が発生する。これは虐待の危険性が高いので、予防的にも未就学児をゼロにするような迅速な対応が求められる。

(5)自治体の担当部署が動かないと、要保護児童対策地域協議会が活用できないために、アセスメントもなされない。

(6)移動の際の住民票の届けが基本であり、そこから出生届の未提出、乳幼児健診の未受診、父母の無保険、子どもの未就学などが判明する。

(7)行政をはじめとする関係組織間で、この情報を共有することが重要である。

(8)精神疾患がある養育者の家庭の場合、自殺企図を電話で児相に伝えたにもかかわらず、一般相談として処理した児相の対応に問題がある。

(9)実母支援に際して、担当者が主治医から病状の結果を聞いていないことがある。

(10)育児を行う者がいつでも虐待者に変わるということを、児相などの関係機関組織の担当者はよく認識しておきたい。

(11)情報の共有が適正なアセスメントに結び付き、多様な対応を引き出す。

(12)乳幼児健診未受診、妊婦健診未受診、乳幼児の体重減少などは虐待の危険性を増幅している。

幼い子どもがいる家庭では絶えず児童虐待の危険性がある。それは実母か実父が加害者に変貌することでもある。少子社会にせっかく生を享けた幼い生命がその親に絶たれることはあってはならない。社会全体による取り組みのうち、社会学が関与できる領域は大きくはないが、可能な限り現状を明らかにして、予防策のための情報提供を心がけていきたい。

第7章　大都市の児童虐待の比較分析

「いかなる文化事象の認識も、つねに個性的な性質をそなえた生活の現実が、特定の個別的関係においてわれわれにたいしてもつ意義を基礎とする以外には、考えられない」（ウェーバー、折原浩補訳『社会科学と社会政策にかかわる認識の「客観性」』岩波書店、一九〇四＝一九九八：九二）。

1　児童虐待の趨勢

児童虐待が広報紙で特集される時代

神戸市広報紙『ＫＯＢＥ』（二〇一四年一一月号）で「ＳＴＯＰ！　児童虐待」が特集されたように、少子化のなかで増加する児童虐待は今日の代表的な社会的リスクの一つである。二〇一三年度の神戸市では、虐待相談が五八九件に上り、加害者の九三％が実父母になっていて、とりわけ加害者全体の七二％が実母であると『ＫＯＢＥ』には記されている。児童虐待には、家庭のなかの幼い無力な子が被害者であるという意味で、現代の「少子化する高齢社会」が抱える家族と地域社会の問題状況が集約される。

単身世帯の増加と平均世帯人員の減少に象徴される家族力の低下とは逆に、二〇世紀末から今日までの統計数理研究所「日本人の国民性調査」では、「一番大切と思うもの」として家族が挙げられてきたことについては第2章で詳述した。

評価、診断、処方、実行の繰り返し

学術的な児童虐待調査には、観察された事実に立脚した診断と処方、ないしは理論的なコミュニティ研究でも使用された評価（Evaluating）、診断（Diagnosis）、処方（Prescribing）、実行（Implementing）という思考法の優位性を主張したい。この評価、診断、処方、実行（ＥＤＰＩ）という「論証の正方形」を遵守することが、社会的リスクへの正確な認識と対応策への近道のように思われる（Stoecker, 2013 : 83）。

当然ながら、日本政府も児童虐待への認識は持っている。たとえば内閣府の『平成二六年版　少子化社会対策白書』や『平成二六年版　厚生労働白書』でも児童虐待問題は取り上げられてはいるが、まったく同じ文章で記されているのは非常に不自然である。「児童虐待は、子どもの心身の発達及び人格の形成に重大な影響を与えるため、児童虐待の防止に向け、①虐待の『発生予防』から、②虐待の『早期発見・早期対応』、③虐待を受けた子どもの『保護・自立の支援』に至るまでの切れ目のない総合的な支援体制を整備、充実していく」（内閣府、二〇一四：一〇一、厚生労働省、二〇一四：二六七）。官庁ごとに立場や活用できる社会資源が異なるはずなのに、この同じ文章が同じ発行年の違った白書に掲載されることには違和感が伴う。

もとより児童虐待の原因は複合していて、ここでいわれる①②③に関しても社会学だけの視野には収まらないが、少子社会論のなかでも児童虐待を位置づけておくことの意味はある。[1] なぜなら、「深刻な虐待は犯罪であり、子どもの健康と発達にとって危険である」（ジョーンズ、一九九七＝二〇〇三：一〇〇三）からである。子どもにとっては究極の犯罪であり大きなリスクでもある児童虐待に学問として正対するには、何をどうすればよいか。

表7－1　児童虐待の定義

身体的虐待：殴る，蹴る，投げ落とす，激しく揺さぶる，やけどを負わせる，溺れさせる，首を絞める，縄などにより一室に拘束する，など
性的虐待：子どもへの性的行為，性的行為を見せる，性器を触る又は触らせる，ポルノグラフィの被写体にする，など
ネグレクト：家に閉じ込める，食事を与えない，ひどく不潔にする，自動車の中に放置する，重い病気になっても病院に連れて行かない，など
心理的虐待：言葉による脅し，無視，きょうだい間での差別的扱い，子どもの目の前で家族に対して暴力をふるう（ドメスティック・バイオレンス），など

（出典）厚生労働省ホームページより。

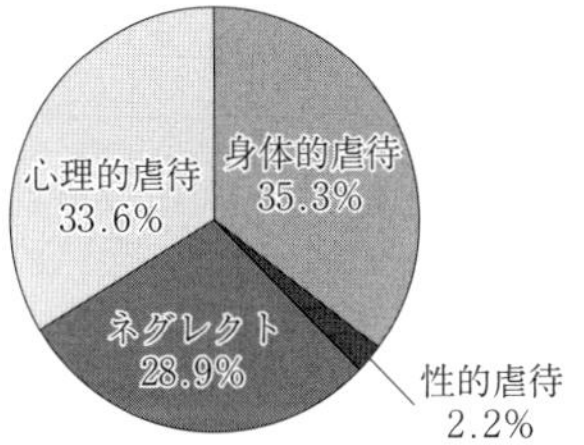

図7－1　全国の児童虐待の内訳（2012年度）

（資料）2014年警察庁ホームページより。

「生活困難」と「病気」が根本原因

児童虐待の根源的な原因には、「生活困難」や「病気」があることがすでに分かっている。これらをもっと具体化して社会的保護（la protection sociale）の対象としてまとめれば、(1)貧困（la pauvreté）、(2)不衛生（l'insalubrité）、(3)病気（la maladie）、(4)無知（l'ignorance）、(5)失業（le chômage）などになる（Montoussé & Renouard, 2006：212）。これらが文字通り「生活困難」の主因を構成するのは確かであり、児童虐待の研究には虐待の実態とともに、貧困や病気や無知という普遍的な問題をも包摂するパラダイムが求められる[2]。

児童虐待分類と定義

厚生労働省による児童虐待分類と定義は、身体的虐待、性的虐待、ネグレクト、心理的虐待にまとめられる（表7－1）。たとえば二〇一二年度では、身体的虐待が三五・三％、ネグレクトが二八・九％、心理的虐待が三三・六％となっており、これらは三割前後で拮抗しており、性的虐待は二・二％と少なかった（図7－1）。

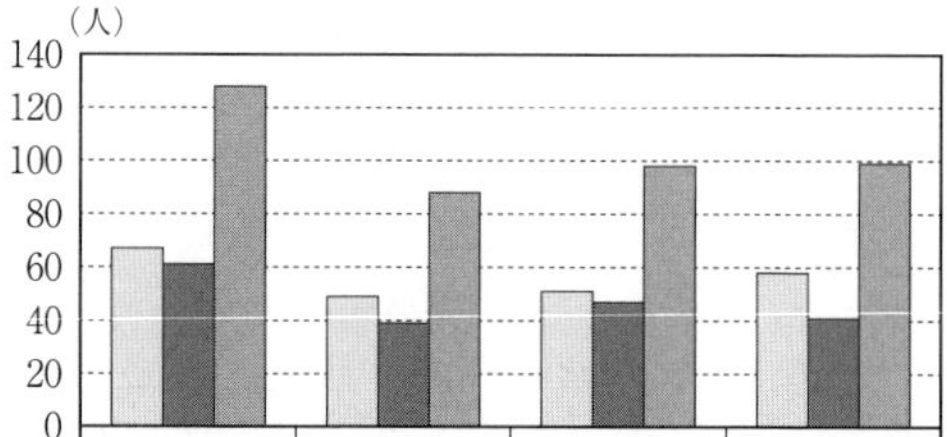

	2008年度	2009年度	2010年度	2011年度
虐待死	67	49	51	58
心　中	61	39	47	41
合　計	128	88	98	99

図7－2　全国の虐待死と心中

（資料）　各年度警察庁ホームページより。

しかし、増加する傾向にある心理的虐待が二〇一三年度では一万六三八七人中八二六六人となり、全体の五六％を占めた。そこでは「身体的な虐待だけでなく、心理的虐待も深刻な状況にあるという認識が警察現場に浸透してきた」と分析された。特に心理的虐待には、「生まれてこなければよかった」「殺してやる」などと親みずからが児童に暴言を浴びせたり、刃物を示して脅したりする行為や児童の目の前で家族に暴力を振るう「面前ドメスティック・バイオレンス（ＤＶ）」も含まれている。その事案からは、父または母（あるいは父母一緒）による児童虐待が身体的暴力を超えて、心理的な暴力まで包み込む虐待の拡散も読み取れるようになってきた[3]。

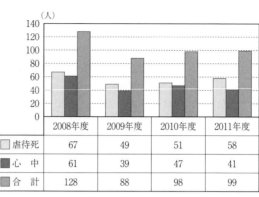

ただし、身体的暴力による虐待死も減少していない（図7－2）。親からの一方的で直接的な暴力による虐待死と、その親もまた同時に死のうとする無理心中による児童の死とは統計上区別されてきた。警察庁のまとめによれば、二〇〇八年度までの四年間の動向は両者合計が一〇〇人前後になること、しかもどの年も虐待死がやや多いことが判明している（第5章、第6章）。なお、これらの統計データは一九九九年から警察庁により集計・公表されるようになったものである。念のために、児童とは一八歳未満を指しており、ここに掲げるデータは、児童虐待防止法がいう虐待行為が、刑法犯等（殺人や傷害致死）として検挙された事案であることを追記しておきたい。

児童虐待には主たる加害者でも虐待内容でも地域的な特性が現われる。二〇一三年度までの全国的な趨勢としては、身体的虐待、ネグレクト、心理的虐待がそれぞれ三割強になっている。さらに細かく見ると、性的虐待単独は少ないものの、多くの場合は身体的虐待の一部となっていて、児童により深刻な結果を引き起こすこともある。

実母が実父よりも二倍

では、誰が児童を虐待するのか。この内訳については虐待数が多い政令指定都市間でさえ相違はあるが、一般的には実母が実父よりも二倍程度多く出る。図7‐3から二〇一二年度の場合も、例年通り実母が六割弱、実父が三割弱、その他が一割強という分布になった。被虐待者のうち心理的虐待を受けた児童の割合は、警察庁が統計を取り始めた二〇〇六年は一七〇三人中一六八人と一〇％未満だったが、その後は毎年増え続け、既述のように二〇一三年度は激増した。これは警察庁が方針を転換して、家庭内DVが子どもの面前で行われたらすべて心理的虐待とすることを全国の児相に通達したからである。なお注(10)を参照してほしい。

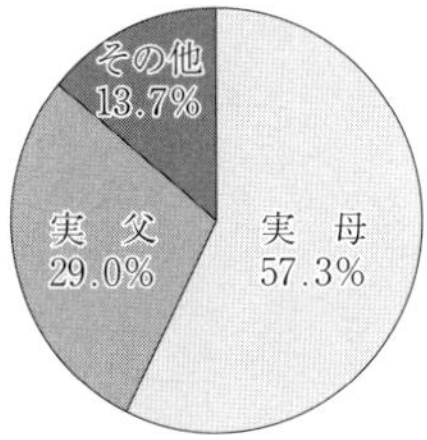

図7‐3　主たる虐待者の全国統計（2012年度）

（資料）　2014年警察庁ホームページより。

たとえば、二〇一四年七月二九日に西東京市で発生した中学二年生の首吊り自殺で明らかになった「二四時間以内に死ね」というような父親の言葉は、完全な心理的虐待になる。それでありながら、心理的虐待は物理的痕跡が何一つ残らないため、最も認知しにくい暴力でもある。

警察庁による二〇一四年度年上半期（一～六月）のまとめでは、虐待全体が一万六一人であり、半期ベースで過去最多になった。全体の五六％を占めた五六七〇人の心理的虐待以外では、身体的虐待が二八九一人（二八・七％）、ネグレクト（育児の怠慢・拒否）が一四四四人（一四・三％）、性的虐待が五六人（〇・六％）だった。

急増した心理的虐待

統計手法が変わって、急増した心理的虐待とは何か。身近な経験からも分かるように、両親からの言葉による虐待や子どもの面前での両親間のＤＶは、直接的な身体的虐待と同等以上に、その子どもに精神的な影響を与える。周知のように、心理的虐待の初期的影響としては、人間関係の不適応（友だちとの関係が困難）、知的な障害（学校の成績の悪さ）、感情に左右されやすい行動（攻撃性）などの問題が従来からも指摘されてきた。そしてその長期的影響としては、自尊心が低くなる、不安やうつが激しくなる、解離、対人関係における感受性が強まるなどが指摘される。

心理的虐待にはそれら以外にも、子どもが何かを求めてきても「あとで、あとで」と応じない、後になっても何もしない、「お前なんか産まなきゃ良かった」とその子の全存在を否定する言い方なども含まれる。そのような子どもが傷つく事例が増えてきたことは社会の側の責任か、早母や早父に象徴されるように親としての未熟さが原因か。あるいは、貧困、病気、無知、失業などの普遍的な虐待理由に端を発するのか。またはいわゆる無縁社会特有の社会現象なのか(4)。

二四年連続の増加

二〇一三年度に全都道府県と政令都市、地方中核都市の児童相談所（児相、二〇七カ所）が対応した児童虐待の相談件数は七万三七六五件（速報値、前年度比一〇・六％増）となり、一九九〇年度の調査開始以来、初めて七万件を超えて、二四年連続の増加を記録した。都道府県別では、大阪府の一万七一六件（前年度比八四一件増）が全国最多であり、神奈川県九八〇三件（同一四七九件増）、東京都五四一四件（同六二六件増）、千葉県五三七四件（同五九八件増）、埼玉県五一三三件（同二八〇件増）などがこれに続いた。その他では、愛知県三九五七件、広島県二五八五件、兵庫県二四二六件、北海道二〇八九件、福岡県一七〇一件なども多かった。急増地域はいずれも大都市圏に属する。また、前年度からの増加率が高いのは鹿児島県（二・四三倍、二三一件）、鳥取県（一・五〇倍、一五五件）、川崎市（一・五〇倍、一六九六件）などであった。

このような事態でも、虐待する親の親権停止（最長二年間）を児童相談所所長が家庭裁判所に申し立てたのは一六自治体の二三件であり、本決定で認められたのは九件にすぎなかった。親権停止が認められたのは、性的虐待で施設に保護された子どもについて、服役した父親が、出所後に施設から子を取り戻そうとする可能性があるという理由による。厚生労働省は二〇一三年八月、虐待通告のあった子どもに兄弟姉妹がいる場合、兄弟姉妹にも原則として四八時間内に安全確認するよう自治体に通知したが、これは父母間の暴力を目撃したことによる心理的虐待の通告が増えたからである。ただし、一回のＤＶが子ども三人の前で行われると、心理的虐待の件数は三件に数えられるという方法でよいのであろうか。

「地方消滅」論の成果

静止人口に必要な合計特殊出生率二・〇八に比べると、二一世紀初頭の日本で長らく続いた合計特殊出生率一・三〇はその六二・五％に過ぎない。一世代三〇年とすれば、一・三〇では単純に三〇年後には三〇％の人口減少が発生し、二世代から三世代後の九〇年後には日本人口は少なくとも半減に近くなる。この「五〇年ごとの人口半減法則」はかなり前から知られてはいたが、学界だけではなく、マスコミ界、政界、財界でも無視されてきた。その意味で、単純化されたきらいはあるが、元総務大臣の増田寛也らによって「地方消滅」が二〇一四年に高唱されたことは、人口減少社会の行く手にある危険性を周知させる効果があったと思われる(5)。

私は一五年前から増子化を可能とする適正人口一億人を目指す社会条件（金子、一九九八／二〇〇三／二〇〇六ａ／

表7－2　6大都市の少子化関連資料

	TFR	年少人口率（%）	1世帯人員（人）	生活保護率（%）	1万人当たり離婚件数
横浜市	1.29	13.2	2.18	3.0	17.80
大阪市	1.25	11.6	1.93	9.0	24.62
名古屋市	1.35	12.8	2.17	3.7	20.23
札幌市	1.08	11.7	1.93	5.1	23.80
神戸市	1.28	12.6	2.13	4.8	19.73
福岡市	1.24	13.1	2.05	4.5	21.85

（注）「1万人当たり離婚件数」は10000×離婚件数／総人口で金子が計算した。データは『統計でみる市区町村のすがた　2014』（総務省統計局）から。その他のデータは『2014年版　都市データパック』（東洋経済新報社）から。なお，TFRは合計特殊出生率のことである。また，生活保護率＝100×被保護世帯／総世帯で得た。

二〇〇七／二〇一四b）を模索してきたが、数年前から少子化のなかでせっかく授けられた命が虐待によって失われる悲惨さをできるだけ減少させたいと願うようになり、児童虐待の社会学的研究にも取り組んできた（金子、二〇一四a／二〇一四b）。

児童虐待の学術的研究

政治的対応とは異なる学術的研究では、⑴児童虐待の全国的な趨勢を明らかにする。⑵児童虐待は大都市に目立つから、代表的に政令指定都市をいくつか選択して大都市なりの特徴を把握することを行う。さらに⑶札幌市での児童虐待の追跡調査を実施した自らの経験から、一般的な大都市特性を細かく補う。⑷子育て支援の一般論との接合を工夫する、などに分かれる。この四点は融合しており、人口変動と社会変動が密接に重なる社会的リスクとして、現代日本都市の児童虐待の実情に迫り、総合的な考察を交えて解決の方向を考えてみたい(6)。

全体的動向を受けて、大都市としての動向をマクロ社会学的に明らかにするために選択したのは政令指定都市であり、人口が多い順から横浜市（三六九万人、『二〇一四年版　都市データパック』による、以下同じ）、大阪市（二六七万人）、名古屋市（二二六万人）を「上位都市」と命名する。そして人口の面ではそれらに続く札幌市（一九一万人）、神戸市（一五四万人）、福岡市（一四六万人）を「中位都市」とする。人口以外の少子化関連の情報は表7－2でまとめた。

合計特殊出生率は札幌市が最低であり、一世帯当たり人員も札幌市と大阪市がともに少なかった。年少人口率でも一一％台は大阪市と札幌市だけであった。さらに、生活保護世帯率でも大阪市が最高の九％を記録したが、札幌市でも五％を超えており、「一万人当たり離婚件数」でも両都市のみがやや多い。これらのデータから見ると、大阪市と札幌市は少子化関連についての都市的類似性が感じられる。少子化もまたこれらの政令指定都市に顕著であるから、児童虐待についての日本の都市的傾向を把握するために、これらの都市からのデータを比較分析した結果を受けて、札幌での時系列の研究をまとめることにする。なお、心理的虐待件数は従来の手法による。

2　児童虐待の都市比較分析

児童虐待の内訳

まず、六都市での児童虐待の内訳についてみておこう。(7) この分類には全国標準の身体的虐待、性的虐待、ネグレクト、心理的虐待の四種類を使用する。方法的には、これらについて二〇一一年度と二〇一二年度の二年分の統計（毎年六月前後に前年度分として各都市の児相が公表）を整理して、「上位都市」と「中位都市」に分けて比較する。ただし、名古屋市のみは市による公表の関係で二〇一二年度と二〇一三年度のデータになる。

「上位都市」のうち横浜市と大阪市では、虐待のうちで身体的虐待がともに第一位となった（図7－4）。言うまでもなくこれは児童への直接的な暴力であり、投げる、蹴る、落とす、やけどをさせるなどを含む。とりわけ大阪市の身体的虐待の比率が高く、データを入手した二年とも四〇％を超えている。横浜市も四種類の虐待の中では、身体的虐待が二年ともに第一位ではあったが、大阪市のように四〇％を超えなかった。ただし、第二位には横浜市

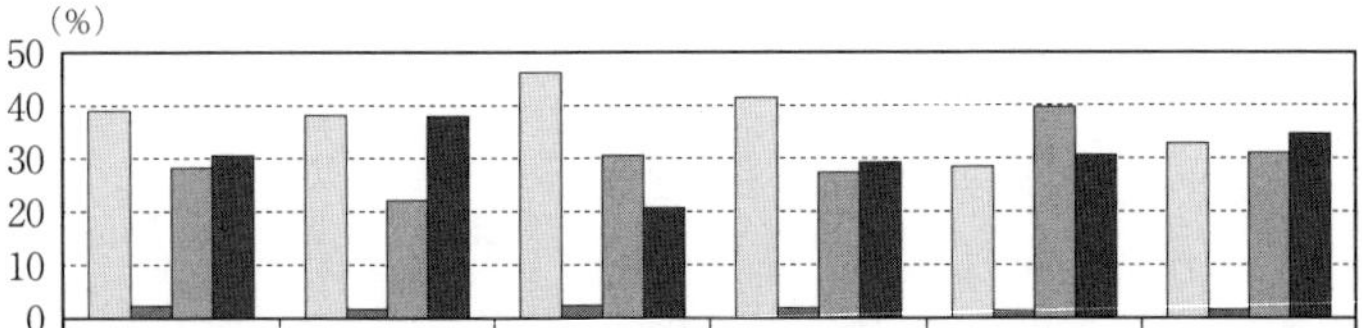

	横　浜 (2011)	横　浜 (2012)	大　阪 (2011)	大　阪 (2012)	名古屋 (2012)	名古屋 (2013)
身体的虐待	39.0	38.2	46.4	41.5	28.4	32.8
性的虐待	2.3	1.7	2.4	1.9	1.4	1.6
ネグレクト	28.2	22.1	30.5	27.3	39.6	31.0
心理的虐待	30.5	38.0	20.7	29.2	30.6	34.6

図７－４　児童虐待の内訳上位３都市

（注）　数字は％。ただし，四捨五入しているので，合計が100％にならない場合がある。

の場合心理的虐待が登場するが、大阪市ではネグレクトの比率がやや高い。

　警察庁が強く要請する前から、定義上、心理的虐待には児童の前での家庭内ＤＶも含まれてはきたから、言葉の暴力とともに今後とも家庭内ＤＶへの配慮をしておきたい。これには一般論としては離婚率が絡んでくるが、その比率が高い大阪市で心理的虐待が第三位であり、同じく離婚率の高い札幌市での心理的虐待が低いために、ここでは離婚率の高さと心理的虐待との間に特定の相関はないと思われる。

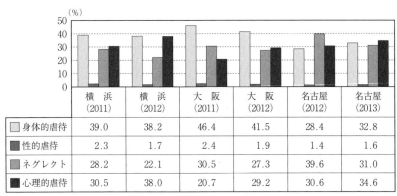

　政令指定都市の人口が第三位の名古屋市では、二〇一二年の第一位がネグレクトであったが、二〇一三年では心理的虐待が第一位となり、二年ともに身体的虐待が第一位にはならなかった。むしろ名古屋市は横浜市と大阪市との傾向とは異なり、「中位都市」の傾向と類似していた。なぜなら、ネグレクトと心理的虐待とが第一位を競う名古屋市の傾向は神戸市と福岡市に似ていたからである。

　「中位都市」のうち神戸市と福岡市では基本的に名古屋市と変わらない児童虐待の類型を示したが、札幌市のみがネグレクトが著しく高い比率を示すという特徴が得られた（図７－５）。すなわち神戸市と福岡市とでは性的虐待を除くと、この二年間のデータでは残りの三種類はほぼ均衡していた。しかし、札幌市ではネグレクトが七〇％に近く、

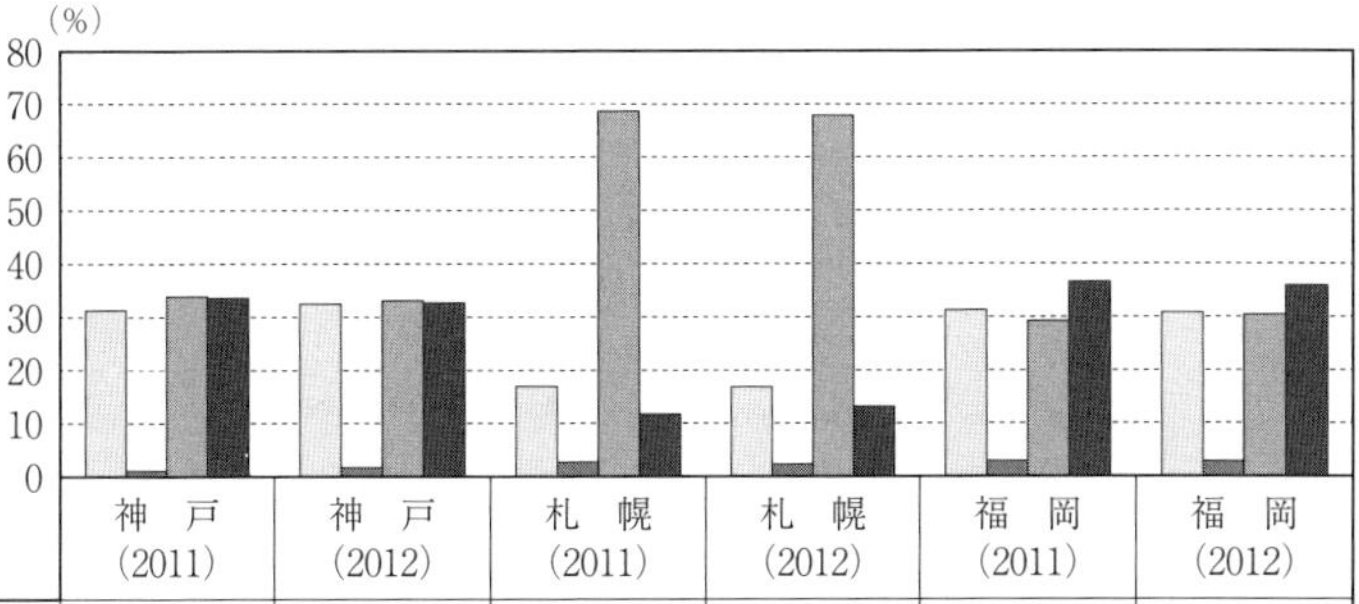

	神戸(2011)	神戸(2012)	札幌(2011)	札幌(2012)	福岡(2011)	福岡(2012)
身体的虐待	31.3	32.5	16.9	16.8	31.3	30.8
性的虐待	1.1	1.7	2.7	2.3	2.9	2.8
ネグレクト	33.9	33.1	68.6	67.8	29.2	30.4
心理的虐待	33.6	32.7	11.7	13.1	36.6	35.9

図7－5　児童虐待の内訳中位3都市

（注）　数字は%。ただし，四捨五入しているので，合計が100%にならない場合がある。

身体的虐待と従来の方法による心理的虐待は非常に少なく出たのである。

ネグレクト

周知のように、ネグレクトとは児童の日常生活に不可欠な食事の提供、着替え、洗濯、排泄の世話、入浴、通園通学の支援などを親が怠ること、すなわち「育児放棄」を意味する。札幌市で時系列的に見た高率のネグレクトは家族規範と家族力の弱さからであろう。その指標の一つである「離婚率」は常時高い。これは家族を維持しようとする規範の裏返しデータであり、規範が弱ければ確実に家族解体の促進力となる。北海道では家族規範が弱いうえに、実態としても小家族化が進展しているのだから、個々人は家族に期待できるところが乏しい。ネグレクトの多さもまた、この家族内個人化の延長線上に位置づけておきたい。

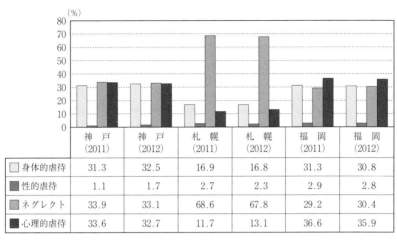

主たる虐待者

次に、主たる虐待者について、「上位都市」と「中位都市」でまとめておこう。取り上げた六都市全てで、全国的動向と同

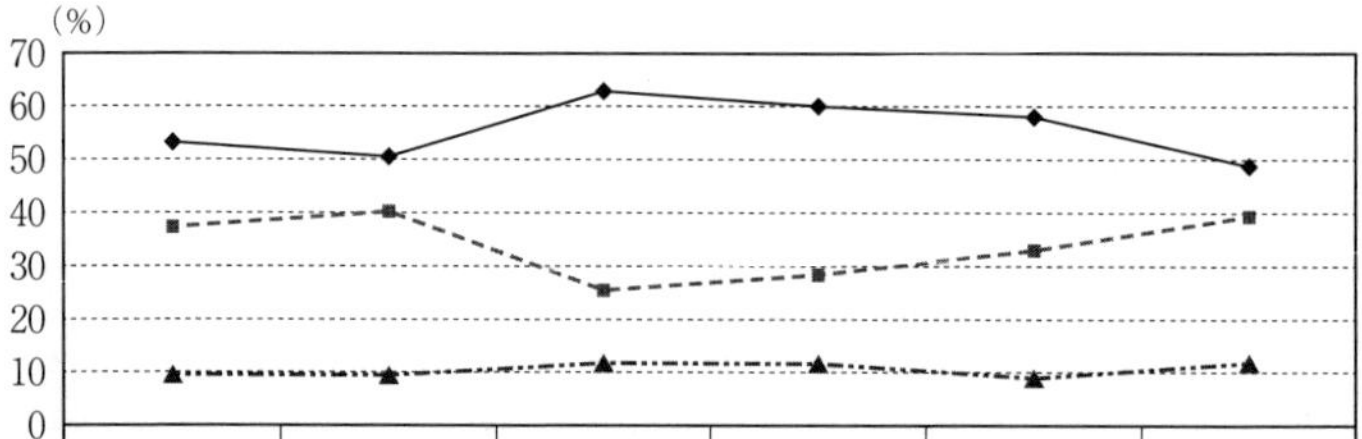

	横　浜 (2011)	横　浜 (2012)	大　阪 (2011)	大　阪 (2012)	名古屋 (2012)	名古屋 (2013)
―◆― 実　母	53.2	50.5	62.8	60.0	58.0	48.8
--■-- 実　父	37.3	40.2	25.5	28.4	33.0	39.4
···▲··· その他	9.5	9.4	11.7	11.6	8.9	11.8

図 7－6　主たる児童虐待者上位 3 都市

（注）　数字は%。ただし，四捨五入しているので，合計が 100%にならない場合がある。

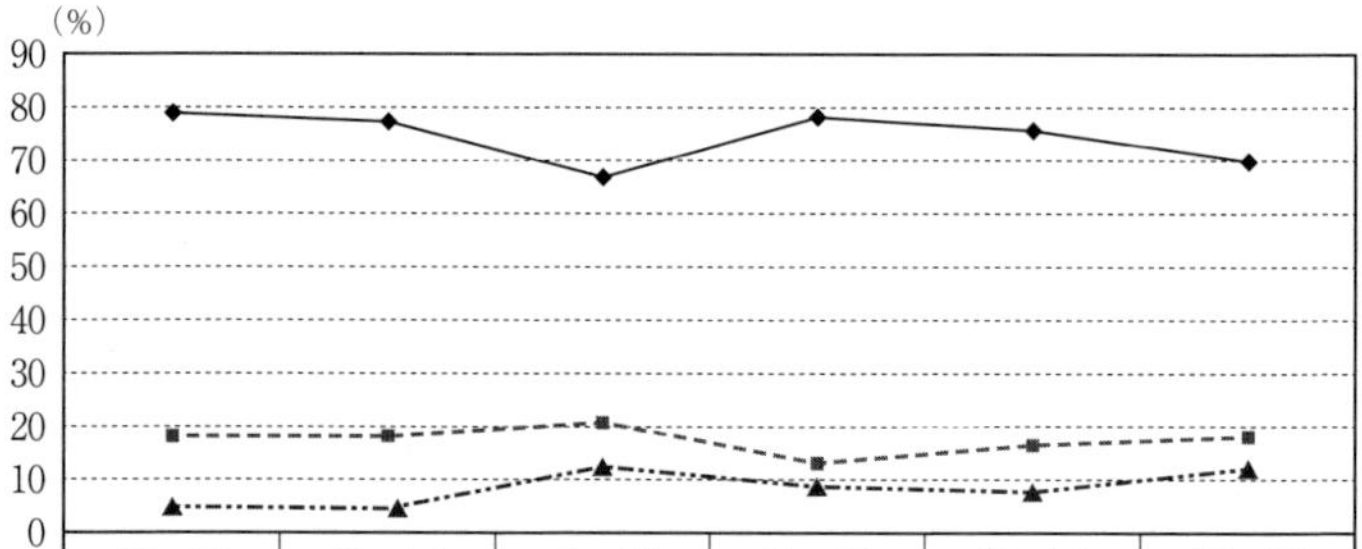

	神　戸 (2011)	神　戸 (2012)	札　幌 (2011)	札　幌 (2012)	福　岡 (2011)	福　岡 (2012)
―◆― 実　母	78.9	77.3	66.8	78.2	75.7	69.8
--■-- 実　父	18.2	18.2	20.8	13.1	16.5	18.1
···▲··· その他	4.8	4.5	12.4	8.7	7.7	12.1

図 7－7　主たる児童虐待者中位 3 都市

（注）　数字は%。ただし，四捨五入しているので，合計が 100%にならない場合がある。

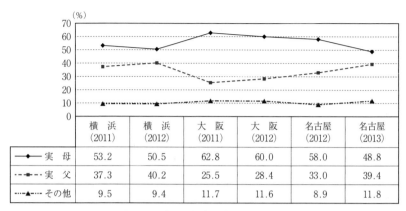

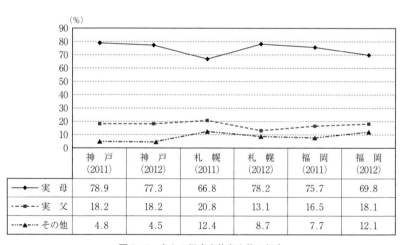

じく実母が主たる虐待者であった。ただし，「上位都市」ではやや実父の比率が高く，二〇一二年の横浜市では四〇％を超えた。この年の横浜市では主たる虐待者としての実母は五〇％であったので，他の都市に比べると実母と実父の比率がかなり接近したことが分かる[8]。

大阪市における実父が加害者の比率は二五％程度であったが，名古屋市では二年ともに高率の三五％前後になった（図7-6）。主たる虐待者だけでみると，実母が高率になるのは西日本の政令指定都市であり，これから外れる横浜市と名古屋市では，実父の比率が目立って高くなることが分かった。

反面，虐待者が実母である比率は二〇一一年の神戸市七八・九％を最高に，「中位都市」では軒並み高い（図7-7）。二〇一一年と二〇一二年でどちらも七〇％を超えていたのが神戸市であり，どちらかの年で七〇％を超えたのが札幌市と福岡市であった。その分だけ実父が少なくなるが，二〇一一年の札幌市を除くと全て二〇％には届かない。その他は義理の父母を軸とする。これは神戸市では五％を超えず，札幌市と福岡市ではどちらかの年が一〇％を上回っていたが，その年は実母が少なくなっている。

3　児童虐待の通告経路

社会の責務

上野加代子（二〇一三：一三〇〜一三二）は，児童虐待に関しての総括で，虐待する親が子ども時代に受けた虐待がトラウマとなり，世代間に連鎖することを指摘して，これは児童虐待における「心の問題」であるとした。同時に，病気や失業による経済的困窮としての貧困を重視して，これを「社会の問題」に分けた。そのうえで，児童虐待は経済的困窮と重複するので，「親の就労支援や子育て支援などの社会保障をさらに充実すること」（同右，一三二）で、社会的リスク要因を減らすこと、家族だけが担っている子育ての責務を「社会の責務」とし、安心して子育てできるようにサポートすることが必要である、とまとめている。ただし、具体的な「社会の責務」は書かれていない。

「社会の責務」として、ここでは地域社会を基盤とする「コミュニティ系の責務」と行政組織を筆頭とする「アソシエーション系の責務」に分けておきたい(9)。前節まで行った児童虐待の類型別の集計と主たる虐待者に関するまとめから、大都市の児童虐待の概略が判明したので、次は児童虐待を予防するうえで不可欠な児相への通告経路について、六大都市の現状を示し、この観点から政令指定都市における児童虐待通告経路を比較しておこう。

児童虐待通告経路の分類

政令指定都市でもその他の都市でも、自治体主導の二四時間対応の虐待ホットラインは児童虐待の発見や予防にもちろん成果を上げているが、機関や個人による児相や警察や市区役所などへの電話その他の連絡通報もまた機能している。

まず児相「通告経路」調査票で項目化された指標を分類整理すると、コミュニティ系とアソシエーション系に二分される。前者には「家族・親族」と「近隣・知人」が該当し、後者には「福祉事務所・施設」「医療機関」「学校・警察その他」が含まれる。

「家族・親族」には虐待される児童の祖父母、親戚、虐待される児童本人、虐待する両親などが該当する。虐待者本人または非虐待者である児童が児相に通報することは稀なので、この比率は通常低いままで推移する。「近隣・知人」とは同じ町内や徒歩圏の地域社会に住む人々が児童の虐待される姿や声や音を見かねて、児相などに通報するものの総称であり、コミュニティ系の代表的ルートである。札幌市では冬の期間にマンションのベランダに放置

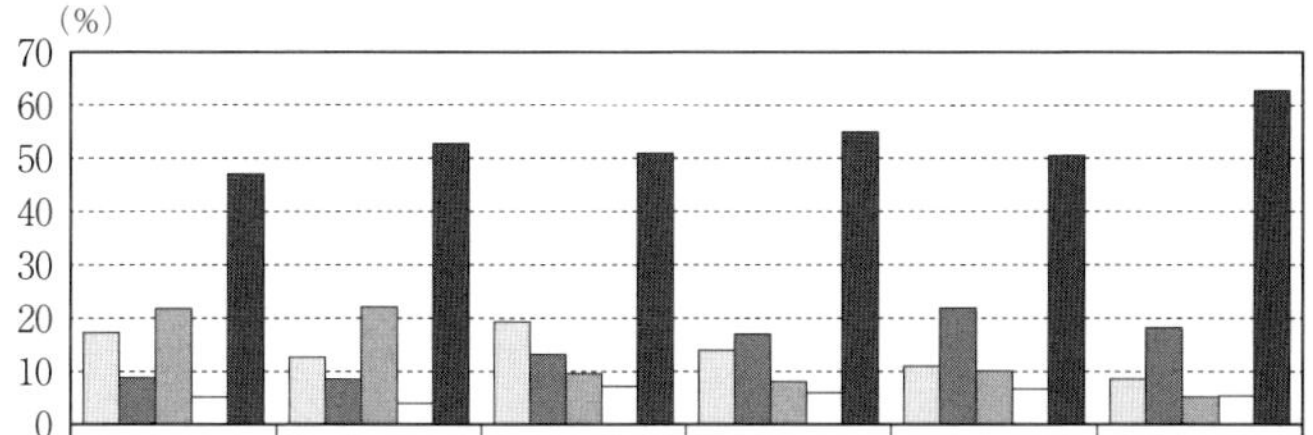

	横　浜（2011）	横　浜（2012）	大　阪（2011）	大　阪（2012）	名古屋（2012）	名古屋（2013）
家族・親族	17.3	12.7	19.3	14.0	11.0	8.6
近隣・知人	8.7	8.5	13.2	17.0	21.9	18.2
福祉事務所・施設	21.8	22.1	9.6	8.1	10.1	5.1
医療機関	5.1	3.9	7.1	5.9	6.6	5.3
学校・警察その他	47.0	52.7	50.9	54.9	50.5	62.8

図7‐8　児童虐待の通告経路上位3都市

（注）　数字は%。ただし，四捨五入しているので，合計が100%にならない場合がある。

されている児童を近隣・知人・通行人などが発見して、児相や警察などに通報する事例が散発的に発生するが、駆けつけた児相専門員に、その親は子のしつけのためと回答する場合が多い。

「学校・警察その他」はアソシエーション系の通告ルートの筆頭であり、コミュニティ系としての「近隣・知人」とともによく使用される。これ以外のアソシエーション系には「福祉系の機関」と「医療系の機関」がある。

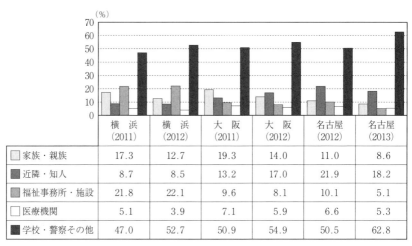

上位都市の通告経路

では、横浜市、大阪市、名古屋市の比較から始めよう。ともに通報経路で一番多かったルートは「学校・警察その他」であった（図7‐8）。とりわけ二〇一三年度の名古屋市ではその比率が六二・八％にも達した。「学校・警察その他」が半数を占めるのは三都市すべてであり、加えて横浜市は二年間ともに「福祉事務所・施設」が二〇％台を超えていたところにも特徴があり、「家族・親族」からの通告の多さもまた特筆される。これらのデータから、横浜市では最もアソシエーションルートが使われており、家族ルートも他の大都市よりも目立ったといってよい。アソシエーションルートが活用されていることは、児童虐待の対応についても行政の熱心さの反映と評価できるところもあるが、反面で大都市なりのコミュニティ系ルートの低さも目立っている。

大阪市は「家族・親族」からの通報が多い半面、「福祉事務所・施設」が少なかったが、「学校・警察その他」が半数を超えたのは他の上位二都市と同じである。横浜市と同じく、大阪市でも「近隣・知人」のコミュニティ系はそれほど活用されていない。「医療機関」からの通告は上位三都市ではいずれも五％前後であった。

しかし、名古屋市では「近隣・知人」からの通告が二〇％前後あり、横浜市と大阪市とは異なり、「家族・親族」からの通告も少なく、「福祉事務所・施設」の比率も低いが、アソシエーション系としての「学校・警察その他」は二つの「上位都市」と同様に多かった。要約すれば、「上位都市」の通告経路ではアソシエーション系としての「学校・警察その他」が完全に優位であり、「福祉事務所・施設」と「医療機関」の三者合計がほぼ七〇％前後に達した。とりわけ横浜では「福祉事務所・施設」の活用度が高く、虐待の通報経路に関する限りは典型的なアソシエーション系の都市であった。

コミュニティ系ルートが少ない

反面、横浜市でも大阪市でも「近隣・知人」というコミュニティ系ルートは、「中位都市」と比較するとあまり活用されていなかった。むしろインフォーマルな「家族・親族」ルートが横浜市と大阪市では健在であり、コミュニティ系ルートよりも多かったことが特記できる。

名古屋市ではアソシエーション系としての「学校・警察その他」が第一位であった。これは他の「上位都市」と同じであるが、第二位が「近隣・知人」のコミュニティルートであったところに「中位都市」との関連性を読み取ることができる。なぜなら、神戸市、札幌市、福岡市の三都市の通告経路では二年間ともに「近隣・知人」が第一

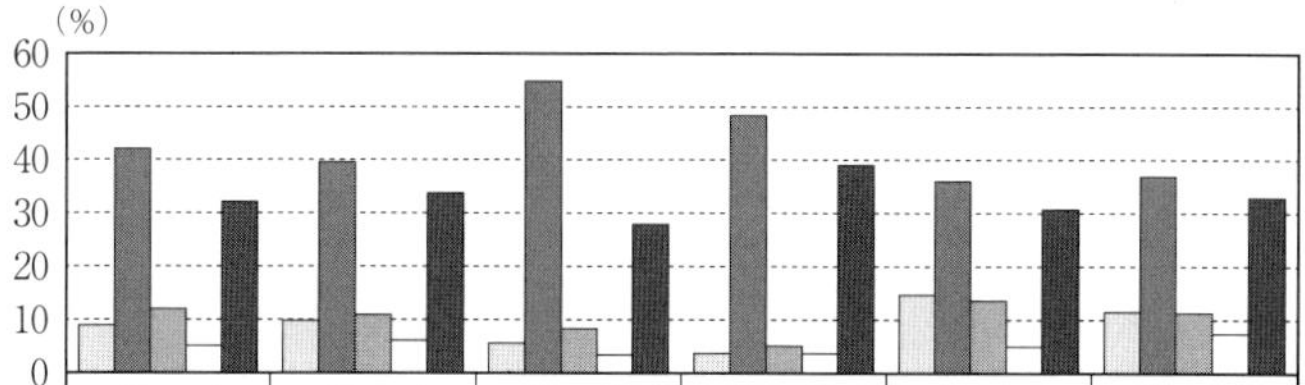

	神戸 (2011)	神戸 (2012)	札幌 (2011)	札幌 (2012)	福岡 (2011)	福岡 (2012)
家族・親族	8.9	9.8	5.6	3.7	14.7	11.5
近隣・知人	42.0	39.5	54.8	48.4	36.0	36.9
福祉事務所・施設	12.0	10.9	8.3	5.1	13.6	11.3
医療機関	5.1	6.1	3.4	3.7	5.0	7.4
学校・警察その他	32.1	33.7	27.9	39.0	30.7	32.9

図7-9　児童虐待の通告経路中位3都市

（注）　数字は％。ただし，四捨五入しているので，合計が100％にならない場合がある。

位だったからである（図7-9）。とりわけ札幌市のようにコミュニティ系としての「近隣・知人」が五〇％前後に達する都市では、アソシエーション系としての「学校・警察その他」とともに通報の二大基盤をなしていたことがわかる。「中位都市」ではむしろ「家族・親族」は少なく、「福祉事務所・施設」でも一〇％程度に過ぎず、「医療機関」は五％前後に終始した。

すなわち、「上位都市」の七〇％がアソシエーション系通告経路であったことと対照的に、「中位都市」では「家族・親族」と「近隣・知人」のコミュニティ系通告経路の合計が五〇％から六〇％になり、アソシエーション系通告経路と共存している実態が浮かんできた。

ここまでの比較検討から、第一には、「上位都市」にみるアソシエーション系としての「学校・警察その他」と「福祉事務所・施設」それにインフォーマルな「家族・親族」ルートが、児童虐待の通報には使用されている大都市の存在が浮かんだ。これは大都市特有の「通告経路モデル」といってよい。

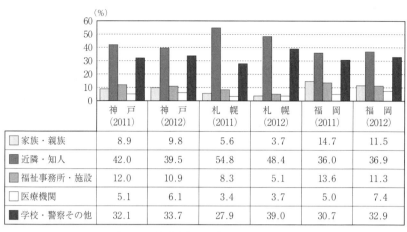

コミュニティ系ルートとアソシエーション系ルートの共存

他方「中位都市」のデータ分析から、典型的なコミュニティ系

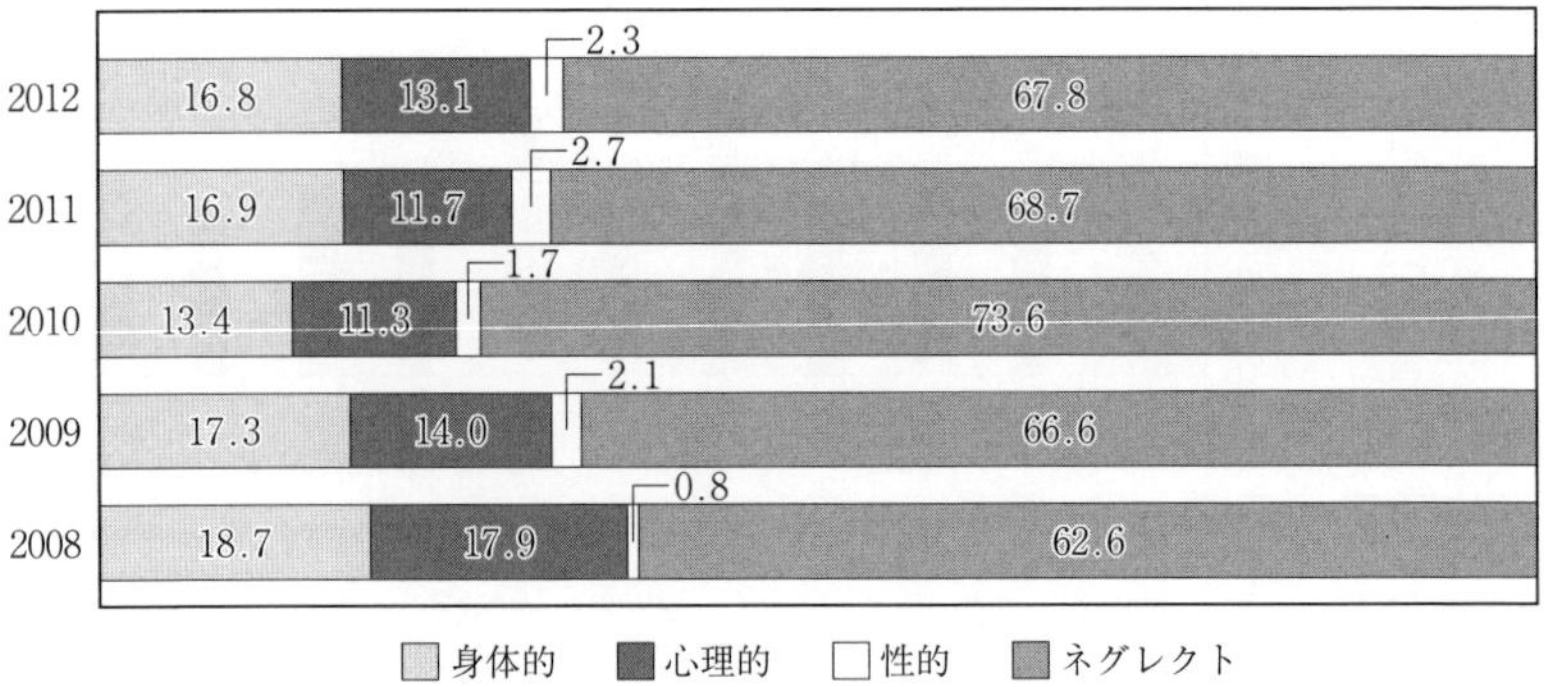

図7－10　札幌市の児童虐待の内容

（出典）札幌市児童相談所提供資料（2013年6月）。

としての「近隣・知人」からの通報機能が優位であり、アソシエーション系としての「学校・警察その他」がこれに次ぐという大都市モデルが得られたことになる。「中位都市」では両者共存するルートの存在が認められ、これもまた大都市における一つの「通告経路モデル」である。

その意味で、現代日本都市における児童虐待の通告経路ではアソシエーション系に特化した場合と、アソシエーション系とコミュニティ系とが共存した。名古屋市はいわばこれらの中間に存在する大都市モデルという位置づけになる。

4　札幌での児童虐待の時系列分析

児童虐待の相談件数

札幌での児童虐待の相談件数は二〇〇九年度が六二〇件、二〇一〇年度が四七八件、二〇一一年度が四三七件、二〇一二年度が四三五件であった。これまでと同じく、これらをネグレクト、身体的虐待、性的虐待、心理的虐待にまとめてみよう(10)。

図7－10は札幌市の過去五年間のそれらの内訳である。全体的基調は変わらず、すでに前節で示したようにネグレクトが七〇％で第一位であり、以下、身体的虐待、心理的虐待、性的虐待の順になっている。ネグレクト

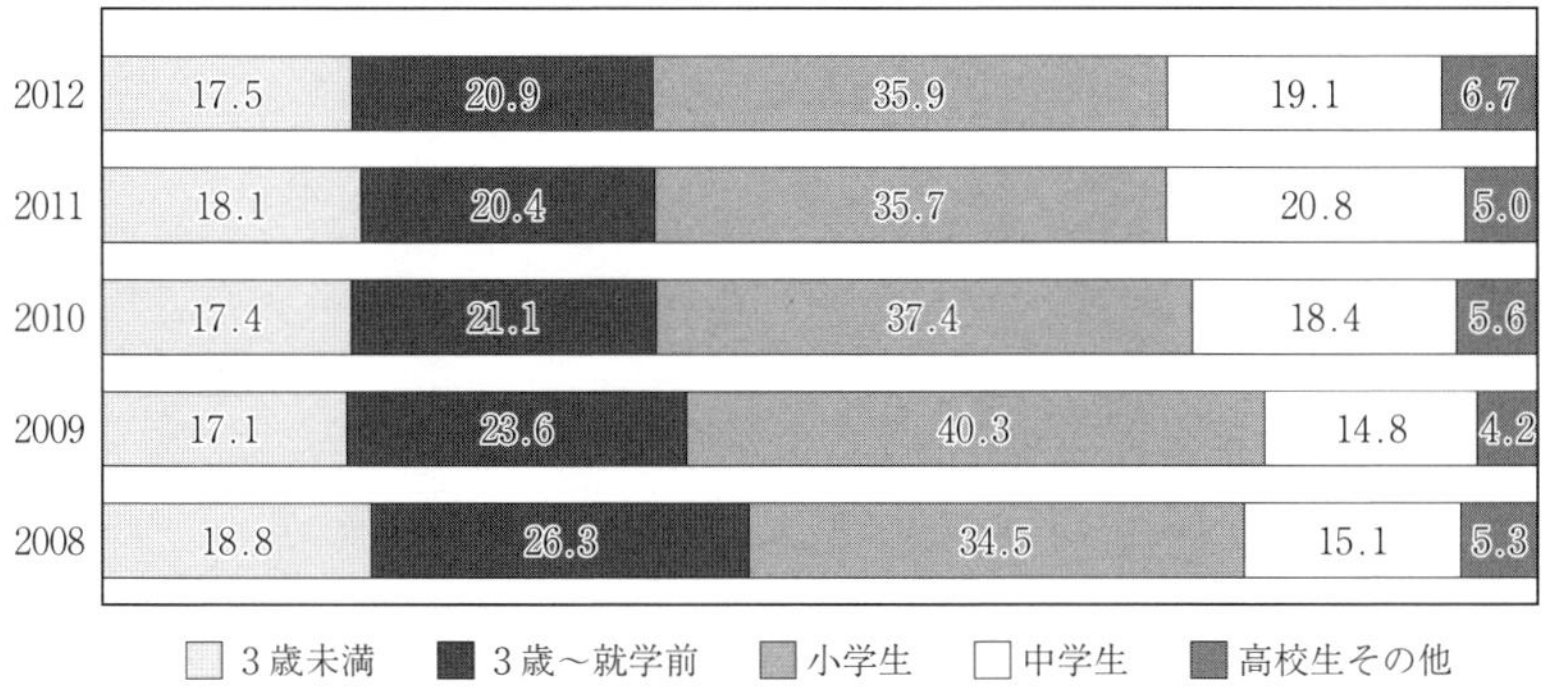

図7－11　札幌市の被虐待児の年齢構成

（出典）図7－10と同じ。

は単一次元ではなく、分野が複合することが多い。それは子どもの身体的、知的、情緒的な能力の発達に不可欠であると考えられているものやサービスを子どもに提供しないことすべてを含むからである。具体的には、食物、衣類、住まい、安全の確保、身体的および情緒的養育、家庭教育、医学的ケア、学校教育などが該当し、これらの提供や確保は親の義務であり、子どもの権利である。

通常の子育てとは、これらを万遍なく親が子どもに提供することを意味する。したがって子育て支援とは、親が行う食物、衣類、住まい、安全の確保、身体的および情緒的養育、家庭教育、医学的ケア、学校教育などの一部を社会的に肩代わりする行為を指す。

虐待される児童の年齢構成

虐待される児童の年齢構成は図7－11の通りである。札幌市の五年間の動向に大きな変化はなく、三歳未満が二〇％弱、三歳から就学前が二〇％強、小学生が三五％前後、中学生が二〇％弱という傾向は変わらない。就学前まではネグレクトと身体的虐待が多く、小学生以上になると、心理的虐待が増加する。これは中学生以上では体格の点で親よりも大きくなる場合もあり、身体的虐待が難しくなるためである。逆に就学前の乳幼児には言葉の理解力が不十分であるから、心理的虐待は少数に止まるが、中学生

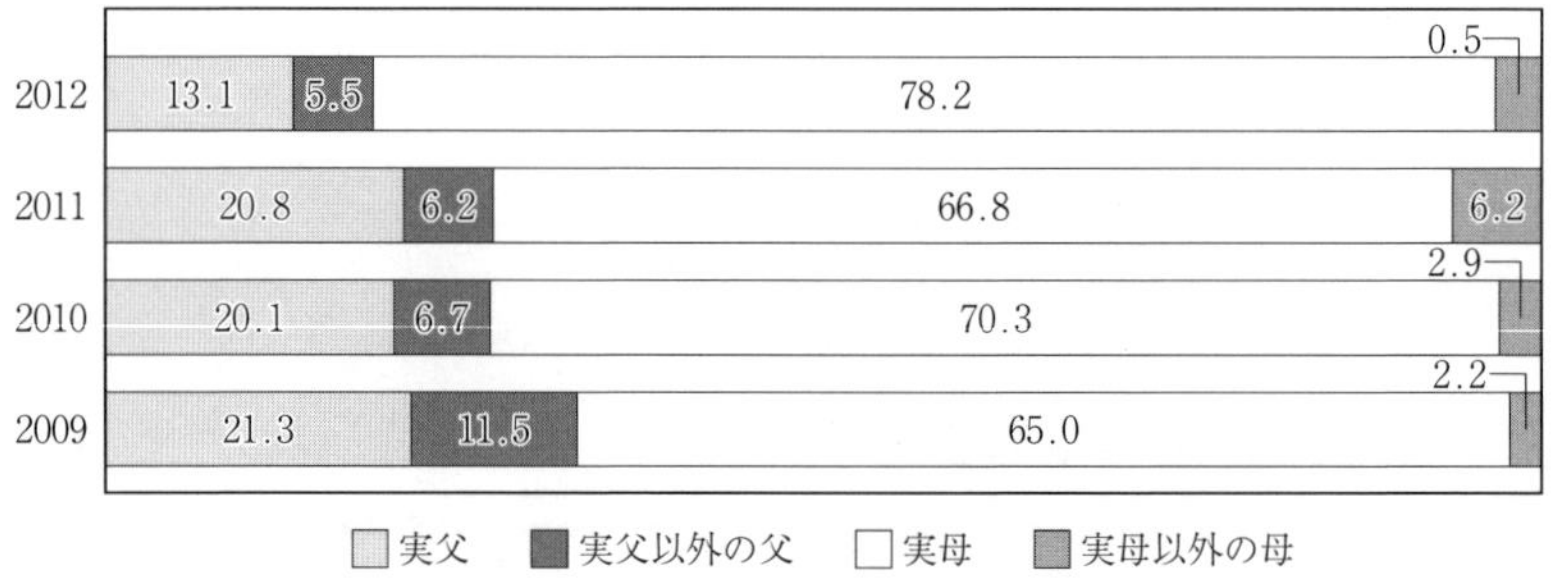

図7-12 札幌市の主たる虐待者

（出典） 図7-10と同じ。

以上ではそれがむしろ増加する。

虐待者の内訳は全国調査と同じ傾向を示しており、実母が七〇%、実父が二〇%は不変であり、残りがいわゆる義理の父母になる（図7-12）。しかし、児童虐待の主犯の七〇%が実母という事実は衝撃的である。家庭内外で発生する子育てに伴う様々な不安、負担、痛み、困難がその子の母親に収斂する環境が想定される(11)。

すなわち、子育ての主役は母親であるという伝統的な社会規範のなかで、貧困、家庭不和、病気などの理由によって、十分な子育てができず、その裏返しとしてネグレクトや暴力的な虐待に向かうという構図がそこに読み取れる。貧困そのものが個人の怠慢、病気、労働意欲の低下とともに、もう一方の社会的原因として勤務先の人員整理や倒産による失業が絡んでくる。そのために生活保護やその他の社会的支援が一応は用意されてはいるが、もちろん子育て家庭がもつすべてのニーズを満たせるわけではない。

児童虐待通告経路

児童虐待そのものの予防にとって、児相がもつ機能の重要性は指摘するまでもない。図7-13は過去五年の札幌市における児童虐待通告経路である。強調したいのは「近隣・知人」の通告が半数を超えてきた事実である。ただし、この通告経路は複数回答の集計結果であり、二〇〇九年度が七三六件、二〇一〇

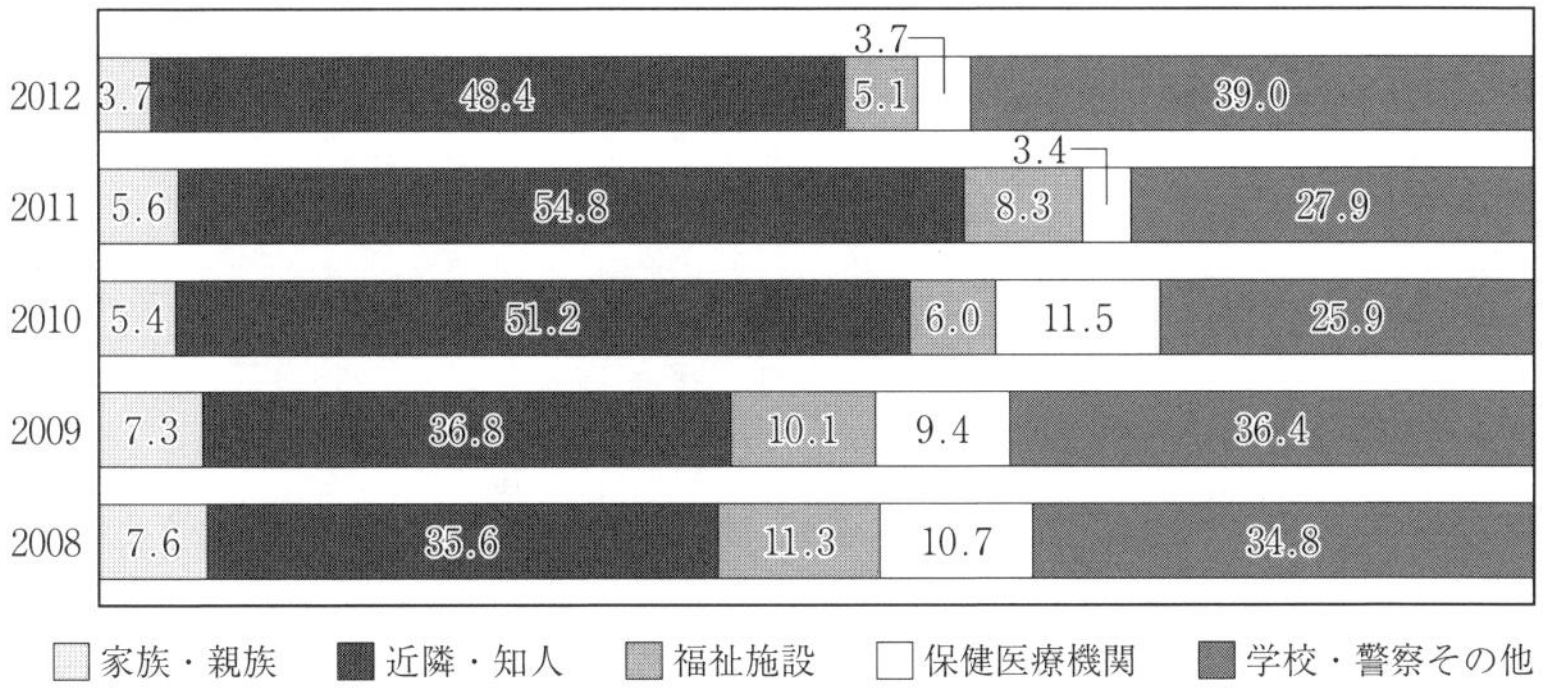

図7－13　札幌市の児童虐待通告経路

（出典）　図7－10と同じ。

年度が八一四件、二〇一一年度は七一〇件、二〇一二年度が九四〇件となった。

病気やけがにより医者の診察を受けた際に児童虐待の事実が顕在化して、児童相談所に通報されるとともに、近隣からも同じ児童の虐待の可能性について児童相談所に連絡があることは珍しくない。その場合は二件とも計上される。学校ではいじめと虐待が結び付くことがあり、学校から直接に、または警察が学校から虐待やいじめの事件発生を受けて、警察が児相に連絡することもある。このような児童相談所制度を通して、子育て家庭や育てられる児童への社会の側からの支援が提供されることもある。

しかし、ほとんどの子育て家庭では通告に値するような犯罪的な児童虐待は発生しない。これはその家庭が子育てに関して幾分かはアノミーを感じていても、それを払いのける総合的家族力があるためである。無力感を感じても孤立感に苛まされても絶望感が押し寄せても、家族内部の力とともにその家族が持つソーシャル・キャピタルとしての親族、行政、近隣、友人、地域社会などの支援の輪が全体として有効な機能を発揮して、何とか自らの子どもを育てていく。

インフォーマルケアとプロフェッショナルケア

とりわけ「児童虐待の通告経路」では、コミュニティ系の「近隣・知人」の通告と専門アソシエーション系である「学校・警察その他」による通告の合計が八〇％を占めている。前者が地域福祉でいう「インフォーマルケア」に該当し、後者は「プロフェッショナルケア」になる。(12) 研修だけでは虐待問題に対処できる専門家は育たないから、私は小学校と中学校に児童福祉や児童虐待の専門職として、「スクール・ソーシャルワーカー」の配置が急務であるとみて、少子化で削減された教師定員の枠内で、その増員は可能であると提言したことがある（札幌市社会福祉審議会、二〇〇九）。

スクール・ソーシャルワーカー

ここに提唱した「スクール・ソーシャルワーカー」とは、小・中学校で授業や担任クラスをもたずに、虐待やいじめなど広い意味での「校内社会問題」を専門的に担当する教師を意味する。二〇〇九年三月末に北海道教育委員会が発表した資料によれば、道内の公立小・中学校のうち、この一〇年間で統廃合されたのは合計で三五六校に達する。一九九九年四月の小学校一五四五校と中学校七五二校が、二〇〇九年三月には小学校一二七七校に、中学校六六四校に減少したのである。

小学校一校あたりの教員と事務職員合計を二五人、中学校を三五人とすれば、小学校で六七〇〇人、中学校で三〇八〇人の削減になり、合計すれば九七八〇人の採用減になると予想される。この枠を活かして、小学校に一二七七人、中学校にも六六四人の「スクール・ソーシャルワーカー」増員を主張したい。(13)

少子化による学級減は全国的な趨勢であるから、このような観点から行政改革の一環として義務教育ではすべての学校に「スクール・ソーシャルワーカー」の配置ができれば、学内の虐待やいじめにも効果があると思われる。この「スクール・ソーシャルワーカー」は、養護教諭と同じような特定課題に対応する専門的な役割をもつとする。これまでの追跡調査からみると、保育所や学校がらみの虐待問題ではコミュニティ問題処理力が十分に機能し得ないので、現状を打開するには、専門家による「プロフェッショナルケア」に特化しようというのが私の提言である。

5　札幌市虐待事例の追跡調査からの知見

他都市の追跡調査

第5章のような全国的趨勢に配慮しながら、二〇〇九年と二〇一三年に札幌市で児童虐待検証のための追跡調査を行う機会を得た。これは「児童虐待の防止等に関する法律」で、自治体には、児童虐待を受けた児童がその心身に著しく重大な被害を受けた事例について、再発防止に向けた検討を行う責務があると規定されているからである。市長が議会答弁で検証を明言したので、札幌市社会福祉審議会委員長であり児童福祉専門分科会会長でもあった私が責任者となり、関係者からのヒアリングを含む追跡調査をそれぞれ半年かけて実施した[14]。そこでの大きな仮説は、「子ども、両親、家族間の相互作用、社会的環境などは、虐待の発生にどのように関与しているのか」の究明にあったが、それ以外のたくさんの知見も得られた。

時系列的にみると、札幌市での児童虐待の特徴はネグレクトの比率の高さにあったので、児童の身体的、知的、情緒的な能力の発達に不可欠であると考えられている食事・衣類・住まい・安全の確保・身体的および情緒的養育・家庭教育、医学的ケア、学校教育などの領域のうち全部か半数以上に関わって、親が十分なサポートを提供しない行為をネグレクトとして想定した[15]。このようにネグレクトは単一次元ではなく、分野が複合することが多いから、検証のための追跡調査でも幅広い分野での聞き取り作業を必要とした。多くの場合は、食事の未提供、不登校、医学的ケアの放棄などは必ずネグレクトに含まれる。

まず、二〇〇九年度にまとめた札幌市社会福祉審議会児童福祉専門分科会『児童虐待による死亡事例等に係る検証報告書』から検討したい。

加害者には精神的疾患があった

札幌市に住む被害女性（以下、女性という）が小学校に入学したのは一九九四年四月であった。のちに統合失調症と診断された母親により自宅からの外出を禁じられ、小学校三年の六月以降、女性は徐々に学校を欠席するようになった。心理的虐待およびネグレクトを受けた結果として重篤な精神疾患に至り、実に一〇年後の二〇〇六年八月、その別居する父親と児相と警察に保護された時、女性は一九歳であった。

女性が保護された日、母親（五〇歳代）と女性（一九歳）は二人暮らしであった。父親（四〇歳代）は二〇〇四年に別居したが、生活費を届けるために月に一回は訪問していたので、この事例は「早母」でもなく、貧困や失業などの経済的理由を虐待の主要因とは見なせない。

親戚関係として、札幌市内に母方の祖母と伯母、父方の伯父がいた。女性の不登校が始まってから、母親が通常の親戚関係を拒み始め、親戚による不登校阻止は不可能であった。すなわち第一段階の家族親戚による不登校阻止は失敗であった。その前後から、母親は近隣との交流を止め、女性の不登校は学校を含む近隣の一部に知られてはいたが、第二段階となる近隣関係による不登校阻止としてのコミュニティレベルのインフォーマルケアも困難であった。

女性の不登校をやめさせて、通学させたいとする小・中学校での教師によるプロフェッショナルケアもうまくいかず、長期にわたり児相との「連携の難しさ」も際立っており、全体としてそれはことごとく失敗した。同時に一九歳で発見されるまで、どのような血縁者からの支援も認められなかった。

被虐待児童と虐待者の家族はコミュニティから排除（exclusion）され、アソシエーションによる支援から脱落

（omission）させられたまま一〇年が経過した。これらを合わせて「社会的放置」（social ignoring）と見なせば、このネグレクトと心理的虐待からなる虐待事案に関していえば、札幌での都市生活では、インフォーマルケアとプロフェッショナルケアによるコミュニティ・ケアには程遠い状況にあるとまとめるしかない。

コミュニティ・ケア論にどう位置づけるか

このような札幌の児童虐待事例を、コミュニティ・ケア論にどう位置づけるか。コミュニティ・ケアによるコミュニティ問題解決力を維持する観点を志向すると、それは地域社会の専門機関による取り組み（care by many professional associations in the community）になると思われる（金子、二〇一一）。たしかに札幌市の虐待通報経路では「近隣・知人」というコミュニティ系のルートの比率が他の政令指定都市よりも際立って高かったが、実際のところ解決に向けてはローカリティ集合体である地域住民の動きは皆無に近かった。そのため、札幌市でもアソシエーション系ルートとしての「学校・警察その他」の強化もまた優先される必要がある。

精神疾患のある母親が加害者

二つ目の虐待事例として、札幌市において精神疾患のある母親が小学生の娘二人を包丁で刺し、自分も自殺を図った結果、一人の娘が死亡し、もう一人の娘と母親は重傷を負うという二〇一三年度の事件を追跡した。検証作業から事件を解くカギとして、「早母」家系と精神疾患と貧困が浮かんできた。この検証の目的は、対象となる事案の経緯、支援に関わった機関の対応状況等の分析を行い、問題点を解明して、課題を整理することにあり、行政も含めた社会的支援のあり方等を提示するところにあった。

事件当時の家族構成は以下の通りである。

母親は、父親の暴力を理由に、長女以下四人の子と長女の子を連れて北海道立女性相談援助センターに入所した後、札幌市内に転居していた。この段階で夫との離婚が成立していた。その後まもなく、長男による「問題行動」としての二女三女への虐待により、長男は施設へ入所した。また、長女とその子は世帯から転出し、事件当時は、母親、二女、三女の三人暮らしであった。追跡調査の結果、当時の母親の家事や育児能力が十分ではなかったことが判明した。くわえて、母親が精神科通院中であり、また長女との確執などを背景とした自傷行為があり、家族関係が不安定になり、家庭不和がたびたび見られた。

さらに、殺傷事件の数カ月前から、母親と長女の間で同じ男性をめぐっての深刻なトラブルが生じ、両者の関係が急速に悪化していた。そのため、母親と長女の確執の結果、家事、育児を担っていた長女が転出したあとでは、母親のみで十分に家事や育児ができていなかった。長女にも自分の子どもにかかる育児不安があった。生活面での経済的支援（生活保護）は母親家族も長女家族もともに受けていた。しかし、血縁者でさえも、そのような家庭内の厄介な関係には立ち入らなかった。

二〇一三年一月に、母親、二女、三女が、自宅においていずれも腹部に刃物による傷があり、倒れているところを、訪ねてきた知人が発見し、三人は病院に搬送された。二女は病院で死亡が確認され、母親と三女は重傷であった。退院後に逮捕された母親は「娘二人を包丁で刺し、自分も刺した」とのべており、同年四月殺人と殺人未遂の罪で起訴された。地裁での一審では、懲役二〇年が求刑された。最終的に本件は、二〇一四年一月二四日に「懲役一四年（未決拘留期間一五〇日を算入）」の判決を受けた。母親が控訴しなかったので、刑が確定し、そのまま現在服役中である。また、三女は現在も市外の児童養護施設で暮らしている。

事案の検証

事案の検証にあたっては、関連する諸機関からのヒアリングを実施し、それぞれの家庭への支援内容を確認した後、それらの支援内容についての問題点、そこから導かれる課題の解決方法等について審議を行った。検証委員会報告を受けて、札幌市の体制は少し変わり、検証で指摘された「ケース検討会議の持ち方ルール」と「マネジメントの主体の決定ルール」の作成が行われた。前者としては、区役所家庭児童相談室、児童相談所、その他の関係機関によるプロジェクトが設置された。同時に「区と児童相談所の連携ルール」も作られた。

虐待事例の一般化に向けて

検証のための各方面からの聞き取り調査の結果、以下の諸点が判明した。

(1)母親の家事、育児能力が十分ではなかったこと。
(2)母親が精神科受診中であり、また、長男や長女との確執などを背景とした自傷行為が発生していたこと。
(3)家族関係が不安定であり、家庭不和のエピソードがこの家族の周辺からたびたび聞かれたこと。
(4)とくに、事件の数カ月前から、母親と長女の間で一人の男性を巡って深刻なトラブルが生じ、母娘関係が急速に悪化していたこと。
(5)母親と長女の確執の結果、家事と育児を担っていた長女が転出し、母親のみで十分に家事、育児ができていたかどうか疑わしいこと。

(6)長女の転出後、本世帯を支援する親類縁者がいなかったこと。
(7)長女にも自分の子どもにかかる育児不安があり、区役所の担当者からは支援されていたこと。

ここには主として家族内部の葛藤が描かれるが、家族外部としての親戚、近隣、友人知人からの支援に乏しく、家族の孤立状況が浮かんでくる。アノミー論でいう孤立（isolation）である。離婚した父親、母親家族、長女家族ともに生活保護を受けており、経済問題も根底にあるが、母親の精神的な疾患も大きな原因の一つであった。

この児童虐待事案の検証作業をまとめるにあたって、私たちは家族内部には支援の限界があり、介入のタイミングの判断も難しいところから、虐待に関連する行政組織の対応の問題を中心に議論した。聞き取りした機関は、児相、子ども支援課、婦人相談所、生活保護課、教育委員会、児童福祉課、精神保健福祉相談員、民生・児童委員、二女三女のクラス担任、学校長、虐待者の主治医などである。

これらの機関のうちクラス担任からは、日常的な二女三女の直接的確認においては、虐待の兆候は乏しかったという回答があった。ただし家庭訪問に際しては、ドア越しの親の発言だけで判断する傾向は残っており、親との関係維持を重視するために、被虐待児への視線が届かないという反省が聞かれた[16]。まずは親との関係が維持できないと、児童の状態把握が難しいという。この回答は全国での検証報告でも頻繁に登場する。しかし、母親と長女の日常的確執についての認識は児相などの組織・機関レベルでは得られていなかった。たとえこのような家族の人間関係の確執まで児相や子ども支援課や生活保護課が知っていても、行政的に関与できるわけでもない。

また、統合失調症などの精神的疾患は診察日時の患者の体調によってその評価が変化するから、医師が正確な診断結果を公表することは無理であり、医師としては個人情報の保護の面でも行政担当者などに教えるわけにはいかないという回答であった。

そのような困難は虐待防止のための地域資源として活用が期待される民生・児童委員、家庭サポーター、子どもサポーター間でも同様に認められた。これらの人々も家族関係の確執に深く関与できる立場にはない。合わせて各種の委嘱者間の連携活動、情報共有、専門家活用、組織間連携強化、現状の理解と把握などをつなぐ視点が不明瞭であり、一件の児童虐待事案にさえも機関・組織的に対応することの困難さが浮き彫りになった。

検証追跡調査から得られた成果

札幌市での二件の検証追跡調査から得られた成果のまとめをしておこう。まず、被虐待児童の家族に関する情報の集約と共有をどこで行うのか。次に、児相を軸とした行政中心の個別事例検討会議の開催が繰り返し可能か。第三に、虐待後の事案を前にどうしたら予防できるかではなく、虐待の同時進行過程での介入のための組織的連携をどうつくり、維持していくのかなどが課題になった。

追跡調査では事案の正確な認識を優先するが、第一に被害者が死亡しているために直接的な確認が不可能であり、加害者にも面会できないために、第二としてその周辺情報に依存するしかなく、改めて児童虐待の事実確認の難しさが痛感された。

不登校の場合には、精神的疾患のある加害者の人権と、その加害者により教育を受ける権利を完全に剥奪された子どもの人権を比較考量することが常に求められる。この場合、子どもが教育を受ける権利を優先するためには、状況証拠か伝聞や風聞だけでの介入は困難であるというのが現場の声である。不登校を親が子どもに強要するという具体的事実の確認には、家庭内での面談や調査が基本であるが、札幌でも他都市の追跡調査の記録でも玄関のドア越しの応対で済まされることが多い。

第三に、虐待事実が把握されても、児相や教育委員会や警察などの組織的理解と合意による対応が不十分な場合も見られるのは、複数の組織的対応により、重複する際の権限が不明確だからである。児相、生活保護課、子ども支援課、民生・児童委員などで対応が変わると、統一的な介入が困難となる。

第四に、札幌市の二例でも被害者宅を取り巻く近隣の無関心が印象的であった。それは大都市特有のアーバニズム効果とみられ、隣人や近くの他人にも関心を示さない人が増えた。

第五には、自治体に児童虐待や人権侵害の専門家が少なかった。事件後に専門職としての家庭地域相談員制度がようやく立ち上げられたことからも分かるように、公務員削減を行政改革と称してきた過去二〇年にわたる歴史のつけが出始めている。家庭地域相談員も学校における生徒問題主事でも家裁調査官並みの水準が求められるといわれるが、大学におけるその養成システム整備は今後の課題になっている。少子社会が普遍化した今日、自治体組織も学校組織も大学教育システムも児童虐待への対応に正対する時期である。

児童虐待と「早母」と「早父」

これまでの論点を総括すると、少子化の原因としての「晩母」と「晩父」、そして児童虐待の加害者になりやすい「早母」と「早父」という図式になる。今後の少子化と児童虐待研究のために、検証追跡調査から事件の速やかな解決に向けての検討課題を列記しておこう。

まず、虐待家庭へ具体的な働きかけをする支援者としては、行政、地域、学校、企業、警察、病院、親族、友人、NPO、ボランティア、民生・児童委員などが想定されるが、専門的力量にかなりな違いがある。虐待家庭支援者に求められる条件としては、支援者は自らの意図を露骨に出さず、その価値観や独自の判断で動かないこと、および虐待家庭への外部資源の押しつけをせずに、その家庭の自助努力を引きだすように努めることにある。通常の社会規範を重視しつつも、虐待家族の営みへの外部からの干渉は極力控えたい。

しかし、確認された身体的虐待やネグレクトは人権無視の犯罪になるので、干渉してさらに介入しても構わない。とりわけ児相には、子どもの人権を優先して、養育や教育を受ける権利を最大限尊重して、子どもが自由に生きる権利があるという立場からの取り組みが期待される。

支援者として位置づけられる機関・組織関係者はその職責とともに、社会的役割を果たす義務があり、その範囲で家族問題にも干渉することができる。加害者被害者の生活権や人権を考慮しつつ、市民的秩序の維持のためにも、その権限内で問題解決に当たるしかないであろう。

介入の問題

干渉して介入すると、どこまで被虐待児童の状態が改善されるか。それは児童のエンパワーメントに結びつくのか。児童が親からの虐待から自由になるには、社会的に虐待の要因をどこまで取り除けるかに関連している。どの要因が最も虐待に関連しているかで、使える社会資源も変わる。ネグレクトならば児相がいいし、不登校を含む教育を受ける権利の侵害ならば、教育委員会が前面に出ることになる。病気ならば保健所か精神保健福祉センターに相談することから解決の第一歩が始まる。

しかしそれがうまくいかなければ、何が被虐待者支援を邪魔しているかを子細に点検することで、社会資源の不足か情報不足か人的支援の不足かを見極めたい。さらにその事案での支援や介入の資源として重要なのは情報か、資金か、施設か、人的資源かについての判断が求められる。人的資源には専門職か一般職かの区別も必要になる。

そのような努力をしても、虐待が疑われる家庭では外部者を玄関のドアから受け入れないことも多い。また、副作用として意図しなかった効果が発生したり、支援する側の意図を無にする副次的効果も想定される。たとえば、熱心な児相職員の関与を疎ましく感じて、次第に非協力的になる虐待親は存在する。そうすると、多数の事案を抱えている児相職員などの外部支援者はその事案を後回しにする恐れが生じる。札幌市での追跡調査だけではなく、他都市での検証記録からもそのような潜在的逆機能が窺える。

以上の札幌市における二事例の分析でも、貧困、病気、無知、家庭内不和、無縁社会が児童虐待の根源的な原因であることは間違いない。状況に応じての生活支援課や児相、それにかかりつけ医による適切な介入が行われれば、事件の予防や被害の軽減が予想されるが、虐待家族への予防的な介入は非常に困難である。

児童虐待対応への制度だけでは不十分

全国的に共通の児童虐待対応への制度には、オレンジリボン地域協力員、子ども安心ホットライン、児童虐待の早期発見早期対応の啓発研修、夜間休日の児童虐待通告に関わる初期対応、要保護児童対策地域協議会の運営、一時保護所の定員拡充、環境改善などがある。毎年一〇〇人近くの虐待と心中による児童の死者が出ていることからも分かるように、これらの制度だけではもとより不十分である。だからといって、オーウェルの『一九八四年』的な「監視社会」も論外であるから、他の諸科学と協力しながら、社会学としては虐待する加害者個人の背景にある貧困と病気と無知とともに、家庭内不和と無縁社会の構造的解明に全力を尽くすしかない。

ストレッサーへの個人的適応不能や家族的適応不能の分析、さらには虐待が進む環境的要因の個別事例を通した解明はもちろん必要である（井上、二〇〇五：九三）。同時にかつてコミュニティ福祉論で展開されたように、「田を作るとコメができる」（越智、一九八二／金子、一九八二）の基盤からの発想を活かして、「時代に適した社会を創出すると、そこでの人間や家族の質が変わる」という社会目標を設定して、「少子化する高齢社会」への本格的軟着陸を各方面でも開始したい。[17] 社会学を実践する（Doing Sociology）意義の一つがここにある。

注

第1章　粉末社会と少子化

（1）二〇一五年一月一日に公表され、後日修正された厚生労働省による二〇一四年人口動態の年間統計では、出生数が一〇〇万四〇〇〇人となり、死亡数の一二六万九〇〇〇人との差は二六万五〇〇〇人になった。

（2）晩産とは相対的に年齢が高くなってからの出産を意味するが、早産は日本産科婦人科学会の定義にもあるように、「妊娠二二週〇日～三六週六日」までの出産を指している。すなわち晩産は出産年齢に関して使用されるが、早産は妊娠期間に関連する用語であることにより、ここでは少子化の原因としての「晩母」と児童虐待の要因の一つに想定される「早母」とに統一した。このうち「早母」は一〇代の母親を指しており、それはかなり親としては未熟なことが多いから、私は 'immature mother' と英訳している。しかし「晩母」は適訳が思いつかず、'advanced age of first-time mother' と仮定している。

（3）二〇一四年五月に元総務大臣の増田寛也を代表者とした日本創成会議が公表した「消滅可能性都市八九六のリスト」に至り、ようやく社会全体がこの人口減少問題に目覚めた（増田編、二〇一四）。

（4）個人化の延長線上に主張される「おひとりさま」はその基盤に社会の共同性が前提にされているにもかかわらず、共同性の持続可能性の要件への目配りが乏しい。

（5）シンボルには多彩な機能がある。シュヴァリエは、⑴未知への探求機能、⑵代用表現機能、⑶媒介機能、⑷結合機能、⑸治療機能、⑹社会性機能、⑺活性化機能、⑻超越機能、⑼変圧器機能に整理している（金子、二〇〇〇：二〇〇）。

（6）二〇一四年六月二四日に閣議決定された「ホワイトカラー・エグゼンプション」は労働時間に関係なく成果に基づき給与を支払う制度とされる。この対象は「年収一千万円以上」「職務の範囲が明確で、高い職業能率をもつ労働者」だが、私はこの基準が徐々に矮小化される危険を感じ取る。

（7）二〇一五年に盛山和夫によって突如として出された「共同子育て社会」は、「子育て共同参画社会」とは似て非なるものである（盛山、二〇一五：二五五）。

（8）自民党政権で作成された「まち・ひと・しごと創生総合戦略」（二〇一四）で、これまでの対策史のなかで初めて合計特殊出生率の目標数値が示された。すなわち二〇一三年の一・四三を二〇三〇年には一・八〇、四〇年には二・〇七に上昇すると仮定されたのである。そうすれば、二〇六〇年には一億人の見通しがあるとしている。

（9）目標値を示しても、従来の効果に乏しい「少子化対策事業」がそのまま継続されれば、それは絵に描いた餅となるのは必定であろう。目標と手段、手段を構成する資源、資源を活用する人材を総合した「少子化する高齢社会」のビッグピクチャー作成と実行は、「少子化危機突破」としても緊急を要する。

（10）生き方や意識の問題としても、次世代育成に関心を持たない国民が増加してきた。

（11）この主張は金子（二〇〇三）から一貫して行ってきた。

（12）医療保険制度が文字通り社会全体を等しく包摂して、介護保険制度でも四〇歳以上の社会全体を包括する機能を持つのに対して、少子化対策にいわれる社会全体の位置づけはきわめて恣意的であり、不公平性を内蔵する。

（13）歴史に学ぶのは太平洋戦争の経験だけではもちろんない。

（14）「商助」は一九九七年から使用してきた（金子、一九九七：四五）。

第2章　少子社会の論理と倫理

（1）ウェーバーの古典的著作はいずれも難解であり、現在までもたくさんの注釈書が出されている。私は都市化、高齢化、少子化、環境問題などの特定分野の実証研究を第一義としてきたので、ドイツ語の原典の世界に耽溺しながら生きるウェーバーリアンとは無縁だが、調査データの理解や解釈に有益であるために、折に触れてそれらを学んできた。

しかし役に立つ一方で、社会調査に依存し現場の観察結果を理解する際に、ウェーバーによる分類は使う際にためらうような組み合わせがあることに気が付いてきた。学界でも定説とされたいくつかの分類について、日本ではそのまま受け入れられてきたが、たとえば支配の三類型としての伝統的支配、合法的支配、カリスマ的支配の三者が、相互排除的にすべてを包括しているかという疑問を今でももっている。なぜなら、翻訳の困難さも一因であろうが、カリスマ性は伝統的支配でも合法的支配でも認められるし、合法性の中には前例としての伝統性が生きているからである。それは過去の判例に固執する裁判にこそ象徴的であろう。

ウェーバーが分類した目的合理性と価値合理性を対置させる構図にも、強い違和感をもち続けてきた。目的と対比できるのは本当に価値なのであろうか。俗にいうことわざの「目的は手段を正当化する」（The end justifies the means.）はどちらなのか。犯罪行為はその目的達成（刺殺、爆殺、毒殺、轢き逃げなど）のための手段を選ばないのだから、目的合理性なのか。あるいは、自らの価値観（殺してもよい）に照らして結果を考慮しないのだから、価値合理性なのか。ウェーバーの『社会学の根本概念』（清水幾太郎訳）では以下のような記述になっている。

「純粋価値合理的に行為する人間というのは、予想される結果を無視し、義務、体面、美、教義、信頼、何によらず、自分に命ぜられているものの意義を信じるがために行為する」（ウェーバー、一九二二＝一九七二：四〇）。なお、一九五三年に出され八七年に改訂された阿閉吉男・内藤莞爾訳『社会学の基礎概念』では「予想される結果を顧慮することなく、義務、品位、美、宗教的使命、敬虔、またはその種類を問わず或る『仕事』の重要性がかれに要求すると思われるものへの確信にしたがって行為する人は、純粋に価値合理的に行為する」（ウェーバー、一九二二＝一九八七：三七、傍点原文）となっている。

また、「目的合理的に行為する人間というのは、目的、手段、附随的結果に従って自分の行為の方向を定め、目的と手段、附随的結果と目的、更に諸目的相互まで合理的に比較秤量し、どんな場合にも、感情的（特に、エモーショナル）或いは伝統的に行為することのない人間のことである」（清水訳：四一）。一方、阿閉・内藤訳では「自己の行為を目的、手段および副次的な結果によって方向づけ、かつそのさい目的に対する手段や、副次的な結果に対する目的や、最後にまたさまざまの、可能な目的をも相互に合理的に考量する人、したがっていずれにしても、感動的（そしてとくに情緒的）にも伝統的にも行為しないひとは目的合理的に行為する」（阿閉・内藤訳：三七〜三八、傍点原文）。

この目的合理性に関連しては、さらに責任倫理（verantwortlichkeitsethik, ethic of responsibility）と心情倫理（gesinnungsethik, ethic of ultimate ends）との対比がもつ対応性にも使いづらさを感じてきた。責任倫理が「自分の行為の（予知し得る）結果について責任を負わねばならぬ」（清水幾太郎・清水礼子訳、一九六二：二一八）ことについてはよくわかったが、信念倫理（心情倫理と訳されることが多い）は神の意志が出てくるために私には理解しにくい内容であった。「信念倫理を奉ずる人が『責任』を感じるのは、純粋な信念の炎、例えば、社会秩序の不正に対する抗議の炎を絶やさないようにすること……信念の炎を絶えず新らたに燃え上らせるのが彼の行為の目的なのですが、この行為は、起こり得る結果から判断すれば、全く非合理的なもので、戒めとしての価値しか持ち得ない」（同右：二一八）。

しかし、この二つが「測り知れぬほど深い対立」（同右：二一八）、「底知れぬほど深い対立」（脇圭平訳、一九八〇：八九）、「底知れぬ深い対立」（西島芳二訳、一九五九：八七）というには説明不足の感がある。

なぜなら、責任が自分の行為（社会的行為）そのものにあるのに対して、心情は社会的行為を引き起こす動機のレベルにとどまっているからである。ボランティア活動は本人の責任論理を具現化した社会的活動であるが、暴走族の行為は心情面での「限界への挑戦」という無謀で非社会的で犯罪的な行動である。もしこの二者を「測り知れぬほど深い対立」とするならば、それは災害被災者へのボランティア活動が目的合理的である反面で、暴走族行為は目的非合理的行為としかいいようがない。なぜなら、前者もまた「心情倫理」としては「人の役に立ちたい」があり、それは「責任倫理」に裏打ちされているからである。すなわち「心情の炎」は「責任倫理」にも認められるのであり、二者間を対立だけでとらえる発想には疑問をもち続けてきたのである。

（2）ただしこれを「早母」（immature mother）とは称しない。児童虐待の背景にある「早母」は一〇歳代での出産による母親を意味している。

（3）いわゆる残業代ゼロ法案（white-collar exemption）もまた、若い世代の所得や労働条件を押し下げる働きをするので、少子化を克服しようとする動機づけが生まれやすい将来展望のある社会とは逆方向を目指すものである。同じ政府組織である厚生労働省が少子化の克服や緩和を主張しながら、実態としてはますます少子化を促進する政策を出し続けている。これをチェックする機能が与野党の政治家にもマスコミにも乏しいままの三〇年が経過しようとしている。

（4）少子化の原因は、既婚者の場合では、目的合理的に判断して、子どもを育てる費用がかかりすぎることにより、産み控えるためである。この背景には結婚しやすい年齢の男女の三割以上が非正規雇用であり、現在も将来も経済的な観点からすれば、暮らしが成り立たないという認識が共有されている。そしてこれは「責任倫理」と整合的である。他方、児童虐待者は「責任倫理」には程遠く、しかも「目的合理性」もなく、「心情倫理」としての自らの気分で無抵抗の我が子に虐待を続けるが、これを「価値合理性」と判断してよいか。

（5）待機児童問題の大半は政令指定都市と県庁所在都市の問題であり、それ以外の地方都市ではすでに保育所や幼稚園の定員割れが日常化しているという実態がある。生徒の減少により小・中学校の統廃合が全国的に進められている現在、地方では保育所や幼稚園の統廃合もまた時間の問題になる。「待機児童ゼロ作戦」とは大都市本位で地方無視の一面的な政策であった。

(6) 社会学界における粉末化と類似する概念には、私化、私生活主義、私秘化、me-ism などがあり、それぞれに使用されてきた。

(7) 親の階層の受け継ぎ方と本人の職業上の地位により独特のライフスタイルが生まれるが、かりに似たような親の階層と職業上の地位に所属していても、子育て人数により、その相違が顕著になる。「おひとりさま」ならば、子育て費用はゼロであるが、一人でも高校入学から大学卒業までの七年間で平均が一〇〇〇万円を超える現実がある。日本の「少子化危機」はこの格差にも由来する。

(8) 不思議なことに差別や区別や格差に敏感な人々は、この問題を黙殺してきた。

(9) 「地方消滅」は少子化動向を基調とする人口減少社会との接点で議論されているが、増田編（二〇一四）、小田切（二〇一四）、山下（二〇一四）などの論者は、税金を少子化対策にもっと回すことしか主張していない。

(10) 東アジアに位置する日本では、ヨーロッパなどの婚外子の伝統に乏しく、未婚率の上昇はそのまま少子化に直結する。

(11) ある時期までの家族研究では相続問題もまたテーマになっていたが、それは一家に五～八人程度の子どもを当然とした時代に特有の課題であった。長子相続も末子相続も姉家督もそこでは認められたが、昭和の後半から平成の今日までそのような相続問題の研究自体が不可能になった。時代が課題を設定するという典型の一つとして相続問題がある。相続問題の家族社会学については内藤（一九七三）に詳しい。

(12) この金額で子育てのための何を支援しようというのだろうか。

(13) 「地方消滅」は人口減少社会から始まるから、少子化対策に税金をもっと多く回せと主張するだけでは効果に乏しいであろう。介護保険制度の設立が日本の高齢社会で大きな成果を上げた歴史を学べば、独自の「子育て基金制度」ないし「こども保険制度」の価値も理解できるはずである。

(14) これについては、本書第5章と第6章で詳述した。

(15) 本書ではこれを晩母と晩父と称することがあることは既述した。

(16)ちなみに「一〇〜一二歳」の第三位は「友だちの家や公園など、友だちと過ごす場所」(四七・七%)であり、「一三〜一八歳」の第三位は「学校の教室」(二七・〇%)であった。

(17)「地方創生」論の出発点は人口減少を引き起こす少子化をいかに食い止め、増子化を展望できるかにある。

(18)社会システムの規模をそろえて比較を試みた作品は少ない。なお、「北欧に学べ」特集『週刊ダイヤモンド』(二〇一五年三月一四日号)は大変有益である。

(19)ここから粉末化(powdering)概念が彫琢された。

(20)'precautionary principle'は元来環境問題での使用が多く、事例に応じて「予備原則」と「予防原則」に訳し分けられてきた。

(21)残念な傾向として、「産み損」「子育て損」という言葉は実際に使用されている。またこの格差は周知の事実ではあるが、階層研究や家族研究でもこれに正対してはこなかった。

(22)ただし、経営の安定性と提供する保育サービスの質の確保という観点から、認定こども園の新設よりも既存の幼稚園・保育所から認定こども園への移行が優先される傾向にある。たとえば札幌市ではこのうちのとくに幼保連携型認定こども園が最優先とされている。

(23)本書後半における児童虐待論でも、コミュニティ内の専門アソシエーションの力量がその解決に有力であると論じた。

(24)児童虐待の研究では被害者の死亡や加害者の服役などにより、直接的関係者への接近が著しく困難であるために、一事案のみを追跡するルポが主流になっていて、たとえば西澤(二〇一〇)や杉山(二〇一三)などがある。この試みは重要であるが、汎用性に富む理論にするためには事案の追跡調査を増やすしかない。そこで自治体で独自に追跡調査した検証報告書の入手とその解読が必要になってくる。

(25)人間関係の分類と機能については、金子(二〇一三)に詳しい。

第3章　子ども・子育て支援の歴史と現在

(1)このようにデータの比較により、問題点を多様な角度から浮き彫りにできる。

(2)この三者は互換的に使われているが、「孤独死をアルコール依存症と一くくりにしてしまったように、独居死も高齢社会では不可避の、仕様のないもの」（額田、二〇一三：一五四）というように使い分ける人もいる。なお、阪神淡路大震災あとの「孤独死」についての言及として、「仮設住宅では、生活再建から取り残される不安、仮設住宅という新しい環境への不適応など、震災後の二次的ストレスや復興格差から仮設住宅で被災者の自殺や『孤独死』の問題が発生するようになる」（西山、二〇〇八：五四〜五五）という文脈での使用が多い。

（3）本書では、この裏返しとして個人の粉末化（powdering）を位置づけている。

（4）この自由な生き方を認め合う文化のなかで、国民全体に対する政府による「ワーク・ライフ・バランス」の提唱の歴史は、自由な生き方を否定するダブルスタンダードの典型として語り継がれるであろう。

（5）少子化危機突破タスクフォースの意義はここにある。

（6）二〇一四年夏から盛り上がった増田編（二〇一四）による「地方消滅」論の影響に、この人口減少による「消滅する自治体の断定」をめぐる論争がある。批判者の山下（二〇一四）や小田切（二〇一四）などは、「消滅」自体をあり得ないとする論陣を張っているが、「人口減少社会」への対処方法では厚生労働省の対策事業を越える特段の提言はない。

（7）私もまた札幌市で社会貢献の一環としてこのような委員や委員長そして会長をいくつか引き受けてきたが、会議では厚生労働省の指導範囲で議論するという雰囲気が強く、しばしば無力感を味わった。

（8）「商助」は一九九七年から使い始めた私の造語である（金子、一九九七）。

（9）この両者に十分な配慮がない「介護問題」の解決はあり得ず、有効な処方箋も描けない。しかし、『中央公論』二〇一五年七月号で発表された増田グループレポートでは、大都市とりわけ東京の福祉施設・介護施設が保有する「介護ベッド」が大幅に不足するという単一の指標を根拠にして、日本の「介護破綻」を論じた。この単一指標による議論は「二〇歳から三九歳までの女性」の減少が少子化を引き起こし、人口減少社会をもたらし、八九四の自治体消滅に結び付くという推論形式と同質であり、多方面からの学術的な検討の必要性を感じる（金子、二〇一六、第６章参照）。

第４章　子育て共同参画社会のジレンマ

（1）ジレンマとはどちらかを選べなくて途方に暮れる状況を表すのだから、社会的ジレンマ問題とは社会的に解決できないからジレンマなのであり、論理的には解決できればジレンマ問題とはいえなくなる。

(2) 二〇一四年夏から、日本の出版界や論壇で急に盛り上がった「地方消滅」論の背景には人口減少社会論が位置づけられている。しかし実態としては、地方消滅論の正否に議論が集中しており、人口減少や少子化への対応策としては通説にとどまっている。しかも二〇歳から三九歳までの女性の減少が少子化ひいては人口減少に直結するという増田パラダイムへの批判が十分行われていない。所得水準と未婚率や子どもの数との関係についても、これらを無相関とする立場と関連性が強いとする立場が混在している。

(3) 全国知事会の限界は「少子化危機突破」にかかる費用の全額を、あくまで税負担のみで行おうとするところにある。具体的には政府にもっと少子化関連予算を増やせという陳情になる。社会全体での取り組みとは、政府による予算増額はもちろんだが子育てした経験のない人々にも、もっと高負担の現状を理解してもらい、協力をしてもらえるような制度創造まで視野に入れたものである。これは介護保険の創設と同じ文脈になる。

(4) 詳しくは第1章二九頁以下参照。

(5) 元来、「共有地の悲劇」が教えるように、社会的ジレンマ論の応用は環境問題から始まった。この専門的概念を人口論における少子化研究に私が応用したのは一九九八年からである。そこでは「子育て共同参画社会」と「子育てフリーライダー」もすでに登場している(金子、一九九八:五七〜六三)。

(6) 次世代育成の会議でも子ども・子育て会議でも、結婚や子育ては個人の自由に属するので、強制的な制度には反対だという人々が必ずいたし、第2章で証明したように、政府系の審議会での提言書作成の際にもわざわざこの趣旨の文章を織り込んできた歴史がある。介護保険を使って、四〇歳以上の社会全体が要介護者を支援するという発想は少子化対策では皆無であった。

(7) これまでの少子化研究の大半が、今以上の税金の積極的な投入しか主張してこなかった。周知の「歴史に学ぶ」にふさわしい介護保険の一五年の実践が、少子化対策にはまったく活かされていない。

(8) この四つの負担を軸として、札幌市の子育て支援総合センターで数年間のインタビュー調査を行ってきた(金子、二〇一四b)。

(9) 著しく文化の異なるアフリカや東南アジアや南米での比較研究は日本では少なく、合計特殊出生率が高いこれら地域圏のジェンダー・システムの縛りについての論証が待たれる。

(10) 比較研究の優れている点は、研究対象を可能な限り相対化できるところにあるが、比較する条件を揃えておくことがその前提になる。たとえば国連の年少人口率の比較でさえも、全加盟国一九四カ国すべてを同時に比較せずに、ある時点で人口四〇〇〇万人以上をもつ三〇カ国だけで比較する。なぜなら、一億人規模の国と五〇〇万人の国では社会システムの相違が甚だしくて、比較できないからである。もちろん人口四〇〇〇万人に特に根拠があるわけではない。しかし、ともかくも条件を揃えるという基準が年少人口率比較でさえも認められ、その比較を行うと、二〇一二年段階でも日本が最低の一二・八％であることは既述した通りである。

(11) これはかつてのリプロダクティブ・ヘルス・ライツ（reproductive health right）の主張と同じである。なぜなら、個人が子どもを産むことの決定権の推進を主張する（目黒、二〇〇四：二六）だけでは、決して社会システムの少子化対策には届かないからである。少なくともこれらは同時進行するよりほかに人口減少社会の動向を食い止める手段はない。

(12) なぜなら、在宅での育児実践では「ワーク・ライフ・バランス」にはならないと見なされたからである。

(13) 少子化が提起しているのは、究極のところ国家的危機は個人の自由とどこまで両立可能かという古くて新しい問題にいかに取り組むかにあり、保育所の増設などではない。

(14) ドイツでも、カウフマンが二〇〇五年に社会全体での対応を主張するまで、日本と同じ事情にあったようである。

(15) 人口論のなかの少子化問題にフリーライダー論を持ち込んだのは、環境問題におけるフリーライダー研究に触発されたからである。

(16) 少子化対策が単なる保育所増設とは異質であるというこの認識は、社会学による現代社会分析の力量と政策科学への応用力の両面から、少子化という社会変動に取り組む必然性の主張へと連結する。

(17) 結婚、出産、子育て、子どもの自立のさせ方などは、その国特有の文化に制約されていることをあらためて確認しておきたい。

(18) これらを本気で点検して、「待機児童ゼロ作戦」と「ワーク・ライフ・バランス」の徹底こそが解決策になるという判断を行う研究者は少ないであろう。

(19) アクティブエイジングやプロダクティブエイジングなどの考え方はすでに定着している（金子、二〇一四ｂ）。

(20) マスコミ主導の論争では、このような結論しか出しようがないのであろう。

(21) この問題もまたすぐれて理論社会学の内容になる。
(22) この主張は二〇〇六年から継続して行っている（金子、二〇〇六ａ）。
(23) これは少子化と国際化とが関連していることを示す事例である。

第5章　児童虐待の事例研究

(1) 二〇一四年の合計特殊出生率は一・四二となり、九年ぶりに下降した。なお、年少人口数も年少人口率も連続低下の日本新記録を更新し続けていることは既述した。
(2) 日本におけるこの研究は研究者層の薄さもあり、文献的には散発性を免れないが、児童虐待がはるかに多いアメリカでは、たとえば *Child Maltreatment*（vol. 1–vol. 3. 2015 SAGE）のような体系的研究書が継続的に出されている。この三部作の一巻は児童虐待の現状の記述と理解、二巻は児童虐待の予防、三巻は児童虐待への対応になっている。
(3) ただし、この機会は偶然性が強い。私の場合は、札幌をフィールドにして少子化や高齢化の研究を行っていて、札幌市の次世代育成支援対策推進会議や社会福祉審議会、それに児童福祉専門分科会に所属していたという理由から、この機会が得られたに過ぎない。したがって、社会学者でも少子化に無縁な分野の研究をしていれば、まずこのような虐待死追跡の検証委員会に所属することはない。
(4) これは丹念に検索すれば、都道府県や市町村の自治体のホームページで探すことができる。
(5) ‘postvention’は‘prevention’や‘intervention’とは異なり、現代英語辞典に掲載されていないこともあるが、この分野ではかなりはやくから「事後対応」として使われてきた。
(6) 大都市における社会問題の認知についても解決策に関しても、その都市で培われてきた市民文化への配慮は不可欠になる。ここにも社会学の貢献できる領域がある。
(7) ストリングス（strings）は「関係の糸」を表わし、それが多ければストレングス（strength）としての強さが得られるとする考え方である。
(8) ここにいうコミュニティ的なる関係とは、実態としての地域社会で相互性と互恵性をもつ集合的関係を表現する。様々なコミュニティ論の諸相については金子（二〇一一）および金子（二〇一六）を参照してほしい。

（9）鈴木栄太郎の生活協力と共同防衛の二大機能はここでも有益であるが、本来は自由なはずの個人的ライフスタイルに向けて、「ワーク・ライフ・バランス」の国家的強制や社会全体の粉末化によって、その機能を担う人々が少なくなってきた。

（10）三歳児の母親が二三歳であれば一〇歳代の出産の可能性もあり、「早母」としたが、『子ども虐待による死亡事例等の検証結果等について第一〇次報告』などの記述を見る限り、「早母」の相手は一〇歳代から四〇歳代まで幅広いために、「早父」という表現は「早母」ほど一般化しては使えない。

（11）『子ども虐待による死亡事例等の検証結果等について第一〇次報告』では、「早母」による虐待死は一六・六％になっていた。

（12）婚姻が個人の自由であることは当然であるが、個人の働き方も子育ての仕方もまた自由に決定できる。しかし、政府により繰り返される「ワーク・ライフ・バランス」の提唱は、働き方や子育ての仕方には自由はなく、政府が決めた標準に国民を従わせようとしているかのようである。婚姻の自由を説きながら、働き方や子育ての仕方に自由を認めないのは、典型的なダブルスタンダードではないか。

（13）子育ての負担だけではなく、生活保護への関心、不登校への態度、精神的疾患についての対応に関しては、居住する地域社会の規模とコミュニティ意識が織りなす地域文化によって異なる判断が生まれやすい。

（14）私が追跡調査した札幌市の一事例では、早母の母親と同じく早母の長女が対立して、この母親は長女にではなく同居している次女と三女に包丁を向けた。

（15）食生活習慣、通勤時間、単身赴任、昼食時間の長さなど、世界には多様な習慣をもつ文化体系がある。

（16）これは地域移動効果でいわれる「分離仮説」に基づく。

（17）残りは第6章で取り上げる。

（18）乳幼児の面前で家庭内ＤＶが起きても、それはたとえば就学児童とは異なり、心理的虐待として受け止める可能性は低いので、警察からのＤＶ通告すべてを心理的虐待件数に含めてしまう集計方法には疑問を感じる。

（19）これは経済学的要因からのアプローチの筆頭になる。

（20）社会学的な手法として、この取り上げ方は標準的である。

（21）母子健康手帳を必ず携帯するという指導は周産期の母体の安全だけではなく、事例のような児童虐待の予防にも直結する。

(22) 少し考えれば、改革とは人員削減とともに増員でもあることに気がつくはずであるが、日本におけるこの数十年間の行政改革とは公務員減らしに他ならなかった。

(23) 児相と警察との関係構築もまた難しい面がある。たとえば虐待のうわさだけでも児相はその家庭内に踏み込めるが、警察にはその権利がない。

(24) この事例から、行政や医療機関や新婚夫婦が、母子健康手帳の重要性を学べるであろう。

(25) 祖父母との同居が子育てにプラスにはならなかった事例でもある。

第6章 「心中以外の虐待死」と「心中による虐待死」の比較研究

(1) 第7章でも「心中以外の虐待死」のデータを中心にしたまとめを行った。

(2) 通常の家族や地域社会での実証研究とは異なり、児童虐待死の追跡調査では被害者が亡くなっており、加害者もまた刑務所で服役中か心神喪失者および心神耗弱者の判定を受けることが多く、加害者に会ってもインタビューを行うことは困難である。そのために、被害者の周辺にいた人々への聞き取り調査を行うしかない。

(3) 「早母」は本書で初めて使用した表現である。

(4) 「心中以外の虐待死」では子どもの将来への悲観はなく、むしろ親の都合による利那的な動機が目立つ。

(5) この情報の共有だけからでも、「心中以外の虐待死」も「心中による虐待死」も予防活動が可能になる。なぜなら、三～四カ月検診、一歳六カ月検診、三歳児検診を節目として、医師会、児童相談所、保健所などが可能な限りの受診率の向上を該当者に働きかけられるからである。

(6) ここでは学史的にアノミー論を展開するのでなく、児童虐待という社会問題にその概念を適用するという立場に終始する。

(7) この情報もまた、児童虐待防止に活用できるはずである。

(8) 「こんにちは赤ちゃん」訪問活動の期間をもっと延長することで、ゼロ歳児虐待防止の機能が強くなる。現在のところ、生後四カ月までに限定した訪問活動であり、市町村の常勤職員である保健師、助産師、看護師が行う場合と、民生・児童委員、主任児童委員、子育て支援の経験者が市長の委嘱を受けて行っている場合がある。後者の条件は地域の子育てに関する研修を受けること、訪問の際には訪問員証を携帯することである。

（9）「母子健康手帳」交付は、行政が児童虐待防止を目的として事前介入できる機会でもある。

第7章　大都市の児童虐待の比較分析

（1）私は日本社会を「少子化する高齢社会」と認識して、健常な高齢者に関しては、その社会参加、ソーシャル・キャピタル、健康づくり、生きがいなどを二〇年来の研究テーマとしてきた（金子、一九九三／一九九五／一九九八／二〇〇七／二〇一四b）。一方、要介護高齢者については、自助、互助、共助、公助、商助という五種類のサポート形式を分類整理して、その介護支援の問題を解明してきた（金子、二〇〇六a／二〇一一）。また、日本一長寿県である長野県のいくつかの都市でその長寿要因を探りながら、高齢社会における一人当たり高齢者医療費の社会的要因分析を通して、厚生労働省「健康長寿二一」に有益と思われる情報を提供してきた（金子、二〇一四b）。そして、少子化関連の対応策の筆頭が「子育て基金」の創設である。

（2）例外は、一九六〇年代から七〇年代における社会病理学の全盛期と「都市化とコミュニティ」という問題設定の時代のみであり、そこではその種の思考方法が顕在化していた。なお、萌芽の段階として臨床社会学の提唱が続いている。しかし、臨床社会学がナラティヴアプローチにこだわり、「専門知」や「客観主義」に異議を申し立てるだけのスタンスでは、社会問題解決を期待する学界や全体社会システムの要請には答えられないであろう。

（3）「児童虐待相談対応件数」の増加が必ずしも「児童虐待認定数」増加を意味しないのは当然だが、児童虐待死と無理心中による児童の死亡が毎年一〇〇人前後に上っていることは到底無視できない。

（4）児童虐待の加害者である母親や父親を追跡すると、加害者は現代都市における無縁社会や粉末社会の結果として理解できる部分が大きい。

（5）もっとも「少子化と人口減少」の重大さが全国的に認知されたこととその解決方法が優れていることの間には何の連関もない。いわゆる無縁社会とは、つながりが失われ、絆がなくなり、「血縁（中略）が薄らいで（中略）、機能しなくなっている」（NHK「無縁社会プロジェクト」取材班、二〇一〇：七七）とされる。なお金子（二〇一六）を参照。

（6）なぜなら、社会構造の課題は社会成員の行動によってしか解決されないからである。

（7）二〇一四年八月二九日に発表された厚生労働省「児童虐待防止対策について」をみると、虐待を受けて死亡した児童は二〇〇二年七月から二〇一二年三月までの期間では四九五人にも上っている。これに親子心中による児童の死亡者三五五人を加えると、一〇年間で約八五〇人の児童が親によって死亡させられている。年齢別では、ゼロ歳児が四三・一%、〇～二歳児までの合計で六七・二%を占めていた。この背景には母子健康手帳の未交付、妊娠健康診査未受診がある。その意味でも子育て環境の改善は出生以前の母体までを包摂することが望まれる。詳しくは第5章と第6章を参照のこと。

(8) これは比較社会学の手法によって今回判明したものである。

(9) コミュニティとアソシエーションは社会学の伝統的な使用方法を踏襲している。

(10) 二〇一四年度の統計では、前年度までは含めなかった「警察からのDV通告に伴う心理的虐待を認定する」という変更があり、DV通告五二九件は総数六四四件の心理的虐待の八二・一%を占めた。そのために生じた変化は大きく、加害者のうち前年度までのDVを含まない統計では虐待者が実父である比率は一七・二%であったが、DVをすべて心理的虐待に合算した一四年度では実父の比率は四三・一%に急増したことが指摘される。同時に四種類の児童虐待分類の結果、前年までの心理的虐待の比率一五・九%が実に五五・六%になり、札幌市の特徴であったネグレクトの比率は前年度の六〇・二%から三〇・四%へと急落した。

さらに児童虐待通告件数も、警察からの従来方式の通告に新たにDV通告も含めたために合計して五〇八件に増えたことで、通告受付件数全体も増加して、一二五六件数に上った。前年度が九九八件であったから、DVを加算したことで二五%あまり増えたことになる。ただし、子どもがDVを目撃すると、それがすべて心理的虐待に数えられるということについては、いくつかの問題点がある。一つは家庭内DVを目撃した子どもの年齢がゼロ歳でも一歳でも、警察がそれを心理的虐待と判断することがあるからである。人間の記憶は四歳あたりくらいからしかないが、二歳や三歳の子どもの前でのDVは果たして心理的虐待としてよいか。もう一つは二〇一四年度からの統計にその種の心理的虐待事例が全面的に反映されたことにより、それまでの時系列データの延長線上での分析が不可能になったことが挙げられる。

なお、児童虐待通告受付がすべて「児童虐待認定」にはなりえない。例年、それは二〇%程度であった。ちなみに、二〇一二年度では二〇・一%、一三年度では一九・七%であったが、DVをすべて心理的虐待として受け付けたために、一四年度の虐待認定は実に四五%にまで伸長した。この路線変更が児童虐待防止にどのような影響を与えるかは不明だが、児童虐待死に直結する身体的虐待やネグレクトの比率が相対的に半減した分だけ、子どもへの視線が弱まり、DVの加害者である実父に視線が向きやすくなることは事実である。その結果、ますます家族との関係維持を優先して、虐待されている児童への対応が後回しになる危険性を感じる。

(11) DVをすべて心理的虐待として合算すると、DVの加害者である実父が急増して、二〇一四年度では四五％にまで増大した。しかし、このような統計の取り方は児童虐待予防ないしは解決に有効であろうか。なぜなら、家庭内DVに関しては、以下のような事情があるからである。すなわち、DV被害によって一一〇番通報した世帯に児童がいた場合、各警察署が児童相談所に心理的虐待の「恐れがある」として通告した分を「心理的虐待」として計上するという統計手法に変更された。さらに、DVの目撃をたとえば三人の子どもがすれば、それは心理的虐待を三件とするという統計手法にも、身体的虐待やネグレクトとは違うものを感じる。この「恐れ」は、現実に児童の身体の一部に煙草の火の跡があったり、遺棄や食事をさせないなどの実際のネグレクトとは異質的である。DVの通告は家庭内暴力として対応すればよく、わざわざ児童への「心理的虐待の恐れ」として、現実的な「言葉による脅し」や「存在の無視」や「兄弟姉妹間での差別的扱い」と同じ範疇に入れる必然性はないと思われる。

(12) インフォーマルケア、プロフェッショナルケア、コミュニティ・ケアなどの概念的整理は（金子、二〇一一：一二〇～一二二）で行っている。

(13) 札幌市では臨床心理士などの資格を持ち、児童生徒の生活上の問題や悩みの相談に応じて、同時に教師や保護者に対して指導助言を行うスクールカウンセラーを置き、二〇一三年度で九一人が在職している。また、社会福祉士、精神保健福祉士の資格を有するスクール・ソーシャルワーカーは、学校だけでは解決困難な事案に関係機関と連携して対応している。これは文部科学省のモデル事業として全国で導入された制度であり、札幌市では現在七人で札幌市立のすべての小学校、中学校、高校、特別支援学校合わせて三〇〇校以上を対象としている。

(14) これら二事例の概要は、個人情報に留意しながらその全貌を札幌市ホームページで公開している。

(15) 二〇一四年度からは警察からのDV通報すべてを児童虐待の「恐れ」があるとして、心理的虐待に加算したために、札幌市でもネグレクトの比率は大幅に減少したが、この合算には論理的にも根拠に欠けるところがあることは指摘した。

(16) この経験から言えば、家庭内DVに関する警察からの通告を児童虐待の「恐れ」があるとして、すべて心理的虐待に含めることにはやはり疑問がある。なぜなら、「恐れ」があるために、児相職員の視線は児童そのものにではなく、その親との関係構築に向けられやすいからである。その結果、児童虐待そのものへの対応に遅れが生じてしまう「恐れ」を禁じ得ない。

(17) 越智の発想は前田俊彦の作品からの転用であるが、コミュニティ福祉論での最初の活用は越智である。

おわりに

「子育て共同参画社会」をテーマとした本書全体の構想は一〇年前に遡るが、実質的にはこの数年間の書き下ろしである。北海道大学に勤務していた二〇一三年の夏に、全国知事会の「自主調査研究委託事業」として執筆依頼を受け、それから半年間は文字通りこの仕事に没頭して、二〇一四年三月に「調査研究報告書」として全貌を公表した内容と、本書前半は半分程度が重なり合っている。ただし、元来が全国知事会の内部資料ということもあり、印刷部数もわずか一五〇部であり、しかも報告書スタイルを取っており、都道府県に二冊ずつの配布を除けば、その存在はほとんど知られていなかった。

そのため、その報告書も活用する本書では、さらに独自の少子化研究五原則として、

原則１　少子化を社会変動として理解し、原因と対策を考慮する。
原則２　原因の特定化に対応した世代間協力の克服策を志向する。
原則３　必要十分条件として「子育て共同参画社会」を重視する。
原則４　社会全体による「老若男女共生社会」を最終目標とする。
原則５　学問的成果と民衆の常識が整合する政策的提言を行う。

を掲げた。

本書前半を新しく準備するにあたり、この五原則を活かし、最新のデータを増補し、注を詳しくするなどの加筆修正により、全国知事会「調査研究報告書」よりもメッセージ力が高まったように感じる。

私の社会学的な実証研究は対象者の日常的社会規範を重視し、民衆知と学問知を区別せず、社会性とリアリティに基盤を置いた社会分析を行い、できれば政策にも有効な情報への昇華を念頭に置いてきた。都市化、高齢化、少子化を主題とする研究でも、その姿勢を遵守するように努めてきた。

くわえて二〇一四年四月から神戸に移った地域移動効果として、私にとっては新しいテーマである「児童虐待」への視野が広がり、その研究成果をこれまでの少子化研究と合体させることができた。第7章のみは神戸学院大学『現代社会研究』創刊号に発表済みの内容に手を入れたものであるが、残りは書き下ろしである。

各章冒頭の短い引用は、ともすれば怠惰になる精神を賦活させてくれた古典から得ている。社会学以外の古典に触れることは救いであった。

いつの時代でも人口変動は不可避であるが、少子化については昭和の終わりから本格化したことにより、平成の世になってから厚生労働省を中心に後半は内閣府も含めて様々な対策が政府から打ち出されてきた。しかしそれらの大半は対処療法に終始して、各種の少子化対策事業展開に限定されたものであり、社会科学の知見を活用するという科学性に乏しかった。

これに疑問を抱きつつ、社会学は現実科学であるから、その社会構成員の見方、考え方、生き方、行動の原理などを明らかにすることを通して、実用性のある現実解釈と提言を行うことができるという立場から、少子化が政令指定都市で最も進んでいる札幌市をフィールドとして研究を継続してきた。

その際には、子育て世帯を正当に評価する社会規範の強化方法、人口動態把握における評価の問題、問題設定における現代性、政策関与性、思想性をどのように組み込むかに苦労があった。ただし札幌市や北海道という個別的で特殊具体的な例を通して、日本社会全体の人口減少や少子化の法則性や一般化を志向することは忘れなかった。

そのような経験から日本の少子化対策史を見れば、子どもの位置づけが国民の間で変化して、出生減少をもたらし、ライフスタイルの多様化が未婚率を増加させて、子どもを産み育てない選択をする国民が増えたことを理解した政策とはいえないものであった。法則性を科学的に明らかにして、社会規範に照らしながら、それを合理的に活用するという積極性に欠けていた。少子化対策に関しては、前例踏襲主義がはびこったままの三〇年が過ぎようとしている。

学部大学院時代から励ましていただいてきた恩師鈴木広先生には、都市社会学で現代社会を読み解き、その全体像を総合的に判断するという学問のスタイルを教えていただいた。その先生は二〇一四年一一月に逝去された。ご教示いただいた学問的方法でまとめた本書を謹んでご霊前に捧げ、四五年間のご指導に心からお礼を申し上げたい。

《著者紹介》

金子　勇（かねこ・いさむ）

1949年　福岡県生まれ。

1977年　九州大学大学院文学研究科博士課程単位取得退学。

現　在　神戸学院大学現代社会学部教授。北海道大学名誉教授。文学博士（九州大学，1993年）。

第1回日本計画行政学会賞（1989年），第14回日本都市学会賞（1994年）。

北海道大学研究成果評価「卓越した水準にある」SS 認定（社会貢献部門）（2010年）。

著　書『コミュニティの社会理論』アカデミア出版会，1982年。

『都市高齢社会と地域福祉』ミネルヴァ書房，1993年。

『地域福祉社会学』ミネルヴァ書房，1997年。

『高齢社会とあなた』日本放送出版協会，1998年。

『社会学的創造力』ミネルヴァ書房，2000年。

『都市の少子社会』東京大学出版会，2003年。

『少子化する高齢社会』日本放送出版協会，2006年。

『社会調査から見た少子高齢社会』ミネルヴァ書房，2006年。

『格差不安時代のコミュニティ社会学』ミネルヴァ書房，2007年。

『社会分析——方法と展望』ミネルヴァ書房，2009年。

『コミュニティの創造的探求』新曜社，2011年。

『環境問題の知識社会学』ミネルヴァ書房，2012年。

『「時代診断」の社会学』ミネルヴァ書房，2013年。

『日本のアクティブエイジング』北海道大学出版会，2014年。

『「成熟社会」を解読する』ミネルヴァ書房，2014年。

『「地方創生と消滅」の社会学』ミネルヴァ書房，2016年，ほか。

MINERVA 社会学叢書㊾

日本の子育て共同参画社会
——少子社会と児童虐待——

2016年2月29日　初版第1刷発行　〈検印省略〉

定価はカバーに
表示しています

著　者　金　子　　勇
発行者　杉　田　啓　三
印刷者　坂　本　喜　杏

発行所　株式会社　ミネルヴァ書房
607-8494　京都市山科区日ノ岡堤谷町1
電話代表　(075)581-5191
振替口座　01020-0-8076

冨山房インターナショナル・兼文堂

ISBN 978-4-623-07525-6
Printed in Japan

人名索引

や・ら　行

事項索引

あ 行

か 行

さ　行

た行

な　行

は　行

ま　行

や　行

ら・わ　行

欧　文

参照文献

アエラ編集部編，1999，「子供拒否する女たち」『AERA』1999年２月22日.

Aguilera, D. C., 1994, *Crisis Intervention* (7th), The C. V. Mosby Company.（＝1997，小松源助・荒川義子訳『危機介入の理論と実際』川島書店）

赤川学，2004，『子どもが減って何が悪いか！』筑摩書房.

Almond, G. A. and Verva, S., 1963, *The Civic Culture*, Princeton University Press.（＝1974，石川一雄ほか訳『現代市民の政治文化』勁草書房）

飛鳥井望・杉山登志郎，2012，「被虐待児の治療」町野朔・岩瀬徹編『児童虐待の防止』有斐閣：343-357.

Bailly, S., Brun, P., Lawrence, R. J. & Rey, M. C., (eds.), 2000, *Socially Sustainable Cities*, Economica.

Bakwin, H. & Bakwin, R. M., 1960, *Clinical Management of Behavior Disorders in Children*, W. B. Saunders Company: 229-268.

Beck, U., 1986, *Risikogesellschaft*, Suhrkamp Verlag.（＝1998，東廉・伊藤美登里訳『危険社会』法政大学出版局）

Bellah, R. N. et. al., 1985, *Habits of the Heart*, University of California Press.（＝1991，島薗進・中村圭志訳『心の習慣』みすず書房）

Bender, T., 1978, *Community and Social Change in America*, Rutgers University Press.

Bernard, C., 1865, *Introductin à l'étude de la médecine expérimentale*.（＝1970，三浦岱栄訳『実験医学序説』岩波書店）

Chevalier, J. Gheerbrant, A., 1982, *Dictionaire des Symboles*.（＝1996，金光仁三郎ほか訳『世界シンボル大事典』大修館書店）

Clements, D., "Faking Civil Society," in D. Clements, et. al. (eds.), 2008, *The Future of Community*, Pluto Press: 13-23.

Comte. A., 1822, *Plan des travaux scientifiques nécessaires pour réorganiser la société*.（＝1980，霧生和夫訳「社会再組織に必要な科学的作業プラン」清水幾太郎編集『世界の名著46　コント／スペンサー』中央公論社：51-139）

大都市統計協議会編，2013，『大都市比較統計年表　2013年版』大都市統計協議会.

土場学，2008 a，「個人と社会の相克」土場学・篠木幹子編『個人と社会の相克』ミネルヴァ書房：1-18.

土場学，2008 b，「個人と社会の共存へ向けて」土場学・篠木幹子編『個人と社会の相克』ミネルヴァ書房：271-293.

土場学・篠木幹子編，2008，『個人と社会の相克』ミネルヴァ書房.
Dubos, R., 1965, *Man Adapting*, Yale University Press.（＝1970，木原弘二訳『人間と適応』みすず書房）
Durkheim, É., 1897, *Le suicide: étude de sociologie*, nouvell édition, Presses Universitaires de France.（＝1985，宮島喬訳『自殺論』中央公論社）
Etioni, A., 1996, *The New Golden Rule*, Basic Books, A Division of Collins Publishers.（＝2001，永安幸正監訳『新しい黄金律』麗澤大学出版会）
Fischer, C. S., 1984, *The Urban Experience*, Harcourt Brace.（＝1996，松本康・前田尚子訳『都市的体験』未來社）
Fromm, E., 1955, *The Sane Society*, Rinehart & Co. Inc.（＝1958，加藤正明・佐瀬隆夫訳『正気の社会』社会思想社）
藤永保監修，2013，『最新　心理学事典』平凡社.
藤原正彦，1998，「未知しるべ」『朝日新聞』1998年11月７日.
藤原正彦，2003，『古風堂々数学者』新潮社.
古川康，2008，「思い切った子育て支援を」『日本の論点　2008』文藝春秋：276-279.
古田隆彦，2000，「スウェーデン・モデルの失敗」『中央公論』第115巻第13号，中央公論新社：104-111.
Garbarino, J., 1977,「子どもの虐待の社会的背景」（英文タイトルなし）（＝2003，坂井聖二監訳『虐待された子ども』明石書店：112-135）.
蓮見音彦，1999，「転換期の社会と社会学」『社会学評論』vol. 49，no. 4，有斐閣：488-497.
Helfer, M. E., Kempe, R. S. and Krugman, R. D., 1997, *The Battered Child*, (5th) , The University of Chicago Press.（＝2003，坂井聖二監訳『虐待されたこども』明石書店）
Herman, J. L., 1997, *Trauma and Recovery*, Harper Collins Publishers, Inc.（＝1999，中井久夫訳『心的外傷と回復』増補版，みすず書房）
Hillery, G. A. Jr., "Definition of community," *Rural Sociology*, Vol. 20, 1955.（＝1978，山口弘光訳「コミュニティの定義」鈴木広編『都市化の社会学』〔増補〕，誠信書房：303-321）
兵庫県健康福祉部こども局，2015，『ひょうご　子ども・子育て未来プラン』兵庫県.
池周一郎，2009，『夫婦出生力の低下と拡散仮説』古今書院.
稲葉寿，2002，『数理人口学』東京大学出版会.
井上眞理子，2005，『ファミリー・バイオレンス』晃洋書房.
Jones, D. P. H., 1977,「子どもと家族への治療」（英文タイトルなし）（＝2003，坂井聖二監訳『虐待された子ども』明石書店：973-1011）.
神島二郎，1961，『近代日本の精神構造』岩波書店.

金子勇，1982,『コミュニティの社会理論』アカデミア出版会.
金子勇，1993,『都市高齢社会と地域福祉』ミネルヴァ書房.
金子勇，1995,『高齢社会・何がどう変わるか』講談社.
金子勇，1997,『地域福祉社会学』ミネルヴァ書房.
金子勇，1998,『高齢社会とあなた』日本放送出版協会.
金子勇，2000,『社会学的創造力』ミネルヴァ書房.
金子勇，2003,『都市の少子社会』東京大学出版会.
金子勇，2006 a，『少子化する高齢社会』日本放送出版協会.
金子勇，2006 b，『社会調査から見た少子高齢社会』ミネルヴァ書房.
金子勇，2007,『格差不安時代のコミュニティ社会学』ミネルヴァ書房.
金子勇，2009,『社会分析』ミネルヴァ書房.
金子勇，2011,『コミュニティの創造的探求』新曜社.
金子勇，2012,『環境問題の知識社会学』ミネルヴァ書房.
金子勇，2013,『「時代診断」の社会学』ミネルヴァ書房.
金子勇，2014 a，『「成熟社会」を解読する』ミネルヴァ書房.
金子勇，2014 b，『日本のアクティブエイジング』北海道大学出版会.
金子勇，2016,『「地方創生と消滅」の社会学』ミネルヴァ書房.
金子勇編，2003,『高田保馬リカバリー』ミネルヴァ書房.
金子勇編，2009,『札幌市における子育て支援の現状と課題』北海道大学大学院文学研究科社会システム科学講座.
金子勇編，2011,『高齢者の生活保障』放送大学教育振興会.
金子勇編，2013,『札幌市における子育て支援環境の調査研究』北海道大学大学院文学研究科社会システム科学講座.
金子勇，2015,「大都市の児童虐待の比較分析」神戸学院大学現代社会学会編『現代社会研究』創刊号：1-14.
Katz, E. & Lazarsfeld, P. F., 1955, *Personal Influence*, The Free Press.（=1965，竹内郁郎訳『パーソナル・インフルエンス』培風館）
Kaufmann, F. Z., 2005, *Schrumpfende Gesellschaft*, Schrkamp Verlag.（=2011，原俊彦・魚住昭代訳『縮減する社会』原書房）
経済企画庁，1998,『平成10年版　新国民生活指標』大蔵省印刷局.
Keller, S., 2003, *Community: Pursuing the Dream, Living, the Reality*, Princeton University Press.
国立社会保障・人口問題研究所編，2012,『人口統計資料集　2012』厚生統計協会.
国立社会保障・人口問題研究所編，2012,『平成22年度　社会保障費用統計』国立社会保障・人口問題研究所.

国立社会保障・人口問題研究所編，2013，『平成23年度　社会保障費用統計』国立社会保障・人口問題研究所．
国立社会保障・人口問題研究所編，2015，『平成25年度　社会保障費用統計』国立社会保障・人口問題研究所．
小室直樹，1975，『危機の構造』中央公論社．
Korbin, J. E., 1977,「文化と子どもの虐待」(英文タイトルなし)（＝2003，坂井聖二監訳『虐待された子ども』明石書店：73-111)．
Kotlikoff, L. J., 1992, *Generational Accounting*, The Free Press.（＝1993，香西泰監訳『世代の経済学』日本経済新聞社）
Kotlikoff, L. J. and Burns, S., 2005, *The Coming Generational Storm*, MIT Press.（＝2005，中川治子訳『破産する未来』日本経済新聞社）
厚生統計協会，2010，『国民衛生の動向 2010』厚生統計協会．
厚生労働省，2013，『平成25年版　厚生労働白書』日経印刷．
厚生労働省，2014，『平成26年版　厚生労働白書』日経印刷．
Lipset, S. M., "Social Mobility and Urbanization," *Rural Sociology*, Vol. 20, No. 3 : 220-228.（＝1978，中村正夫訳「社会的移動と都市化」鈴木広編『都市化の社会学』〔増補〕，誠信書房：151-164）
町野朔ほか，2012，『児童虐待と児童保護』上智大学出版．
MacIver, R. M., 1917, *Community*, Macmillan and Co. Limited.（＝1975，中久郎・松本道晴監訳『コミュニティ』ミネルヴァ書房）
毎日新聞編集部，2006，『エコノミスト』第84巻第10号，毎日新聞社．
毎日新聞編集部，2013，『エコノミスト』第91巻第53号，毎日新聞社．
Malthus, T. R., 1798, *An Essey on the Principle of Population.*（＝1980，永井義雄訳「人口論」水田洋編『世界の名著41　バーク／マルサス』中央公論社）
Mannheim, K., 1931, 'Wissenssoziologie', Vierkandt, A., (ed.) *Handwörterbuch der Soziologie*, Stuttgart.（＝1973，秋元律郎訳「知識社会学」秋元律郎・田中清助訳『マンハイム　シェーラー　知識社会学』青木書店：151-204）
Marquis de Vauvenargues, 1746, *Réflexions et maximes.*（＝1955，関根秀雄訳『不遇なる一天才の手記』岩波書店）
増田寛也編，2014，『地方消滅』中央公論新社．
目黒依子，2004，「ジェンダーシステムと少子化」目黒依子・西岡八郎編『少子化のジェンダー分析』勁草書房：11-26．
Merton, R. K, 1957, *Social Theory and Social Structure*, The Free Press.（＝1961，森東吾ほか訳『社会理論と社会構造』みすず書房）
Merton, R. K. 1966, "Social Problem and Sociological Theory," in R. K. Merton and P. A.

Nisbet (eds.)., *Contemporary Social Problem*, The Free Press.（=1969，森東吾ほか訳『社会理論と機能分析』青木書店）
宮本憲一，1967，『社会資本論』有斐閣.
水田洋，1980，「イギリス保守主義の意義」水田洋編『世界の名著41　バーク／マルサス』中央公論社.
Montaigne, M. E., 1588, *Essais de Michel, Seigneur de Montaigne.*（=1966-1968，原二郎訳『エセー』ⅠⅡ，筑摩書房）
Montoussé, M. & Renouard, G., 2006, *100 fiches pour comprendre la sociologie*, Bréal.
Munrox, E. and Hiddleston, T., (eds.), 2015, *Child Maltreatment*, (Vol. I Describing and Understanding Child Maltreatment) Sage.
Munro, E. and Hiddleston, T., (eds.), 2015, *Child Maltreatment*, (Vol. II Preventing Child Maltreatment) Sage.
Munro, E. and Hiddleston, T., (eds.), 2015, *Child Maltreatment*, (Vol. III Responding to Child Maltreatment) Sage.
内閣府，2012，『平成24年版　子ども・子育て白書』勝美印刷.
内閣府，2013，『平成25年版　高齢社会白書』印刷通販.
内閣府，2013，『平成25年版　少子化社会対策白書』勝美印刷.
内閣府，2014，『平成26年版　高齢社会白書』勝美印刷.
内閣府，2014，『平成26年版　少子化社会対策白書』勝美印刷.
内閣府政策統括官，総務省大臣官房総括審議官，厚生労働省雇用均等・児童家庭局長，2008，『総合的な少子化対策の推進について』（府政共生第47号）：10-19.
内藤莞爾，1973，『末子相続の研究』弘文堂.
西山志保，2008，「多様なボランティアが切りひらく新たな市民社会」似田貝香門編『自立支援の実践知』東信堂：47-76.
西澤哲，2010，『子ども虐待』講談社.
ＮＨＫ「無縁社会プロジェクト」取材班，2010，『無縁社会』文藝春秋.
Nocon, A. & Qureshi, H., 1996, *Outcome of Community Care for Users and Cares*, Open U. P.
野田聖子，2005，『だれが未来を奪うのか――少子化と闘う』講談社.
野田聖子・古川康・金子勇，2007，「少子化座談会――子育て費用を社会で支える」『読売ウィークリー』2007年３月４日号，読売新聞社：88-92.
野口裕二，2005，『ナラティヴの臨床社会学』勁草書房.
野口裕二・大村英昭編，2001，『臨床社会学の実践』有斐閣.
額田勲，2013，『孤独死』岩波書店.
小田切徳美，2014，『農山村は消滅しない』岩波書店.

越智昇，1982,「コミュニティ経験の思想化」奥田道大ほか『コミュニティの社会設計』有斐閣：135-177.
大沢真知子，1998,『新しい家族のための経済学』中央公論社.
Ortega y Gasset, 1930, *La Rebelión de las Masas.*（＝1967，神吉敬三訳「大衆の反逆」角川書店）（＝1979，寺田和夫訳「大衆の反逆」高橋徹編『世界の名著68　マンハイム／オルテガ』中央公論社：383-546）
Paine, T., 1776, *Common Sense.*（＝1953，小松春雄訳『コモン・センス』岩波書店）
Parsons, T., 1951, *The Social System*, The Free Press.（＝1974，佐藤勉訳『社会体系論』青木書店）
Parsons, T., 1964, *Social Structure and Personality*, The Free Press.（＝1985，武田良三監訳『社会構造とパーソナリティ』新泉社）
Parsons, T., 1977, *Social Systems and The Evolution of Action Theory*, The Free Press.（＝1992，田野崎昭夫監訳『社会体系と行為理論の展開』誠信書房）
Pascal, 1670, *Les Pensées,*（＝1973，前田陽一・由木康訳『パンセ』中央公論社）
Putnam, R, D., 2000, *Bowling Alone: The Collapse and Revival of American Community*, Simon & Shuster.（＝2006，柴内康文訳『孤独なボウリング』柏書房）
三和総合研究所，1999,『2005年　あなたの暮らしはこうなる』講談社.
猿谷要，1998,「世相ひとひねり」『日本経済新聞』1998年11月17日.
札幌市企画調整局，2013,『札幌市まちづくり戦略ビジョン』札幌市企画調整局.
札幌市社会福祉審議会，2009,『児童虐待による死亡事例等に係る検証報告書』札幌市.
札幌市社会福祉審議会，2013,『児童虐待による死亡事例等に係る検証報告書』札幌市.
札幌市子ども未来局，2015,『新・さっぽろ子ども未来プラン』札幌市.
Seeman, M., 1959, "On the Meaning of Alienation," *American Sociological Review*, 214: 783-791.
Seeman, M., 1975, "Alienation Studies," *Annual Review of Sociology*, vol. 1.（＝1983，池田勝徳ほか訳『疎外の研究』いなほ書房）
盛山和夫，2013,『社会学の方法的立場』東京大学出版会.
盛山和夫，2015,『社会保障が経済を強くする』光文社.
瀬尾佳美，2005,『リスク理論入門』中央経済社.
Shakespeare, W., 1600, *Hamlet,*（＝1967，福田恆存訳『ハムレット』新潮社）
清水幾太郎，1993,『私の社会学者たち　著作集18』講談社.
Simmel, G, 1917, *Grundfragen der Soziologie.*（＝1979，清水幾太郎『社会学の根本問題』岩波書店）
Smith, A., 1776, *The Wealth of Nations.*（＝1978，大河内一男監訳『国富論』I II III，中央公論社）

総務省統計局，2005，『社会生活統計指標　2005』総務省統計局.
総務省統計局，2011，『統計でみる市区町村のすがた　2011』総務省統計局.
総務省統計局，2012，『社会生活統計指標　2012』総務省統計局.
総務省統計局，2013，『社会生活統計指標　2013』総務省統計局.
総務省統計局，2014，『社会生活統計指標　2014』総務省統計局.
総務省統計局，2014，『統計でみる市区町村のすがた　2014』総務省統計局.
Stoecker, R., 2013, *Research Methods for Community Change*, Sage Publications, Inc.
杉山春，2007，『ネグレクト』小学館.
杉山春，2013，『ルポ　虐待』筑摩書房.
鈴木広，1986，『都市化の研究』恒星社厚生閣.
鈴木広，2001 a，「アーバニズム論の現代的位相」鈴木広先生古希記念論集刊行委員会編『都市化とコミュニティの社会学』ミネルヴァ書房：1-15.
鈴木広，2001 b，「家族社会学の現代的課題」鈴木広監修『家族・福祉社会学の現在』ミネルヴァ書房：3-14.
鈴木広，2002，「現代都市社会学の課題」鈴木広監修『地域社会学の現在』ミネルヴァ書房：3-16.
社会保障制度改革国民会議，2013，「試案」（本文46頁　2013年８月公表）
社会保障審議会児童部会児童虐待等要保護事例の検証に関する専門委員会，2008，『第一次報告から第四次報告までの子ども虐待による死亡事例等の検証結果報告』（2008年６月）同委員会.
社会保障審議会児童部会児童虐待等要保護事例の検証に関する専門委員会，2014，『子ども虐待による死亡事例等の検証結果等について第一〇次報告』（2014年９月）同委員会.
週刊ダイヤモンド編集部，2013，『週刊ダイヤモンド』第101巻49号，ダイヤモンド社.
週刊ダイヤモンド編集部，2015，「特集　北欧に学べ」『週刊ダイヤモンド』2015年３月14日号，ダイヤモンド社.
舘稔ほか，1970，『未来の日本人口』日本放送出版協会.
高田保馬，1927，『人口と貧乏』日本評論社.
高田保馬，1941，『思郷記』文藝春秋.
高田保馬，2003，『勢力論』新版，ミネルヴァ書房
高田保馬，2003，『階級及第三史観』新版，ミネルヴァ書房.
竹内靖雄，1992，『正義と嫉妬の経済学』講談社.
富永健一，1965，『社会変動の理論』岩波書店.
東京都福祉保健局，2005，『児童虐待の実態Ⅱ』東京都福祉保健局.
東洋経済新報編集部，2004，『地域経済総覧　2004』東洋経済新報社.
東洋経済新報編集部，2008，『週刊　東洋経済新報』第6170号，東洋経済新報社.

東洋経済新報編集部，2011，『2011年版　都市データパック』東洋経済新報社.
東洋経済新報編集部，2014，『2014年版　都市データパック』東洋経済新報社.
東洋経済新報編集部，2015，『2015年版　都市データパック』東洋経済新報社.
上田辰之助，1978，『蜂の寓話』（著作集４）みすず書房.
上野加代子，2013，「53　なぜ児童虐待が起こるのか？」福祉社会学会編『福祉社会学ハンドブック』中央法規：130-113
海野道郎，1991，「社会的ジレンマ研究の射程」盛山和夫・海野道郎編『秩序問題と社会的ジレンマ』ハーベスト社：137-165.
海野道郎，2006，「誰が社会的ジレンマ状況を定義するのか？」『社会学研究』東北社会学研究会：7-28.
宇沢弘文，1977，『近代経済学の再検討』岩波書店.
Warren, R. L., 1970, "Toward a non-utopian normative model of the community," *ASR*, Vol. 35, No. 2, pp. 219-228.（＝1978，金子勇訳「コミュニティの非ユートピア的規範モデルを求めて」鈴木広編『都市化の社会学』〔増補〕，誠信書房：283-300）
Warren, R. L., 1972, *The Community in America*, Rand McNally & Company.
渡邉洋一，2013，『コミュニティケアと社会福祉の地平』相川書房.
Weber, M., 1904, *Die »Objektivität« SozialWissenchaftlicher und Sozialpolitischer Erkenntnis*.（＝1998，富永祐治・立野保男訳，折原浩補訳『社会科学と社会政策にかかわる認識の「客観性」』岩波書店）
Weber, M., 1921, *Politik als Beruf*.（＝1962，清水幾太郎・清水礼子訳「職業としての政治」『世界思想教養全集18　ウェーバーの思想』河出書房新社):171-227.（＝1959，西島芳二訳『職業としての政治』角川書店）（＝1980，脇圭平訳『職業としての政治』岩波書店）
Weber, M., 1921, *Wissenschaft als Beruf*.（＝1962，出口勇蔵訳『職業としての学問』河出書房新社）: 129-170.
Weber, M., 1922, *Soziologishe Grundbegriffe*.（＝1972，清水幾太郎訳『社会学の根本概念』岩波書店）（＝1987，阿閉吉男・内藤莞爾訳『社会学の基礎概念』恒星社厚生閣）
Wellman, B., 1979, "The Community Question," *American journal of Sociology*, 84: 1201-31.（＝2006，野沢慎司・立山徳子訳「コミュニティ問題」野沢慎司編・監訳『リーディングス　ネットワーク論』勁草書房，159-204）
Williams, A., 2008, "New Urbanism," in D. Clements, et. al., (eds.) *The Future of Community*, Pluto Press: 53-66.
山下祐介，2014，『地方消滅の罠』筑摩書房.
矢野恒太記念会，2005，『日本国勢図会　第63版　2005/06』矢野恒太記念会.
全国知事会，2013，「次世代育成支援施策の充実に関する提言」2013年７月９日.